Dr. Birgit Happel

Auf Kosten der Mütter

AF641214

Dr. Birgit Happel

Auf Kosten der Mütter

Warum finanzielle Selbstbestimmung für Frauen mit Familie so wichtig ist

KÖSEL

*Für meine Kinder und
meine verstorbene Mutter*

Meine Mutter wuchs mit fünf Geschwistern als Kind einer alleinerziehenden Kriegswitwe auf. Der Alltag bestand aus Entbehrungen, die Schulzeit war von Aufenthalten in Luftschutzkellern geprägt. Als ungelernte Arbeiterin hatte sie nie in ihrem Leben echte Verwirklichungschancen.

Inhaltsverzeichnis

Expert:innentipps

Einleitung

Nicht die Frauen müssen sich ändern,
sondern die Spielregeln.

Iris Bohnet[1]

»Freitags lasse ich meine Frau für mich arbeiten!« Es gibt immer viele Lacher, wenn ich die Geschichte eines Vaters erzähle, der in Teilzeit arbeitet und freitags zu Hause die Fürsorgearbeit übernimmt. In seinem Bekanntenkreis feiern ihn alle für den Spruch. Seine Frau arbeitet Vollzeit, sie haben zwei Kinder. Wenn er aber darüber spricht, was an so einem normalen Freitag alles ansteht, kommt die Ernüchterung: Er geht einkaufen, macht die Wäsche, bügelt, besucht Eltern und Schwiegereltern und übernimmt für sie Erledigungen. Die gängige Reaktion: »Oh, dann geh ich doch lieber arbeiten.«

Das Beispiel verdeutlicht, wie Fürsorge- und Hausarbeit gesellschaftlich geringgeschätzt werden. Private Care-Arbeit wird nicht bezahlt, die Carebiografien[2] von Eltern und besonders Müttern erfahren dadurch permanente Abwertung. Für das Leben, die Gesellschaft und die Wirtschaft überlebenswichtige Tätigkeiten bleiben ein Privatvergnügen. Auf Kosten der Mütter.

Mütter übernehmen noch immer den Löwenanteil der Sorgearbeit in Familien. Das durchschnittliche Verhältnis von bezahlter zu unbezahlter Arbeit liegt für Frauen bei einem Drittel Erwerbsarbeit und zwei Dritteln unbezahlter Arbeit. Bei Männern ist es genau umgekehrt.[3] Von dieser ungleichen Verteilung der Sorgearbeit geht eine ganze »Kaskade struktureller Benachteiligung von Frauen« aus, denen Mütter nur unzureichend begegnen können.[4]

Mit unbezahlter Arbeit erwerben Frauen nämlich bis auf wenige

Ausnahmen keine Ansprüche an das Sozialversicherungssystem. Ihre ökonomische Teilhabe ist dadurch eingeschränkt. Zudem erleiden die beruflichen Biografien von Frauen in vielen Fällen einen Bruch. Die Antidiskriminierungsstelle des Bundes hat im Mai 2022 Zahlen zur Diskriminierung von Eltern auf dem Arbeitsmarkt herausgegeben. Sie rütteln auf. 69 Prozent der Mütter machten bei der Rückkehr aus der Elternzeit negative Erfahrungen wie soziale Herabwürdigung, materielle Benachteiligung oder eingefrorene Karriereschritte.[5] Wenn der berufliche Wiedereinstieg nicht gelingt, kann die Erwerbsbiografie von Müttern für immer beschädigt bleiben. Nicht selten gerät ihre Carebiografie in einen permanenten Konflikt mit der Erwerbsbiografie. Dadurch nimmt ihre Geldbiografie erheblichen Schaden.

Viele junge Menschen haben das nicht unbedingt auf dem Schirm. Sie tappen in die Falle zu denken, wir hätten in Sachen Gleichberechtigung schon alles erreicht. »Wir sind doch alle längst gleichberechtigt!« Der prägnante Titel des Bestsellers von Alexandra Zykunov trifft den Nagel auf den Kopf.[6] Tatsächlich steht Deutschland nur auf den ersten Blick gut da. Im jüngsten Global Gender Gap Report des Word Economic Forum hat es Deutschland in die Top Ten geschafft und ist auf Rang 10 von 146 untersuchten Ländern vorgerückt. Vor allem in den Bereichen »politische Teilhabe« und »Frauen in Top-Führungspositionen« haben wir aufgeholt. Das soll aber nicht darüber hinwegtäuschen, dass Deutschland in der Unterkategorie »Wirtschaftliche Teilhabe und Chancen« im globalen Vergleich schlecht abschneidet. Hier geht es unter anderem um Lohngleichheit, die Integration von Frauen in den Arbeitsmarkt und ihre allgemeine Präsenz in den Führungsebenen. Wir liegen weit abgeschlagen auf Platz 75 und fallen zurück auf den Stand von 2009.[7] Eine westdeutsche Mutter mit drei Kindern büßt nach Berechnungen der Bertelsmann Stiftung im Durchschnitt knapp 70 Prozent ihres Lebenseinkommens ein.[8] In Ostdeutschland, wo die Vereinbarkeit von Beruf und Familie viel selbstverständlicher gelebt wird, ist die Lücke im Lebenserwerbseinkommen von Müttern prozentual kleiner. Auch die anderen ökonomischen Gender Gaps, wie beispielsweise die Lohn- und Rentenlücke zwischen den Geschlechtern, widerlegen eindrücklich die Illusion, dass in Deutschland längst Gleichstellung herrsche.

Wenn ich für einen Kooperationspartner mit ausländischen Delegierten, zum Beispiel aus Zentralasien, arbeite, sind diese immer erstaunt zu hören, an welchem Punkt wir bei der wirtschaftlichen Gleichstellung von Männern und Frauen stehen. Sie nehmen an Trainings zur finanziellen Bildung teil, um die wirtschaftliche Entwicklung in ihren Ländern voranzubringen, vor allem die Lage von Familien und Frauen in ländlichen Gebieten. Das internationale Bild Deutschlands in der Welt verdeutlicht, dass der Status quo nicht dem entspricht, was Außenstehende von einer der führenden Wirtschaftsnationen – der viertstärksten Volkswirtschaft der Welt – erwarten.[9]

Auch ich habe mich als junge Frau emanzipiert gefühlt und wäre nie im Leben auf die Idee gekommen, mich als Feministin zu bezeichnen. Ich ging selbstverständlich davon aus, Kinder und Beruf miteinander vereinbaren zu können. Als ich mit unserem ersten Kind schwanger war, hatte ich angefangen, meine Dissertation zu schreiben, und wollte dies auch mit dem Baby fortsetzen. Nie hätte ich mir vorstellen können, in eine klassische Rollenverteilung zu rutschen. Doch genau das ist eine Zeit lang passiert. Nach meinen eigenen Erfahrungen mit Erziehungs- und Pflegeverantwortung und vor allem durch meine Arbeit mit Frauen und Wiedereinsteigerinnen haben sich meine Ansichten komplett gedreht. Als ich die ersten Netzwerkveranstaltungen von Frauenorganisationen besuchte, hatte ich das Gefühl, konspirativen Treffen beizuwohnen, so wenig waren diese Themen im öffentlichen Bewusstsein.

So bitter es klingt: Die Übernahme von Fürsorgearbeit entzieht Müttern in Deutschland immer noch Zeit, Geld und Chancen. Dadurch wird es ihnen schwerer gemacht, ihre finanzielle Existenz und ihren Lebensunterhalt zu sichern. Nicht selten landen Mütter in wirtschaftlicher Abhängigkeit, in verdeckter Armut, sind armutsgefährdet oder arm. Das Gegenteil also von finanziell selbstbestimmt. Ein wichtiger Grund für die ungleiche Verteilung der Sorgearbeit sind verkrustete Strukturen: Überholte Rollenbilder, aber auch handfeste Fehlanreize im Steuer- und Transfersystem und Fallen in der Sozialversicherung sorgen für Brüche in weiblichen Erwerbsbiografien. Sie sind kein persönliches Versagen, sondern gehen auf Diskriminierung, Hindernisse und veraltete gesetzliche Regelungen zurück.

Diese Zusammenhänge dröseln wir im Buch auf. Es ist wichtig, sie zu kennen, denn nur dann können wir selbst an den Stellschrauben drehen, um unsere Unabhängigkeit aufrechtzuerhalten oder wiederzuerlangen. Du kannst mit Leidenschaft Mutter sein und musst dennoch nicht auf dein finanzielles Wohlergehen verzichten!

Wenn es um die Lebensentwürfe und Lebenswege von Frauen geht, betrachte ich Geld als eine zentrale Schlüsselstelle. Denn Geld ist sowohl im Alltag als auch in vielen Fachkulturen und Disziplinen noch immer ein blinder Fleck. Ich kenne diese Gedanken selbst. »Geld ist auch nicht alles«, war mein vorherrschendes Motiv, als ich mit Mitte zwanzig die Türme des Frankfurter Bankenviertels verließ, wo ich als Wertpapierberaterin gearbeitet hatte, um an die Universität zu gehen. Mir war vor allem Sinn wichtig. Heute weiß ich: Das eine schließt das andere nicht aus. Diese widerstrebenden Glaubenssätze zu vereinen, ist das Ziel dieses Buchs. Für mich selbst hat Sinnhaftigkeit einen hohen Stellenwert, aber mit Blick auf die finanzielle Gleichstellung von Frauen muss ich einräumen: *Sinn* ist auch nicht alles. Denn Sinn allein zahlt mir nicht meine Miete und meine Lebenshaltungskosten. Finanzielle Selbstbestimmung ist ein mindestens ebenso wichtiger Wert.

Was will dieses Buch?

Geld und Finanzen haben nicht nur enorme Bedeutung für unseren Alltag, sondern prägen unsere Lebensgeschichte – gestern, heute und vor allem in der Zukunft. Wir können Geld lieben, fürchten, ausblenden: Es bleibt stets der zentrale Mittelpunkt vieler Lebensentscheidungen. Daraus entsteht langfristig unsere Geldbiografie. Mein Wunsch ist, dass du mit diesem Buch dein Geldbewusstsein schärfen, deine Entscheidungen reflektieren und deine persönliche Geldgeschichte mitbestimmen kannst. Dafür brauchst du Wissen über strukturelle Fehlanreize und Fallen, aber auch Wissen über dich selbst und deine eigene Haltung zu Geld. Nur so kann es gelingen, deine Erwerbs-, Care- und Geldbiografie harmonisch auszubalancieren.

Wir hinterfragen unseren Umgang mit Geld oft erst dann, wenn Brüche im Leben auftauchen, wenn es knirscht und die Finanzen ins Wanken geraten. Und doch ist es so wichtig, Zusammenhänge bereits in der Vorschau zu überblicken, vor allem für Mütter. Werden Frauen gebeten, ihrem jüngeren Ich einen Rat mit auf den Weg zu geben, ist es daher häufig die Aufforderung, sich frühzeitig um die eigenen Finanzen zu kümmern. Ein bewusster Umgang mit Geld und Klarheit über die eigene Geldeinstellung helfen uns enorm dabei, das Leben nicht einfach an uns vorbeiziehen zu lassen, sondern unsere Geschichte selbst zu schreiben.

Die persönliche Geldeinstellung spielt besonders an biografischen Übergängen und sogenannten Statuspassagen eine entscheidende Rolle. Lebens- und Finanzentscheidungen greifen wie Zahnräder ineinander. Sicher kennst du diese Situationen des »Nicht-mehr«, aber auch »Noch-nicht«, in denen wir in neue Aufgaben hineinwachsen. Nach der Schulzeit werden wir Auszubildende oder Studentin und später Berufsanfängerin. Die erste Schwangerschaft und der Übergang zur Mutterschaft sind bedeutende Statuspassagen im Leben einer Frau. Mit den Übergängen ändern sich auch unsere Rollen, ob wir dies wollen oder nicht. Mit einem Mal sehen wir uns mit gesellschaftlichen Erwartungen konfrontiert, diesem oder jenem Bild zu entsprechen – etwa dem einer fleißigen Berufseinsteigerin oder dem einer selbstlos liebenden Mutter. Geld kommt nun eine besondere Bedeutung zu: Ob ich sieben oder 20 Monate Elternzeit nehme, danach in Teilzeit oder Vollzeit arbeite, im Beruf Aufstiegsmöglichkeiten suche, in mich selbst investiere, die Sorgearbeit fair teile – all diese Entscheidungen nehmen Einfluss auf unsere weitere Lebenssituation.

Deshalb existiert dieses Buch: Ich möchte Frauen und Familien dabei unterstützen, auf ihre finanzielle Absicherung zu achten, ihre eigenen Werte zu definieren und ihr finanzielles Selbstvertrauen zu stärken. Finanzielle Selbstbestimmung hat einen entscheidenden Einfluss auf unsere Lebensqualität. Es geht darum, dass du die Fäden beim Geld in der Hand hältst und über Mittel verfügst, um vorausschauend zu planen: zum einen, damit du Geld und Finanzdienstleistungen optimal für dich nutzen kannst, und zum anderen, um finanzielle Abhängigkeiten möglichst gering zu halten. Wenn du in einer Partnerschaft bist, ist es wichtig, über persönliche Wünsche, aber auch gemeinsame Ziele zu sprechen und die Familienfinanzen auszutarieren.

Der vorausschauende und kluge Umgang mit Geld ist eine essenzielle Kulturtechnik und steht Fähigkeiten wie Lesen, Schreiben, Rechnen, aber auch sozialer und digitaler Kompetenz in nichts nach. In einer marktwirtschaftlich organisierten Gesellschaft ist es wesentlich, ökonomische Zusammenhänge zu verstehen und bewusste finanzielle Entscheidungen zu treffen, ja damit auch Einfluss zu nehmen. Finanzielle Bildung und Gleichstellungswissen werden bei uns noch nicht institutionalisiert vermittelt. Das soll sich ändern, dazu später mehr. Auch lernen wir weder im Elternhaus noch in der Schule, die Mosaiksteinchen unseres Lebens früh in ein übergreifendes Bild zu setzen. Zu viele Frauen suchen beispielsweise noch immer die »Schuld« bei sich selbst, wenn ihre Karrieren ins Stocken geraten oder flach verlaufen. Die Diskriminierung von Müttern auf dem Arbeitsmarkt ist aber real, unbewusste Vorurteile sind weitverbreitet und die Rollenbilder ändern sich nur langsam.

Die fehlende Finanzbildung hat einen Anteil daran, dass Geld in Deutschland weiterhin tabuisiert wird. Damit verbunden sind auch Vermeidungshaltungen. Wenn Frauen dem Thema Geld ausweichen, dann zum Beispiel, weil sie ihre Rentenlücke fürchten, der Finanzberatung nicht vertrauen, vor lauter Bäumen bei der Geldanlage den

Wald nicht sehen oder nicht wissen, wie sie sich aus der finanziellen Abhängigkeit ihres Partners befreien können. Typische Äußerungen sind:

»Mein Rentenkonto ist eine Katastrophe.«

»Ich habe gerade wirklich keine Zeit, mich um meine Finanzen zu kümmern.«

»Mein Mann möchte nicht, dass ich mehr als einen Minijob annehme.«

»Ich finde Geld und Finanzen zu kompliziert.«

Ich hoffe, all diese Aussagen gehören bald der Vergangenheit an. Ich möchte dich ermutigen, dein Leben finanziell selbstbestimmt zu gestalten und dir deine Privilegien selbst zu erschaffen – ohne strukturelle Diskriminierung zu beschönigen oder gar auszublenden, sondern durch die konsequente Suche nach handlungsorientierten Wegen und Haltungen.

Gleichzeitig ist mir wichtig zu sagen: Grundlegende Veränderungen können nicht von einzelnen Frauen in einzelnen Familien angestoßen werden, sondern erfordern politische Antworten und Neuausrichtungen. Daher ist mein Buch auch ein Plädoyer für einen neuen Generationenvertrag und eine gerechte Familien-, Sozial- und Gesellschaftspolitik. Wir Mütter sollten gewarnt sein: Dass die Belange von Frauen und Familien in der Pandemiepolitik so sehr vernachlässigt wurden, verdeutlicht politische Schwerpunkte und Zielsetzungen. Wirtschaft und Care werden immer wieder gegeneinander ausgespielt. Daher mein Rat: Kümmert euch lieber selbst. Dennoch ist es mir ein Herzensanliegen, die Forderung nach der Eigenverantwortung in einen größeren Kontext zu stellen. Nichts liegt mir ferner, als Mütter zusätzlich mit To-do-Listen und Mental Load zu belasten. Denn strukturelle Probleme erfordern strukturelle Lösungen. Die Frage, wie wir finanzielle Selbstbestimmung von Frauen erreichen, hängt eng mit einer anderen zusammen: Wie wollen wir als Gesellschaft leben? Welchen Wert wollen wir welchen Tätigkeiten beimessen – und wie wollen wir sie verteilen? Solange die Rahmenbedingungen für einen fürsorglichen Gesellschaftsvertrag aber nicht erfüllt sind, müssen wir unsere wirtschaftliche Existenz aktiv sichern.

Angesichts der globalen Krisen, Kriege und Unsicherheiten ist es elementar, dass wir sorgsam mit unseren persönlichen und emotionalen Ressourcen umgehen. Dies betrifft natürlich auch Frauen, die keine Kinder haben, und Frauen, die Angehörige pflegen. Ich habe selbst viele Jahre Pflegeverantwortung für meine Eltern übernommen. Diese besondere Belastungssituation werde ich ins Buch einfließen lassen, weil sie in den kommenden Jahren viele Familien vor große Herausforderungen stellen wird. Anders als bei der Kindererziehung mündet diese Fürsorgearbeit nicht in die Hoffnung, dass es mit jedem Jahr leichter und besser wird. Im Gegenteil ahnen und fürchten wir, dass die Zeiten immer schwieriger werden, und sind geplagt von der berechtigten Angst, dem nicht gewachsen zu sein. Unsere alternde Gesellschaft wird sich in vielerlei Hinsicht auf solche Verantwortlichkeiten einstellen und die bezahlte Pflege neu organisieren müssen.

Eingeflossen sind nicht nur meine eigenen Erfahrungen. Ich werde auch immer wieder Beispiele von Frauen und Paaren und ihrem Umgang mit Finanzen, Lebenskrisen und besonderen Herausforderungen erzählen. Ihre Namen, Ortsangaben und Berufe wurden anonymisiert. Sie stammen aus meiner Berufspraxis und verraten uns, mit welchen allgemeinen Hürden und Schwierigkeiten Frauen und Mütter in der Gesellschaft kämpfen, aber auch, mit welchen persönlichen Bearbeitungsstrategien sie nach Lösungen suchen. Als Soziologin, Referentin und Coach liegt mein Schwerpunkt auf dieser Verknüpfung: Ich bette finanzielle Bildung und finanzielle Gleichstellung in biografische und gesellschaftliche Zusammenhänge ein. Was bedeutet das? Es reicht nicht aus, einfach schematische Finanzbildung zu vermitteln. Sie muss vielmehr individuell an unsere Lebensgeschichte zurückgekoppelt sein und etwas mit uns zu tun haben. Nur so können wir die Lücke zwischen unserem Wissen, wie ein guter Umgang mit Geld und Finanzdienstleistungen aussehen könnte, und unseren aktuell vielleicht widerstrebenden Verhaltensmustern schließen. Es braucht Coachingansätze, um Veränderungen bei Geldeinstellungen anzustoßen.

Mein wissenschaftlicher Forschungsschwerpunkt ist die soziologische Biografieforschung. Dabei geht es um weit mehr als individuelle Einzelschicksale. Das Gegenteil ist der Fall: Indem Einzelfälle systematisch erforscht und rekonstruiert werden, werden biografische und gesellschaftliche Muster sichtbar, die für einen größeren Kreis von Individuen gelten. Die persönlichen Strategien dieser Individuen liefern mitunter im Voraus Antworten auf offene gesellschaftliche Fragen. Denn die Gesetzgebung hinkt allzu oft hinterher und erkennt erst mit erheblicher zeitlicher Verzögerung, dass die Menschen bereits ein »neues Normal« leben, das entsprechend begleitet werden muss.

Die Zukunftsentwürfe und Visionen für Familien befinden sich im Wandel. Lass uns gemeinsam auf die Suche gehen, wie wir die Rahmenbedingungen unseres Familienlebens so gestalten, dass Zeit, Fülle, Zuversicht, Leichtigkeit, Gerechtigkeit, Erfolg und nicht zuletzt natürlich Geld an unserer Seite bleiben.

Ein paar Worte zum Aufbau

Damit wir als Mütter den Weg zu finanzieller Selbstbestimmung finden, ist es wichtig, dass wir uns die großen Zusammenhänge rund um Geld, Wirtschaft, Geschlechterrollen und Care-Arbeit vor Augen führen. Denn in der Rushhour des Lebens bleibt dafür oft keine Zeit. Gemeinsam werfen wir einen Blick darauf, wo Mütter strukturell benachteiligt werden und was das langfristig für sie bedeutet – sowohl hinsichtlich ihrer Möglichkeiten, ihre Lebensziele zu verwirklichen, als auch ihrer Vermögens- und Geldbiografie.

Gender Gaps, also die Unterschiede der Geschlechter beispielsweise bei den Löhnen, sind nicht nur abstrakte Kennzahlen. Sie wirken sich auf das Leben so gut wie jeder Frau ganz konkret aus. Ebenso wie die Tatsache, dass unbezahlte Arbeit herabgewürdigt wird, sowohl gesellschaftlich und politisch als auch von der ökonomischen Theorie. Dieser engen Verknüpfung zwischen den großen Rahmenbedingungen und der persönlichen Geldbiografie nachzugehen, ist der Kerngedanke dieses Buches. Wir nähern uns deshalb auch den eigenen Geldeinstellungen. Mit den Übungen und Reflexionen, die ins Buch eingestreut sind, möchte ich dich ermutigen, das Thema Geld aus der Angst- und Tabufalle zu holen. Sie stammen aus der Biografiearbeit und sollen dich dabei unterstützen, deinem Verhältnis zu Geld immer besser auf die Spur zu kommen. Wir rollen also gleichzeitig den Faden deines Lebens auf.

Ob die Geldbiografien zweier Menschen zueinander passen, ist eine wichtige Frage für das Gelingen von Beziehungen. Darum geht es im Kapitel zur Partnerschaft. Mit etwas Hintergrundwissen und den richtigen Tools lassen sich Konflikte um Geld reduzieren. Wir müssen den Bogen aber weiter spannen und die Suche nach neuen Rollenbildern, die Verteilung der Sorgearbeit und den Umgang mit Zeitfallen berücksichtigen. Dabei setzen wir uns mit der Frage auseinander, wie wir heute als Familie so zusammenleben können, dass niemand auf der Strecke bleibt.

Das Buch enthält außerdem konkrete Tipps zu Finanzen und Steuern. Beide Themen haben zu Unrecht den Ruf, trockene Angelegenheiten zu sein. Das ist ein spannender Weg, versprochen! Ich gebe dir Handwerkszeug zum langfristigen Vermögensaufbau an die Hand und zeige erste Schritte, um an der Börse zu investieren.

In den einzelnen Kapiteln habe ich Interviews mit Expert:innen geführt, die Einsichten und konkrete Tipps zu Themen wie Mental Load, Absicherung für Alleinerziehende und Partnerschaftsverträge beigesteuert haben. Am Ende des Buches befinden sich hilfreiche Links zu Finanz- und Gleichstellungsthemen.

Ich wünsche dir viele Denkanstöße und Erkenntnisse beim Lesen!

1

Klumpenrisiko Mutterschaft

Geld ist der Schlüssel zur Chancengleichheit, für alle Menschen, egal, woher sie kommen, wen sie lieben oder woran sie glauben, ganz gleich, ob sie Kinder haben oder wie alt sie sind.

Henrike von Platen[10]

Unsere Lebensentscheidungen haben so gut wie immer Auswirkungen auf unser Geld. Welchen schulischen Weg wir einschlagen, welchen Beruf wir ergreifen, welche Partnerwahl wir treffen, ob wir Kinder bekommen möchten und wie viele, welche Familienform wir wählen, wo und wie wir wohnen, welche größeren Anschaffungen wir tätigen oder unterlassen – all dies sind Entscheidungen, die beeinflussen, wie viel Geld wir haben oder in naher und ferner Zukunft einmal haben werden. Umgekehrt hängen unsere Entscheidungen auch mit unserer finanziellen Ausgangslage zusammen, beispielsweise damit, ob wir uns ein Studium finanzieren können oder nicht – und erst recht, ob wir dies überhaupt in Erwägung ziehen. Der langfristige Verlauf ist wichtig, denn er zeigt, dass die Schritte, die wir zu einem bestimmten Zeitpunkt machen, große Auswirkungen haben und vielleicht nicht mehr rückgängig gemacht werden können. Was wir jetzt tun, stellt die Weichen dafür, wie wir finanziell in 20, 30 und vielleicht noch 40 Jahren dastehen. Dieser lange Atem ist besonders für Mütter entscheidend, denn ihre Erwerbs-, Care- und Geldbiografien spielen zusammen. Vorenthaltene Perspektiven, nicht verwirklichbare Chancen und entgangene Renditen bedeuten für sie eine besondere Belastung.

Entscheiden Frauen sich für Mutterschaft, haben wir es mit einem sogenannten »Klumpenrisiko« für ihre Finanzen zu tun. Ein Klumpenrisiko entsteht beim Vermögensaufbau durch einen zu starken Fokus auf eine Anlageklasse. Beispielsweise dann, wenn das gesamte Vermögen in einer Immobilie steckt und keine Liquidität für Notfälle aufgebaut wurde. Oder wenn sich das Wertpapierdepot besonders stark auf eine bestimmte Branche konzentriert und dadurch die Einzelrisiken steigen. Auch bei einer Kreditaufnahme kann eine Häufung von Risiken entstehen, etwa wenn der Kreditnehmer nur einen befristeten Arbeitsvertrag hat und die eingesetzte Bürgin von Arbeitslosigkeit bedroht ist.

Das Klumpenrisiko für Mütter? Ergibt sich aus dem Zusammenwirken von schwerwiegenden strukturellen Fehlanreizen, gebündelt mit individuellen Entscheidungen, die auf den ersten Blick ökonomisch sinnvoll erscheinen. Um nur ein Beispiel zu nennen, auf das ich in Kapitel 2 mit konkreten Tipps näher eingehe, weil es so zentral ist: Noch immer wird die Steuerklassenkombination III und V von Steuerberatenden empfohlen. Weil das Ehegattensplitting bei dieser Steuerklassenwahl das Einkommen der Person, die weniger verdient, höher belastet, entsteht ein stark negativer Erwerbsanreiz. In der Regel tragen ihn die Mütter. Sie kümmern sich dann zu Hause um mehr, arbeiten also unbezahlt. Das ist einer der Gründe, warum nur jede zweite Frau ihren Lebensunterhalt durch ein eigenes Einkommen selbst bestreiten kann, wie eine repräsentative Studie des *Brigitte Magazins* aus dem Frühjahr 2021 gezeigt hat.[11]

> ***Die Entscheidung einer Frau für ein Kind bringt nach wie vor ein hohes finanzielles und biografisches Risiko mit sich.***

Frauen, die Mütter werden, haben bedeutende finanzielle Einbußen zu verzeichnen. Mutterschaft gilt sogar als »biografisches Risiko«.[12] Denn Mütter spüren die damit verbundenen Verluste unter Umständen ihr ganzes Leben lang – vor allem dann, wenn sie längerfristig einen großen Teil der Sorgearbeit übernehmen und deshalb weniger Erwerbsarbeit leisten. Das ist einer der Hauptfaktoren für die große Lücke, die noch immer in der Geldbiografie der Mütter klafft: im Geldbeutel, bei den Einkommen, den Vermögen und schließlich den Renten von Müttern. Sie ist auch ein wesentlicher Faktor für die traurige Tatsache, dass Frauen in Deutschland selbst heute noch Schwierigkeiten haben, als Mütter ihre beruflichen Potenziale voll auszuleben.

In diesem Kapitel werfen wir einen genaueren Blick auf den Knackpunkt Sorgearbeit. Denn das Wissen um die Ungleichheit und die Zahlen dazu liegen längst auf dem Tisch – und auch die Erkenntnis, dass die große finanzielle Belastung von Familien diesen Zustand verschärft.

Die monetäre Rushhour des Lebens

Eltern wollen für ihre Kinder da sein, Zeit mit ihnen verbringen, ihnen ein stabiles Zuhause bieten – und müssen gleichzeitig vielfältigen finanziellen Verpflichtungen gerecht werden. Sie stecken in der klassischen Zeit-Geld-Falle. Insbesondere für Familien mit geringen Einkommen verstärken sich seit Jahren die Risiken, ihre Finanzen im Griff zu behalten – die »monetäre Rushhour des Lebens«[13] spitzt sich zu. Dies ist eine Phase in der Lebensmitte, in der sich finanzielle Entscheidungen und Ausgaben ballen. Die »Rushhour des Lebens« kennen wir aus der Familienforschung: Zum einen treffen Menschen in der Mitte des Lebens viele große Entscheidungen gleichzeitig, wie berufliche Weichenstellung, Partnerwahl, Kinderwunsch. Zum anderen sind im Familienzyklus Eltern von Kleinkindern besonders gefordert, da Beruf und Familie eine sehr hohe Arbeitsbelastung mit sich bringen. Die monetäre Rushhour des Lebens führt dazu, dass wir sehr viele Bälle gleichzeitig in der Luft halten. Wir möchten uns einen gewissen Wohlstand erarbeiten und beruflich vorankommen, unseren Kindern den Weg ebnen, unsere Zukunft und unseren Lebensabend absichern und auch noch ein bisschen Freizeit genießen, um Hobbys nachzugehen und unsere Freunde zu treffen. Die finanziellen und persönlichen Anforderungen steigen und nicht immer können wir alle diese Ziele gleichzeitig verfolgen, denn wir haben notorisch Zeitmangel. Hieraus können Unzufriedenheit, Resignation und auch Überforderung entstehen. Gerade der finanzielle Druck ist nicht zu unterschätzen.

Svantje und Joachim sind beide Mitte dreißig und haben vor zwei Jahren ihr zweites Kind bekommen. Die Wohnung platzt aus allen Nähten, vor allem, seitdem Svantje wieder berufstätig ist und sie beide regelmäßig im Homeoffice arbeiten. Sie müssen sich nach einer größeren Wohnung oder einem kleinen Haus umschauen. Obwohl sie beide erwerbstätig sind, ist ihre finanzielle Situation angespannt. Svantje sagt: »Unser Budget ist manchmal so eng auf Kante genäht, dass ich nicht weiß, wo wir noch sparen sollen.«

Eigentlich hätte sie, die als Bürokauffrau arbeitet, sich beruflich gerne neu orientiert, aber ihre Einkommenssituation gibt das derzeit beim besten Willen nicht her. Ihr schwebt ein Studium der Sozialpädagogik vor. Diesen Wunsch hatte sie bereits vor ihrer Ausbildung, aber schon damals schien ihr die finanzielle Hürde zu groß. Jetzt sind allerdings die Kinder noch sehr klein und außerdem ist das Geld einfach zu knapp. Um ihre Pläne zu verwirklichen, müsste sie erheblich weniger arbeiten. Dadurch würde ihr gemeinsames Haushaltsbudget noch weiter schrumpfen. Das Facharbeitergehalt von Joachim, der in einem kleinen Familienbetrieb arbeitet, wächst auch nicht in den Himmel. Die Situation ist belastend für die junge Familie. Svantje ist einerseits frustriert, dass sie ihre Pläne zurückstellen muss, und andererseits auch unsicher, ob sie finanziell alles richtig machen. Oder ob es in ihrem Lebensstil ungeahnte, übermäßige Ausgaben gibt, die sie weiter reduzieren könnten. Nachdem sie zusammen einen eingehenden Blick auf die Zahlen ihres Familienbudgets geworfen haben, ist aber klar, dass sie ihre finanzielle

Situation im Griff haben. Wie bei vielen anderen jungen Familien zehren jedoch die Kosten für Miete, Lebenshaltung, Absicherung und Vorsorge einen erheblichen Teil des verfügbaren Einkommens auf. Joachim könnte sich einen Zusatzjob suchen, damit sie finanziell etwas mehr Luft bekommen, aber dann »fehlt« er zu Hause und Svantje hat noch mehr Sorgearbeit.

Seit vielen Jahren steigen nicht nur die Mieten und Immobilienpreise, sondern auch die Energiekosten. In den Ballungsräumen großer Städte wird es für Familien zunehmend schwer, eine bezahlbare Wohnung in geeigneter Größe zu finden. Die Verbraucherzentralen begleiten die Ratsuchenden von Krise zu Krise: Finanzkrise, Staatsschuldenkrise, Coronakrise, Energiekrise. Die Auswirkungen der Pandemie schlugen vergleichsweise rasch durch. Viele Menschen kommen finanziell seit Jahren nicht auf einen »grünen Zweig«.

Rasant steigende Preise, wie seit dem Frühjahr 2022, belasten Familien über Gebühr. Im Mai 2022 lag die Inflationsrate bei 7,9 Prozent, im Oktober 2022 bei 10,4 Prozent.[14] Zweistellige Preissteigerungen assoziieren wir eher mit Schwellenländern. Sie belasten die Budgets und verunsichern die Menschen. Darin spiegeln sich Lieferkettenunterbrechungen durch ökonomische Verflechtungen, globale Krisen und der Ukraine-Krieg wider. Die Lebensmittelpreise waren im Oktober 2022 um 20,3 Prozent gestiegen, die Energiepreise um 43 Prozent. Die Strom- und Energiepreise werden auch künftig unter Druck bleiben. Der Gaspreis hat sich innerhalb eines Jahres mehr als verdoppelt, was auch die Preise für Heizöl mit nach oben zieht.

Damit ist es für Familien nicht genug. Denn gleichzeitig steigen seit Jahren die Anforderungen an die private Vorsorge. Wir haben höhere Eigenleistungen bei den Gesundheits- und Pflegekosten und müssen mehr Geld zur Seite legen, um unsere individuelle Rentenlücke zu schließen. Die demografische Entwicklung zwingt die umlagenfinanzierte Rentenversicherung in die Knie. Die Angst vor Altersarmut belastet immer mehr Menschen – und wird besonders für Mütter dringlich. Wir sind letztlich gezwungen, so früh wie möglich eine zusätzliche private Altersvorsorge aufzubauen.

Das Spannungsverhältnis zwischen diesen finanziellen Verpflichtungen und den persönlichen Möglichkeiten, allen Bereichen gerecht zu werden, verstärkt sich im Alter von Svantje und Joachim. Wenn Kinder in die Familie kommen, setzt die monetäre Rushhour des Lebens ein, in der Paare oft nicht wissen, welche finanziellen Prioritäten sie setzen sollen. Manche meiner Seminarteilnehmerinnen sagen dann: »Wir müssen jetzt zusehen, wie wir über die Runden kommen, Altersvorsorge ist im Moment nicht drin.« Einer repräsentativen Untersuchung der Finanztip Stiftung zufolge hatte bereits im April 2021 fast jeder sechste Haushalt (15,2 Prozent) Schwierigkeiten, die Budgetgrenzen zu wahren, und »jeden Monat höhere Ausgaben als verfügbares Einkommen«.[15] Die Schätzungen zur Verschuldung der privaten Haushalte lassen nichts Gutes erahnen. Anabel Oelmann, die Vorständin der Verbraucherzentrale Bremen, berichtete auf der internationalen Konferenz zu Finanzdienstleistungen im Sommer 2022 von einer explodierenden Nachfrage bei der Beratung. Viele Haushalte mussten in der Pandemie ihren Finanzpuffer aufbrauchen. Der Aufbau einer privaten Altersvorsorge wird für Familien, die darum ringen, ihre Existenz abzusichern, in absehbarer Zeit nicht zu den obersten Prioritäten zählen.

Beziehen wir die massive ökonomische Benachteiligung von Müttern in die Betrachtung ein, wird völlig unverständlich, warum sich nicht mehr Proteste von Eltern regen. Solange der »generative Beitrag« von uns Eltern nicht ausreichend in den Sozialsystemen anerkannt wird, sind wir gut beraten, unserer persönlichen Rentenlücke selbst gegenzusteuern. Einerseits. Doch das birgt auch die Gefahr, dass wir uns als Familien überfordern: Selbstvorsorge und Selbstfürsorge geraten miteinander in Konflikt und wir finden uns sprichwörtlich im Hamsterrad wieder. Dann treffen wir mitunter Entscheidungen, von denen ich oben als »Klumpenrisiko« für Mütter gesprochen habe: Vermeintlich ist es dann vernünftig, dass der Elternteil, der weniger verdient, auch mehr Sorgearbeit übernimmt. In vielen Fällen ist das die Frau, wie die Zahlen im Kapitel zur weiblichen Erwerbsarbeit zeigen werden. Sind diese Weichen im Familienalltag erst einmal gestellt, bleiben die Kosten und finanziellen Risiken für die Mütter ein Leben lang hoch.

Knackpunkt Sorgearbeit

Ein frischgebackener Vater stellte mir auf einer Veranstaltung zum Thema »Frauen stärken ihre Finanzen« eine gute Frage: »Wir haben jetzt lange darüber gesprochen, was die Frauen bei ihren Finanzen besser machen könnten. Gibt es denn auch Dinge, die Sie sich von uns Männern wünschen?« Das war eine Steilvorlage für mich: »Auf alle Fälle! Da würde ich die Männer gerne auffordern, dass wir auf die Waage von Sorge- und Erwerbsarbeit schauen. Wenn die Männer mehr Sorgearbeit übernehmen, können die Frauen besser erwerbstätig sein.« Die OECD-Statistik bestätigt nämlich: Trotz gestiegener Erwerbstätigkeit tragen Frauen in Deutschland mit 65 Prozent immer noch den Großteil der unbezahlten häuslichen Arbeit, einschließlich Kinderbetreuung.[16] Es bleibt zu viel Fürsorgearbeit an den Müttern hängen, gerade wenn sie erwerbstätig sind.

Für junge Eltern ist der Gedanke, dass die Familiengründung einen existenziellen Einschnitt im Lebensentwurf darstellt, weit weg. Darin liegt eine Gefahr begründet. Wir sprechen hier von einer Zäsur, die berufliche Entwicklungen und Aussichten auf Chancengleichheit eintrübt und weitreichende Auswirkungen haben kann. Je nachdem eben, wie das Paar sich die Care-Arbeit aufteilt.

Die Elternzeitregelungen und der Rechtsanspruch auf einen Kitaplatz haben in den Familien bereits einige Veränderungen angestoßen. Von einer gleichberechtigten Verteilung der Erwerbs- und Sorgearbeit sind wir aber noch weit entfernt. Nach wie vor reduzieren Männer ihren Erwerbsumfang weitaus seltener als Frauen, wenn es darum geht, Sorgearbeit zu übernehmen. Rund 60 Prozent der Paare leben die Konstellation »Vater in Vollzeit – Mutter in Teilzeit«, bei Ehepaaren sind es sogar fast drei Viertel.[17]

Der Gender Care Gap verdeutlicht den unterschiedlichen Zeitaufwand, den Frauen und Männer für die unbezahlte Sorgearbeit aufbringen.[18] Darunter fallen unbezahlte Tätigkeiten, wie sie täglich in den Haushalten und Familien anfallen: Kinderbetreuung, Hausarbeit, familiäre Unterstützung, häusliche Pflege und Selbstsorge sowie ehrenamtliche Tätigkeiten. Diese »Sorgearbeitslücke« wird erst seit einigen Jahren vom Statistischen Bundesamt erhoben. Im Gegensatz zu den meisten anderen Gender Gaps beziffert der Care Gap nicht, welches *Geld den Frauen fehlt*, sondern gibt die zeitliche Differenz wieder, die Frauen mehr als Männer *in unbezahlte Arbeit investieren.* Pro Woche verrichten Frauen im Durchschnitt rund zehn Stunden mehr davon als Männer – wenn Kinder im Haushalt leben oder Angehörige zu pflegen sind, deutlich mehr.

Der Gender Care Gap ist abhängig von der Lebensphase, vom Einkommen und insbesondere davon, ob Kinder vorhanden sind. Er beträgt im Durchschnitt 52,4 Prozent. In Zeit ausgedrückt bedeutet dies, dass Frauen täglich knapp 90 Minuten mehr unbezahlte Arbeit verrichten als Männer. Bei Eltern ist dieses Missverhältnis noch größer: Mütter leisten täglich 2,5 Stunden mehr Sorgearbeit als Väter, was einem Gender Care Gap von 83,3 Prozent entspricht.

Die größten Unterschiede zeigen sich bei 34-Jährigen in der »Rushhour des Lebens« mit einem Care Gap von 110,6 Prozent. In dieser Zeit übernehmen Frauen täglich fünf Stunden und 18 Minuten, Männer zwei Stunden und 31 Minuten Care-Arbeit. Die Differenz beträgt also fast drei Stunden täglich. Selbst bei Doppelverdiener-Paaren, also dann, wenn beide vollzeitbeschäftigt sind, übernehmen Mütter mehr Sorgearbeit als Väter. Der Gender Care Gap beträgt hier 41,3 Prozent.[19]

In Ostdeutschland herrscht nach wie vor das Doppelverdienstmodell vor. Dort sind verheiratete Mütter vergleichsweise selten vom

Einkommen ihres Partners abhängig. In Westdeutschland hat das Zuverdienstmodell das klassische Familienernährermodell abgelöst. Obwohl sich die Einstellungen zu berufstätigen Müttern in Westdeutschland stark gewandelt haben, schwingt bei den Zuschreibungen zur Mutterrolle vor allem im ländlichen Raum noch immer die Sorge mit, erwerbstätige Mütter könnten ihre Kinder vernachlässigen, am stärksten, wenn die Kinder sehr klein sind und die Mutter in Vollzeit arbeitet. Das Familienministerium stellte in einer umfassenden Untersuchung des Gender Care Gaps fest, dass trotz dieser Unterschiede sowohl in West- als auch in Ostdeutschland »die prinzipielle Verantwortung für die unbezahlte Sorgearbeit bei den Müttern« liegt.[20]

Die ungleiche Verteilung der Sorgearbeit spielt in fast alle Gender Gaps, die Ungleichheiten zwischen den Geschlechtern fassen, hinein und hat einen erheblichen Anteil an deren Entstehung. Einige Gaps werden wir uns im Laufe des Buches ansehen. Die wirtschaftlichen Nachteile reichen für Mütter von der Teilzeitstrafe (Part-time Wage Gap) über Karriereeinschnitte bis hin zu verminderten Rentenansprüchen, um nur einige Beispiele zu nennen. Darum wird es im Kapitel zur Erwerbsarbeit der Mütter (Kap. 3) noch ausführlich gehen, auch um die Lohnunterschiede zwischen Männern und Frauen. Sie sind zum einen ein Resultat der unfairen Verteilung der Sorgearbeit – und zum anderen der Grund, warum die Frauen mehr davon übernehmen als Männer.

Ganz klar: Bei der Vereinbarkeit von Familie und Beruf sind privilegierte Gruppen im Vorteil. Sie können alle erdenklichen Unterstützungsleistungen einkaufen oder ihnen lästig erscheinende Aufgaben auslagern. Finanziell weniger gut gestellte Familien profitierten von der Familien- und Gesellschaftspolitik der vergangenen Jahre hingegen unterdurchschnittlich. Je höher der Verdienst, desto höher beispielsweise das anteilige Elterngeld.

Ein Beispiel für eine gute Ausgangslage sind die Familienarrangements meiner Klientin Olivia.

- **Gender Care Gap:** Differenz im Zeitaufwand für unbezahlte Sorgearbeit, »Sorgearbeitslücke«
- **Gender Pay Gap:** Lohnlücke, Entgeltlücke
- **Part-time Wage Gap:** Stundenlohndifferenz bei Teilzeitbeschäftigung (Teilzeitlohndifferenz)
- **Child Penalty:** Einkommenseinbuße bei Geburt des ersten Kindes (teilweise auch: Motherhood Wage Penalty / mutterschaftsbedingte Lohneinbuße)
- **Gender Lifetime Earnings Gap:** geschlechtsspezifische Lebenserwerbseinkommenslücke
- **Motherhood Lifetime Penalty:** mutterschaftsbedingte Lebenserwerbseinkommenslücke (Mütter vs. kinderlose Frauen)
- **Gender Pension Gap:** geschlechtsspezifische Lücke der Alterssicherungseinkommen
- **Financial Literacy Gender Gap:** geschlechtsspezifische Unterschiede der Finanzkompetenz
- **Gender Wealth Gap:** geschlechtsspezifische Vermögenslücke

Olivia forderte von ihrem Partner immer ein, sich an der Sorgearbeit zu beteiligen. Sie hatte eine Führungsaufgabe in einem großen Konzern und es kam für sie nicht infrage, unterhalb von 80 Prozent Teilzeit zu arbeiten. Dafür musste sie sich allerdings Kommentare anhören, wie: »Wenn man Kinder haben möchte, muss man sich eben auch um sie kümmern.« Als ihre beiden Kinder noch klein waren, hatte die Familie ein ausgeklügeltes Unterstützungssystem: Montags war Olivia zu Hause, freitags ihr Mann. Von Dienstag bis Donnerstag hatten sie eine Tagesmutter, eine Zugehfrau, eine Kraft, die die Wäsche bügelte, und auch Olivias Mutter war regelmäßig vor Ort, um die Kinder aus Kita und Kindergarten und später von der Schule abzuholen und für sie zu kochen. Dennoch, und auch in einer privilegierten Lage, erfordert es Fingerspitzengefühl, die Erwerbs- und Sorgearbeit gerecht zu verteilen. Olivias Ehemann reagierte ab und zu ein bisschen genervt. Nicht im Traum hätte er sich vorstellen können, wie kompliziert sich die Terminplanung einer vierköpfigen Familie gestalten kann. Wenn die Abstimmung durch Krankheiten der Kinder oder Geschäftsreisen ausuferte, warf er gerne ein: »Wir könnten einen Betriebsrat gründen und eine Weihnachtsfeier abhalten.«

»Das sind doch Luxusprobleme«, denken manche jetzt vielleicht. Das stimmt insofern, als eine Familie mit Gehältern im Niedriglohnsektor vor ganz anderen Herausforderungen steht. Zu den Erschwernissen der täglichen Arbeit, den Zeit- und Geldsorgen und möglichen gesundheitlichen Problemen kommt die Angst, den Kindern nicht die besten Chancen zu bieten, damit sie es einmal besser haben. Ein Urlaub in den Bergen oder am Meer steht in weiter Ferne und die hohen Nebenkostenabrechnungen bereiten ihnen Kopfzerbrechen. Familieneinkäufe müssen akribisch geplant werden und die Eltern versagen sich zugunsten der Kinder viele Ausgaben für sich selbst. Die ständigen Zukunftssorgen belasten die ganze Familie. Gibt es keine familiären Unterstützungsressourcen, haben Eltern zudem nur wenig Entlastung im Alltag.

Wir sollten aber die Probleme verschiedener gesellschaftlicher Gruppen nicht gegeneinander ausspielen. Auch Olivia und ihr Ehemann sind an einem Limit, einfach weil die Zeit, die Familien miteinander haben, wenn beide Elternteile berufstätig sind, immer zu knapp ist. Teresa Bücker hat den Machtfaktor der Zeit und ihre Ungleichheitsdimension in ihrem lesenswerten Buch »Alle_Zeit« präzise herausgearbeitet: »Elternschaft ist *Erschöpfung by design:* Familien, so wie sie heute leben, können einer Überlastung kaum entgehen, wenn die Erwachsenen versuchen, ihren Berufen gerecht zu werden und sich selbst um ihre Kinder und den Haushalt zu kümmern. (...) Von Eltern und pflegenden Angehörigen wird erwartet, dass sie die

Care-Seite ihres Lebens leugnen, wegorganisieren und sich die Anstrengung nicht anmerken lassen.«[21]

Wir messen der unbezahlten Sorgearbeit in unserer Gesellschaft nicht ausreichend Wert bei und stellen Familien- und Erwerbsarbeit gegeneinander. Das zeigt der Blick auf die wirtschaftliche Bedeutung der Sorgearbeit: Ohne sie ginge nichts, dennoch wird sie ökonomisch ausgeblendet.

Der blinde Fleck in der großen Rechnung

Care-Arbeit ist die elementare Voraussetzung und Grundlage allen gesellschaftlichen und wirtschaftlichen Handelns – bevor eine Gemeinde verwaltet, eine Maschine in Betrieb genommen, ein Auto gebaut oder eine unternehmerische Entscheidung getroffen werden kann, muss zuerst der Mensch geboren, großgezogen und ausgebildet werden. Das ist im preisgekrönten Kurzfilm des Vereins »Wirtschaft ist Care« anschaulich dargestellt.[22] Wie auch Linda Scott in »Das weibliche Kapital« hervorhebt, ist private Sorgearbeit »für das Funktionieren des Wirtschaftssystems von entscheidender Bedeutung«[23]. Sie fächert eindrücklich den Entzug von Ressourcen auf, den Frauen durch globale Mechanismen der Diskriminierung erleiden. Den systemischen Zusammenhang hat auch Caroline Criado-Perez in ihrem Bestseller »Unsichtbare Frauen« verdeutlicht: »Wir glauben gern, bei der unbezahlten Arbeit von Frauen ginge es nur um individuelle Frauen, die sich zu ihrem individuellen Vorteil um ihre individuellen Familienmitglieder kümmern. Aber das stimmt nicht. Die unbezahlte Arbeit der Frauen ist Arbeit, von der die Gesellschaft abhängig ist und in ihrer Gesamtheit profitiert.«[24]

Dennoch bleibt Sorgearbeit in den ökonomischen Daten unsichtbar. Denn dort fließt nur die Lohnarbeit ein. Ein wesentlicher Teil des Geldes von Müttern fehlt somit in der volkswirtschaftlichen Gesamtrechnung. Die unbezahlte Sorgearbeit wird weiterhin nicht als Arbeit ausgewiesen und bleibt aus dem Bruttoinlandsprodukt ausgeklammert. Das Bruttoinlandsprodukt misst den Wert der im Land hergestellten Waren und Dienstleistungen und gilt als Maß des Wohlstands einer Volkswirtschaft.[25] Criado-Perez schreibt: »Die fehlende Berücksichtigung unbezahlter Hausarbeit bei der Berechnung des BIP ist vielleicht die größte geschlechterbezogene Datenlücke von allen.«[26] Wie die Initiative »Close Econ Data Gap« unterstreicht, macht der von Eltern erzeugte gesellschaftliche Wert einen »wichtigen Teil unseres Lebensstandards« aus und muss daher statistisch sichtbar gemacht werden.[27] Diese Forderung wurde bereits auf der UN-Weltfrauenkonferenz 1995 erhoben.

Für das Wohlergehen von Gesellschaften und das Funktionieren der Wirtschaft sind Kümmern, Pflegen, Kochen und Putzen unersetzlich.

Oxfam[28]

Wie groß der blinde Fleck Sorgearbeit all diesen Mahnungen und Erkenntnissen zum Trotz aber weiter ist – besonders bei den politisch Verantwortlichen –, hat die Coronakrise mit einem Schlag ans Licht gebracht: Die Politik hatte zunächst einfach vergessen, die Familien und die dort anfallende Sorgearbeit mitzudenken. Von der einen auf die andere Woche wurden Schulen, Kindertagesstätten und Betreuungseinrichtungen geschlossen. Wie eine alleinerziehende Mutter ihr Kind betreuen und gleichzeitig außer Haus arbeiten sollte, dafür gab es keine Blaupause. Auch pflegende Angehörige standen vor unlösbaren Problemen. Diese Zeit wird uns Eltern mit Homeoffice, Homeschooling und Homework wohl als maximal negative Phase der Vereinbarkeit von Familie und Beruf in Erinnerung bleiben.

Die Leerstelle Sorgearbeit wird noch dadurch verschlimmert, dass die ökonomische Standardlehre und Wirtschaftswissenschaft, die von

Männern dominiert wird, die unbezahlte Arbeit in die Unsichtbarkeit drängt und abwertet. Das hat eine lange Tradition: Als die Industrialisierung einsetzte, sprachen Ökonomen den sorgenden Tätigkeiten schlicht ab, produktive Arbeit zu sein. Obwohl Care-Arbeit bis heute einen höheren Stundenumfang hat als Erwerbsarbeit, wird sie einfach nicht strukturell in Modelle eingerechnet, die gesellschaftliche Wohlfahrtsproduktion berücksichtigen. Die Soziologin und Haushaltsökonomin Uta Meier-Gräwe fasst diese Entwicklung in einem Plädoyer hin zu einer care-zentrierten Ökonomie einprägsam zusammen.[29] Wissenschaftlerinnen, Feministische Ökonominnen und Aktivistinnen kritisieren die Ausblendung der Sorgearbeit seit Jahrzehnten, inzwischen auch im Namen von globalen Institutionen wie den Vereinten Nationen und dem Weltwirtschaftsforum. Hier liefert Linda Scott ebenfalls spannendes Hintergrundwissen. Frauen sind nach wie vor in den Wirtschaftswissenschaften unterrepräsentiert: »Die Ökonomie ist weltweit das am stärksten von Männern dominierte Fach an den Universitäten – noch mehr als naturwissenschaftliche und technische Fächer, Ingenieurwissenschaften und Mathematik.«[30] In Europa sind nur 27 Prozent der wirtschaftswissenschaftlichen Professuren mit Frauen besetzt.[31] Die ökonomische Falle, in der Mütter stecken, ist daher auch das Resultat einer männlich geprägten wirtschaftlichen Lehre.

Mütter und Frauen mit Pflegeverantwortung tragen die ökonomischen Folgen der ungleichen Verteilung von bezahlter und unbezahlter Arbeit. Unterbrochene Erwerbsbiografien bringen Karrierewege ins Schlingern. Oft können Frauen die durch Care-Arbeit entstehenden Brüche in ihren Berufsbiografien nicht mehr glätten und tragen hohe finanzielle Risiken, die bis hin zur Altersarmut reichen.

Das Ausklammern von Sorgearbeit aus der wirtschaftlichen Rechnung hat für Mütter eine weitere gravierende Folge: Steigen sie länger aus dem Beruf aus, um sich der Kindererziehung zu widmen, erwerben sie kaum Ansprüche an die Sozialversicherung. »Die Unterscheidung zwischen Lohn- und Familienarbeit« ist deshalb Ute Gerhard zufolge »die wichtigste Ursache der Diskriminierung der Frauen im Sozialrecht und im gegenwärtigen System sozialer Sicherheit«[32]. Gerhard hatte den ersten Lehrstuhl für Frauen- und Geschlechterforschung in Deutschland inne und stellte diese Zusammenhänge schon vor mehr als dreißig Jahren heraus. Durch das Raster fallen können auch Freiberuflerinnen und selbstständige Frauen. So gilt für sie derzeit kein rechtlicher Anspruch auf Mutterschutz. Diesen Missstand hat die Tischlerin Johanna Röh aufgedeckt. Sie fordert in einer Bundestagspetition einen gesetzlich geregelten Mutterschutz für Selbstständige.[33] Als sie schwanger wurde und mit gesundheitlichen Problemen zu kämpfen hatte, bemerkte sie, dass es keine Instrumente gibt, die existenzbedrohende Situationen von schwangeren Selbstständigen auffangen oder Betriebsschließungen verhindern. Mutterschaftsgeld erhalten Selbstständige nur, wenn sie als freiwilliges Mitglied in der gesetzlichen Krankenversicherung den Anspruch auf Krankengeld als Wahltarif gewählt haben oder als Freiberuflerinnen in der Künstlersozialkasse versichert sind.

Die Sozialversicherung, und damit auch die Rente, beruht immer noch auf dem Leitbild des »Normalarbeitsverhältnisses«, also einer lückenlosen Vollzeit-Erwerbsbiografie über viele Jahrzehnte. Das entspricht nicht der gesellschaftlichen Realität. Mütter bekommen vor allem im Alterssicherungssystem mit der Rentenlücke zu spüren, dass der Familienarbeit ein untergeordneter Wert beigemessen wird – das können die Entgeltpunkte für Kindererziehung nicht wettmachen. Frauen, die den weitaus größeren Anteil der unbezahlten Arbeit übernehmen, werden hierdurch systematisch benachteiligt. Denn es ist ganz klar: Wenn Lohnersatzleistungen wie Arbeitslosen- und Kurzarbeitergeld sowie Ansprüche an die Sozial- und Rentenversicherung an die Erwerbsarbeit gekoppelt sind, entstehen Lücken für diejenigen außerhalb der Systeme.

Das Ergebnis ist, dass Frauen weltweit ökonomisch massiv unterlegen sind. Bereits im Jahr 1980 wurde dieses Ungleichgewicht von den Vereinten Nationen angemahnt: »Frauen stellen die Hälfte der

Weltbevölkerung dar, verrichten nahezu zwei Drittel der Arbeitsstunden, erhalten ein Zehntel des Welteinkommens und besitzen weniger als ein Hundertstel des Weltvermögens.«[34] Weltweit basieren Wirtschafts- und Gesellschaftssysteme nach wie vor auf unentgeltlich erbrachter Sorgearbeit. »Putzen ist politisch«, so drückt es Teresa Bücker in einem Beitrag des Rundfunks Berlin-Brandenburg zum Gender Care Gap und zur Verteilung der Sorgearbeit treffend aus.[35] Den Anspruch auf einen Lohn für Hausarbeit erhoben Vordenkerinnen wie Silvia Federici und Mariarosa Dalla Costa bereits Anfang der 1970er-Jahre. Sie begründeten ein internationales feministisches Kollektiv.[36] 1989 veröffentlichte die US-amerikanische Soziologin Arlie Russell Hochschild zusammen mit Anne Machung die bahnbrechende Studie »The Second Shift« über die Doppelbelastung von Frauen. Sie rekonstruierten das ökonomische Primat unserer Gesellschaftsverträge und legten die schleichende Entwertung der familiären Sphäre offen.[37] Mehr denn je zerreiben sich Eltern heute zwischen den Anforderungen der Arbeitswelt und denen des Familienlebens.

> *Erkenntnisse haben wir genug, aber die Ergebnisse lassen auf sich warten. Es geht um die Macht, die Männer ungern abgeben. Aber Jammern ist nicht unser Stil.*
>
> Hildegund Rüger, Ehrenpräsidentin Bayerischer Landesfrauenrat[38]

Das Geld, das Frauen durch die ungleiche Verteilung von Sorgearbeit fehlt, hat Oxfam in einer viel zitierten Studie zur sozialen Ungleichheit beziffert. Die Entwicklungsorganisation ermittelte den globalen Wert der unbezahlten Sorgearbeit mit umgerechnet 10,8 Billionen US-Dollar pro Jahr. Dies entspricht »dem Dreifachen des weltweiten Umsatzes im IT-Sektor«[39]. Das Statistische Bundesamt taxierte den

Die Übernahme unbezahlter Arbeit benachteiligt Mütter auf mehreren Ebenen und gleicht einer mehrfachen Bestrafung:

- Mütter erzielen in dieser Zeit kein Einkommen, können keine Rücklagen bilden und ihre Teilhabe bleibt eingeschränkt.
- Sie geraten in ökonomische Abhängigkeit und damit in eine unterlegene Machtposition in ihrer Partnerschaft.
- Außer Entgeltpunkten und Kinderberücksichtigungszeiten in der Rentenversicherung sowie den Anspruch auf beitragsfreie Familienversicherung und ermäßigte Pflegeversicherung erwerben sie keine Ansprüche an die Sozialversicherung.
- Die Zeit, die sie für Fürsorgearbeit aufwenden, fehlt ihnen für die Verwirklichung ihrer beruflichen Interessen und Vorhaben – die monetäre Rushhour verschärft die Rushhour des Lebens. Darunter leidet auch die Selbstfürsorge.
- Sie erleben strukturelle Diskriminierung am Arbeitsmarkt und ihre Qualifikationen verlieren an Wert. Sie können ihre Potenziale häufig nicht ausschöpfen.
- Gesellschaftliche Anerkennung bleibt ihnen vorenthalten, weil die Familienarbeit durch die Erwerbsarbeitszentriertheit der Familienpolitik eine kontinuierliche Abwertung erfährt.
- Sie haben weniger Zeit für zivilgesellschaftliches Engagement und politische Repräsentanz.

Wert der unbezahlten Arbeit in Deutschland in seiner letzten Erhebung aus dem Jahr 2016 auf knapp 826 Milliarden Euro, was rund einem Drittel der im Bruttoinlandsprodukt ausgewiesenen Bruttowertschöpfung entspricht.[40] Mütter und pflegende Angehörige erleiden dadurch einen unglaublichen Ressourcenentzug.

Wissenschaftlerinnen, Vereine, Netzwerke und Initiativen[41] fordern daher die Rückbesinnung auf den *eigentlichen* Kern des Wirtschaftens. Die Schweizer Theologin Ina Praetorius, Mitgründerin des Vereins »Wirtschaft ist Care«, wird nicht müde zu betonen, dass es hierbei um nichts weniger als »die Befriedigung tatsächlicher menschlicher Bedürfnisse« geht.[42] Sie veröffentlicht immer wieder Aufrufe, einen Diskurs über den Wert der unbezahlten Arbeit anzustoßen.[43] Diese versanden regelmäßig im Schweigen. »Wann erscheint die unbezahlte Care-Arbeit im BIP?«, so ihre Frage. Ein führender Ökonom, der dem wissenschaftlichen Beirat des Wirtschaftsministeriums beiwohnt, bekannte: »Tut mir leid, aber ich habe mich mit diesem Thema nicht näher beschäftigt und kann die Frage daher nicht beantworten«[44]. Ein ehemaliger Wirtschaftsweiser räumte auf Twitter gar ein, dass er das Thema »einfach nicht besonders spannend« fände. Inzwischen hat sich eine weltweite Bewegung für eine sogenannte »care-zentrierte Ökonomie« formiert. Kinder, die in Familien heranwachsen, sind die Zukunft der Gesellschaft. Sie sind die Arbeitskräfte und die Zivilgesellschaft von morgen. Wir sollten gemeinsam alles daransetzen, dass sie in Familien aufwachsen können, die sich nicht im täglichen Spagat zwischen Fürsorgearbeit und Beruf zerreiben und an den Anforderungen zerbrechen.

Fehlende Finanz- und Gleichstellungsbildung: Wie aus Wissenslücken Versorgungslücken werden

»*Wenn die Zusammenhänge und Wechselwirkungen der Gender Gaps inzwischen allseits bekannt sind, kann man dann ketzerisch sagen, die Frauen sind selbst schuld, wenn sie in die Altersarmut rutschen?*« Diese Frage von Noemi auf einer gemeinsamen Veranstaltung des Familienbeirats der Stadt Bamberg trifft die aktuelle Lage zur wirtschaftlichen Situation von Frauen in Deutschland sehr gut. Frauen verzeichnen seit vielen Jahren Bildungsgewinne. Dem nationalen Bildungsbericht zufolge verfügen in der Altersgruppe der 30- bis unter 35-Jährigen »signifikant mehr Frauen als Männer über einen Hochschulabschluss«[45].

Fatalerweise sind sie als Mütter und pflegende Angehörige dennoch nicht vor Einkommensarmut oder Altersarmut geschützt.

Aber warum ist das so? Mütter führen sich nicht unbedingt vor Augen, was eine Reduktion ihrer Arbeitszeit langfristig bedeutet. »Teilzeitarbeit ist später eben auch Teilzeitrente. Viele Frauen machen sich nicht bewusst, dass sie damit dauerhaft abhängig sind von ihrem Mann«, mahnte Helma Sick, renommierte Finanzexpertin und Pionierin der Frauenfinanzberatung, in der *ZEIT*.[46] Dieses mangelnde Bewusstsein ist nicht das Versäumnis einzelner Frauen, sondern hat mindestens drei Ursachen: Strukturelle Fehlanreize, geringes Geldbewusstsein und fehlendes Gleichstellungswissen.

Um die Finanzbildung in der Bevölkerung ist es schlecht bestellt. Dies zeigen Studien seit vielen Jahren.[47] Es bleibt bislang dem Bestreben interessierter Lehrkräfte und der Gnade der Geburt überlassen, ob junge Menschen lernen, wie man ein Budget sinnvoll einteilt, sich einen Finanzpuffer aufbaut, seine Existenz ausreichend absichert und seine Vermögensbildung und Altersvorsorge in Angriff nimmt. Die Organisation für wirtschaftliche Zusammenarbeit und Entwicklung, OECD, empfiehlt ihren Mitgliedsstaaten, die Finanzkompetenz der Bevölkerung zu stärken. Das bedeutet, dass die Politik entsprechende Maßnahmen ergreift, um allen Kindern, Jugendlichen und Erwachsenen das nötige Rüstzeug für einen kompetenten Umgang mit Geld und Finanzen an die Hand zu geben. Denn es ist eine staatliche Aufgabe, dies sicherzustellen. Dazu zählt auch die Ausbildung von Lehrkräften. Viele Nachbarländer haben längst eine Finanzbildungsstrategie verabschiedet. Dadurch verankern sie das Thema institutionell über verschiedene Bildungsebenen. Nur vier der 38 Mitgliedsstaaten der OECD verfolgen *keine* nationale Strategie zur finanziellen Bildung, Deutschland zählte lange dazu. Erst im November 2022 verkündete das BMBF, eine »Nationale Strategie für Ökonomische Bildung« aufzulegen. Im Rahmen der PISA-Studie erhebt die OECD seit 2012 gleichfalls die Lernstandserhebung *PISA-Finanzen*.[48] Auch an dieser nimmt Deutschland bislang nicht teil.

Finanzkompetenz ist eine von vielen Alltagskompetenzen. Gemeint ist damit das Bewusstsein, das Wissen, die Fähigkeiten, Einstellungen und das Verhalten, das wir benötigen, um solide finanzielle Entscheidungen treffen zu können, die auch unsere Zukunft absichern.

OECD 2005[49]

Dabei ist der Umgang mit Geld eine hoch geschätzte Alltagskompetenz. 85 Prozent der Bundesbürger halten es für eine wichtige Fähigkeit, gut mit Geld umgehen zu können.[50] Dennoch fristet die finanzielle Bildung ein Schattendasein in der Schulbildung. Der Bundesverband der Verbraucherzentralen hat junge Erwachsene zwischen 18 und 25 Jahren in einer Online-Umfrage zu ihrer finanziellen Grundbildung befragt. Aussagen wie: »Ich habe von diesem Thema überhaupt keine Ahnung«, »Ich verstehe die meisten Begriffe nicht« oder »Ich fühle mich überfordert!« zeigen, dass eine echte Bildungslücke besteht.[51]

Es gibt seit vielen Jahren einen Streit darüber, *wie* wirtschaftliche Bildung in der Schule vermittelt werden soll. Die einen befürworten ein eigenes Schulfach, die andere Strömung, der ich auch angehöre, findet, dass es zu kurz greift, sich allein auf Finanzen und Wirtschaft zu konzentrieren. Denn auch als wirtschaftlich handelnde Menschen haben wir soziokulturelle und biografische Bezüge und bleiben in strukturelle Zusammenhänge eingebunden. Finanzkompetenz ist weitaus mehr als reines kognitives Wissen, sondern hat auch eine psychosoziale Komponente. Sie zeigt sich etwa im sozialen Vergleich mit anderen. Außerdem fällt Bildung immer dann auf fruchtbaren Boden, wenn wir sie an unsere Erfahrungswelt anknüpfen können. Es macht einen Unterschied, ob junge Menschen in der Schule schematisch lernen, wie das ökonomische Prinzip funktioniert, oder ob sie im Supermarkt auf Entdeckungstour gehen, um Marketingfallen aufzuspüren.

Starke Lobbyverbände der Finanzwirtschaft versuchen, rein wirtschaftsliberal-konservatives Denken in die Schulen zu bringen. Hier steht nicht der Mensch im Mittelpunkt, sondern ein zweckrational wirtschaftliches Handeln im Sinne der klassischen ökonomischen Lehre, das ökologische und gesellschaftliche Folgekosten »externalisiert«, also auf die Gemeinschaft abwälzt. Dadurch werden diese ungleich verteilt, wie die Klimakrise erschreckend offenbart. Im Bereich der Pflege tragen wiederum Familien die Kosten von Privatisierung und Spardiktat, etwa wenn Patient:innen frisch operiert ins häusliche Umfeld entlassen werden. Neoliberales Wirtschaftsdenken ist blind für Systemrisiken und wirtschaftsethische Aspekte, und es blendet soziale Strukturen aus: Der Mensch wird der Marktlogik unterworfen, die Eigenverantwortung wird hochgehalten.

Es ist die Aufgabe eines guten Bildungssystems, unsere Entwicklung zu mündigen und verantwortungsbewussten Persönlichkeiten zu fördern. Das praktische Finanzwissen ist aber ungleich verteilt. Es hängt unter anderem vom Bildungsstand und dem Haushaltseinkommen ab. So weisen junge Menschen mit niedrigen Bildungsabschlüssen und geringen Einkommen ein höheres Risiko auf, in eine Verschuldungssituation zu geraten.[52] Die soziale Ungleichheit wird dadurch immer weiter verfestigt.

Das Problem in Deutschland ist aber nicht nur, dass wir viele Jahre keine nationale Strategie für finanzielle Bildung hatten. Besonders für Frauen ist zudem nachteilig, dass beispielsweise die rechtlichen und steuerlichen Auswirkungen der Eheschließung nicht per se zu den Inhalten finanzieller Bildung zählen. Dies fordern Sachverständige jedoch. Zu finanzieller Bildung gehöre, »dass Menschen über die vermögensrechtlichen Folgen einer Ehe oder eingetragenen Lebenspartnerschaft Bescheid wissen«[53]. Eine Vertreterin des Bundesfamilienministeriums antwortete in einer Podiumsdiskussion im Jahr 2021 auf meine Frage hin, was bisher unternommen wurde, um diesen Handlungsanforderungen gerecht zu werden, dass es inzwischen hinreichend Angebote zu finanzieller Bildung gebe und das Familienministerium überdies der falsche Ansprechpartner sei, um Bildungsinhalte zu adressieren. So werden Verantwortlichkeiten vom einen ins andere Ressort geschoben. Separierte Zuständigkeiten führen zur unheilvollen Tatsache, dass Frauen und Männer auf ihrem Weg durch die schulischen Instanzen nur durch Zufall mit Gleichstellungswissen und emanzipatorischen Inhalten finanzieller Bildung in Berührung kommen. Erst im Jahr 2021 wurde die »Bundesstiftung Gleichstellung« errichtet. Sie soll die Gleichstellung der Geschlechter beschleunigen und hat sich auf die Fahnen geschrieben, mehr Wissen über Gleichstellung zu verbreiten.[54]

Die Verbreitung von Gleichstellungswissen und Finanzbildung müssen zusammengedacht werden.

Genau dieses Wissen brauchen junge Menschen, besonders Frauen und Mütter, zusätzlich zur finanziellen Bildung, um die lebenslangen Folgen beispielsweise von geschlechterspezifischen Präferenzen bei der Berufswahl und Erwerbsunterbrechungen zu überschauen. Der Rentenlücke von Frauen steht ein höherer Bedarf an privater Altersvorsorge entgegen. Hier kommen weitere Aspekte ins Spiel, die strukturelle Schieflagen nicht nur verstetigen, sondern verschärfen oder sogar potenzieren können. Denn Frauen mangelte es lange an Erfahrungswissen und Vorbildern bei der Geldanlage. Das Leibniz-Zentrum für Europäische Wirtschaftsforschung fand in der Studie »Fearless Women« heraus, dass es ihnen oft an finanziellem Selbstvertrauen fehlt. Mehr als ein Drittel der geschlechtsspezifischen Unterschiede im Finanzwissen von Frauen und Männern, dem Financial Literacy Gap, ist darauf zurückzuführen.[55] Wie das Deutsche Institut für Wirtschaftsforschung in einer internationalen Untersuchung zeigt, erklären soziodemografische Faktoren wie Einkommen und Bildung sowie das Erfahrungswissen den Gender Gap in der finanziellen Bildung nur zum Teil. Hingegen spielen insbesondere »länderspezifische Charakteristika und die Kultur eines Landes« eine wichtige Rolle.[56] Zur Verringerung dieses Gaps werden die Stärkung der finanziellen Bildung und des Selbstvertrauens von Mädchen und Frauen empfohlen, aber auch Anstrengungen zur Gleichstellung von Frauen und Männern, vor allem am Arbeitsmarkt.

Mit finanzieller Kompetenz können wir finanzielle Gesundheit und finanzielles Wohlbefinden erreichen. Ihre wichtige Bedeutung zeigt sich insbesondere in Krisen. Passieren unvorhergesehene Dinge im Leben, wie Arbeitslosigkeit, Krankheit oder Trennung, hat das fast immer Auswirkungen auf die Finanzen. Wer dann erst lernen muss, gut mit Geld umzugehen, hat es schwer. Denn aufaddierte Problembereiche können zu einem unüberwindbaren Berg heranwachsen. Sich auf lange Sicht nicht finanziell selbst zu schädigen, klingt für manche vielleicht banal, ist für andere aber leichter gesagt als getan. Denn wir alle sehen uns mit einem Problem konfrontiert: Frauen und Mütter werden systematisch benachteiligt, kämpfen aber oft in ihren sehr individuellen Lebenslagen mit den Auswirkungen.

Es liegt nicht an dir, sondern am System

In unseren Bildungseinrichtungen lernen wir selten etwas über Gleichstellungsthemen und über den Umgang mit Geld. Außerschulische Ansätze zur finanziellen Bildung legen die Verantwortung, die eigene finanzielle Unabhängigkeit aufrechtzuerhalten, fast völlig auf die Schultern von Frauen. Dies birgt die Gefahr und führt dazu, dass strukturelle Probleme zu persönlichen werden. Immer sind es die Frauen, die sich ändern sollen, nicht die Gesellschaft. Um auf der Karriereleiter nicht herunterzufallen, wird ihnen geraten, ihr Gehalt selbstbewusst zu verhandeln, ihren Führungsanspruch geltend zu machen, ihr Selbstvertrauen zu stärken und so weiter. Immer waren es die Mütter, die noch dieses und jenes tun oder lernen sollten, um beruflich nicht auf der Strecke zu bleiben: Sie müssen sich mehr durchsetzen, sich besser verkaufen, auf ihren Kleidungsstil achten, mehr einfordern und natürlich während der Elternzeit stets den Kontakt zum Arbeitgeber halten. Frauen, die das nicht schaffen und nur auf Sparflamme wieder einsteigen, scheinen nicht auf der Höhe der Zeit zu sein, es nicht anders zu wollen, irgendeinen Makel zu haben oder ein konservatives Rollenbild zu pflegen. Die Verantwortung der Väter für die Übernahme von Care-Arbeit blieb Jahrzehnte ausgeblendet oder nebulös. Der defizitäre Blick auf die Frauen verschleierte Machtstrukturen und rückständige gesellschaftliche Rahmenbedingungen.

Dadurch dringt die Reichweite der Wechselwirkungen von Erwerbs-, Care- und Geldbiografien erst seit ein paar Jahren ins öffentliche Bewusstsein. In unserer Untersuchung zur finanziellen Situation alleinerziehender Frauen in prekären Lebenslagen räumte selbst die Autorin und Alleinerziehenden-Expertin Dr. Christine Finke ein, dass ihr die strukturellen Zusammenhänge in Bezug auf die Verbindung von Care-Arbeit und Lebenslagen von Frauen erst im späten Erwachsenenalter klar geworden sind.[57] So ging es auch mir – und das, obwohl ich mich im Soziologiestudium auch theoretisch mit Geschlechterforschung, Rollenbildern und Ungleichheitsprozessen beschäftigt hatte. In meiner Generation herrschte oft noch der Gedanke vor: »Wir schauen mal, wie das wird, wenn das Kind da ist, und werden es dann schon hinbekommen.« Junge Eltern sind heute einen Schritt weiter. Sie achten mehr auf partnerschaftliche Rollenverteilung und wissen besser über strukturell problematische Fahrwasser Bescheid. Dennoch bleibt die Diskrepanz zwischen den eigenen beruflichen und persönlichen Zielen und Wünschen und der Realität als Eltern weiterhin bestehen. Dies zeigen die empirischen Daten und viele Blogs junger Mütter.

Mütter zerbrechen sich in ihrer Partnerschaft *individuell* die Köpfe darüber, wie die Vereinbarkeit von Familie und Beruf *in ihrer Kernfamilie* gelingen kann. Strukturelle Diskriminierung, wachsende Ungleichheit, patriarchale Strukturen, Sexismus, gesellschaftliche Fehlentwicklungen – das Individuum soll es selbst richten. So will es das Mantra des neoliberalen Systems. Gelingt dies nicht, hat die Frau einen Fehler gemacht, nicht genug Ehrgeiz entwickelt, sich nicht genug angestrengt, die falschen Entscheidungen getroffen.

Keinesfalls möchte ich mit diesem Buch den Müttern ein weiteres Päckchen auf die Schultern legen. Dies herauszustellen, ist mir eine Herzensangelegenheit. In unserer »selbstoptimierten« Gesellschaft müssen wir unbedingt darauf achten, gesellschaftliche und soziale Probleme nicht noch weiter auf einzelne Menschen und Familien abzuwälzen. In bestimmten Kontexten, etwa wenn ein pflegebedürftiges Kind zu betreuen ist, grenzt es an Hohn, wirtschaftliche Unabhängigkeit von Frauen einzufordern.

Es ist keine individuelle, sondern eine gesellschaftliche Aufgabe, strukturbedingte ökonomische Fallen für Mütter, die empirisch vielfach bestätigt wurden, aus dem Weg zu räumen. Dies sollte ein gemeinsames Anliegen von Politik, Unternehmen, Sozialpartnern und Zivilgesellschaft sein. Dazu gehört insbesondere, die Diskriminierung von Müttern auf dem Arbeitsmarkt zu beenden, eine ausreichende Infrastruktur für Kinderbetreuung (Kleinkinderbetreuung, Randzeiten) zu gewährleisten, Familien statt Ehen im Steuerrecht zu entlasten, die Regel-Arbeitszeiten von Familien zu reduzieren und Familien im Rentenrecht besserzustellen. Ebenso müssen wir uns als Verbraucherinnen und Anlegerinnen auf einen ausreichenden Verbraucherschutz verlassen können. Der ist besonders in der Finanzberatung lückenhaft, da ihm die Interessenkonflikte der provisionsbasierten Beratung entgegenstehen. Gerade Menschen mit kleineren Einkommen, wie Mütter es häufig sind, können es sich jedoch nicht leisten, auch noch falschen Empfehlungen und unpassenden Finanzprodukten aufzusitzen oder überteuerte Verträge abzuschließen.[58] Das Geld, das in solche Verträge fließt, fehlt ihnen auf der anderen Seite zum Aufbau eines Finanzpuffers oder einer soliden Altersvorsorge.

Betrachten wir die Situation der finanziellen Gleichstellung von Frauen in Deutschland mit all ihren Fehlanreizstrukturen und dazu die mangelnde staatliche Finanzbildung sowie die Auswirkungen provisionsbasierter Finanzberatung, wird klar, dass auf mehreren Ebenen ein systemischer Wandel erforderlich ist. Dies möchte ich ausdrücklich hervorheben, um Müttern nicht eine zusätzliche Last aufzubürden. Einzelne Familien können strukturell bedingte Probleme nicht selbst ausgleichen, geschweige denn verändern.

Wenn ich all diese Zusammenhänge mit meinen Seminarteilnehmerinnen erarbeite, frage ich sie manchmal: »Wo ist eigentlich die Wut der Frauen?« Darauf erntete ich jahrelang betretenes Schweigen. In Onlineveranstaltungen kommen seit der Pandemie Antworten wie: »sie sind zu müde«, »sie sind zu erschöpft« oder »sie haben resigniert«. Wenn Frauen sich in die Verhältnisse fügen und keine Ansprüche stellen, kann alles beim Alten bleiben.

Ein Wille zur Veränderung der Umstände liegt in der Luft. In den letzten Jahren macht sich ein Bewusstseinswandel bemerkbar. Es ist nicht mehr verpönt, die eigene Wut zum Ausdruck zu bringen. Rona Duwe hat diese Entwicklung in ihrem Buch »Mutterwut Muttermut: Fundamente und Anstoß für die Revolte der Mütter« anschaulich herausgearbeitet. Feministische Themen werden heute auf breiter Ebene neu diskutiert. Die Kritik an Herrschafts- und Machtstrukturen reicht über feministische Ansätze hinaus und erstreckt sich bis zur interdisziplinären Patriarchatskritik. Duwe hatte auf Twitter einen Aufruf an Mütter gestartet, ihre Wut zu artikulieren, und festgestellt, »dass viele Mütter inzwischen so flammend wütend sind, dass es berechtigt und wichtig ist, ein Buch dazu zu schreiben«. Sie sieht die »entfesselte Mutterwut als entscheidenden Motor für Veränderungen«[59]. Es geht bei der Frage der gerechten Verteilung von Erwerbs- und Sorgearbeit insbesondere um Chancengerechtigkeit und die Möglichkeit, auch als Mutter die eigenen Ziele verwirklichen und finanziell unabhängig bleiben zu können.

Sind die Frauen also selbst schuld, wenn sie im Alter arm sind? Hierzu wäre eine neue Studie lehrreich: Wie verbreitet ist Gleichstellungswissen in der Bevölkerung? Als ich die Anfrage zum Schreiben dieses Buchs erhielt, war einer meiner ersten Gedanken: Es liegt doch alles auf dem Tisch, was könnte ich Neues zur Debatte beitragen? Auf der anderen Seite sehe ich in meiner täglichen Arbeit mit Frauen, dass unterschätzt wird, wie wirkmächtig stereotype Rollenbilder und gesellschaftliche Strukturen nach wie vor sind. Das bestätigt sich im Austausch mit Frauen- und Gleichstellungsbeauftragten immer wieder. Auch hier bietet das Wissen um die Wechselwirkungen von Erwerbs-, Care- und Geldbiografien natürlich keinen hinreichenden Schutz vor Diskriminierung am Arbeitsmarkt und Machtmissbrauch in Partnerschaften. Deswegen möchte ich die Gegenfrage stellen: Sind Politik und Wirtschaft selbst schuld, wenn Deutschland seine Zukunftsfähigkeit und internationale Glaubwürdigkeit verspielt, weil der Hälfte der Bevölkerung »Rechte, Repräsentanz und Ressourcen« (Koalitionsvertrag der neuen Bundesregierung) vorenthalten werden? Wie die AllBright Stiftung, die den Frauenanteil in den Führungsetagen der Unternehmen regelmäßig analysiert, in ihrem Frühjahrsbericht 2022 betont, sind Diversität und Chancengleichheit kein »Zeitgeistthema«, sondern es geht bei der Teilhabe von Frauen »um eine der großen, dauerhaften gesellschaftlichen Veränderungen«[60].

Ich hoffe, dich bisher nicht entmutigt, sondern aufgerüttelt zu haben. All die angeführten Zusammenhänge sind seit vielen Jahren wissenschaftlich untermauert. Sie müssen nur als Puzzleteile in ein größeres Bild gesetzt werden. Du kannst den hinderlichen Strukturen deine individuelle Antwort entgegensetzen, um deine Gestaltungsmöglichkeiten zu erweitern. Dazu brauchen wir auch einen Dialog: in unserer Partnerschaft.

2 Wer trägt die Brotdosenverantwortung? Sorgearbeit und Partnerschaft

Es ist schmerzvoll, sich als Mann einzugestehen, dass man seine Frau vielleicht ausgenutzt hat. Es ist schmerzvoll, sich einzugestehen, dass man sich als Frau finanziell abhängig gemacht hat. Obwohl beide das so niemals vorhatten und sich das auch so nie für ihre Kinder wünschen würden.

Alexandra Zykunov[61]

In Partnerschaften teilen wir Werte und verhandeln Lebensfragen – materielle und immaterielle, bewusst und unbewusst. 41 Prozent der Paare in Deutschland wissen trotzdem nicht, wie viel der Partner oder die Partnerin verdient.[62] Noch immer empfinden wir romantische Liebe und ökonomische Sphäre häufig als Gegensätze. Dabei blenden wir aus, dass das rationale Kalkül längst Einzug in Beziehungen gehalten hat. Ein Paar ist in der Regel auch eine ökonomische Gemeinschaft.

Ich möchte dich dazu ermutigen, mit deinem Partner offen und ehrlich über Ziele, Wünsche und Bedürfnisse zu sprechen, besonders über die Verteilung der Sorgearbeit in der Partnerschaft, wenn Kinder da sind. Wie wir gesehen haben, spielt die ungleiche Verteilung der Sorgearbeit eine Schlüsselrolle, wenn es um die finanziellen Einbußen der Mütter geht. Aber warum fällt es vielen Paaren so schwer, es besser zu machen? Darum geht es im Folgenden – und darum, wie wir in Partnerschaften und Familien klügere Lösungen finden.

Rollenbilder, die Mütter finanziell schwächen

Als ich mit Ende dreißig die Arbeit an meiner Promotion wieder aufnehmen wollte, wurde mir die Frage gestellt: »Was sagt denn Ihr Mann dazu?« Wir hatten damals zwei Kinder im Kita-Alter und ich wollte mich nicht damit abfinden, dass meine Dissertation auf Eis lag. Nach der Geburt meiner Tochter konnte ich durch die Pflegeverantwortung für meine Mutter nicht alles unter einen Hut bringen. Die an mich gerichtete Frage sagt viel darüber aus, wie das Thema Vereinbarkeit in Deutschland gesehen wird. Die »Hauptzuständigkeit« für die Sorgearbeit wird noch immer den Müttern übertragen. Werden wir den gesellschaftlichen Erwartungen nicht gerecht, hagelt es Kritik. Auch wir selbst wollen dem Bild entsprechen, das eine »gute Mutter« in unseren Augen ausmacht. Tatsächlich habe ich zuerst meine Fühler an der Uni ausgestreckt, bevor ich mit meinem Mann darüber sprach. Ich wollte ihn nicht mit meinen Plänen »erschrecken«, falls es nicht möglich gewesen wäre, an mein altes Forschungsdesign anzuknüpfen.

Als Mütter können wir es nie allen recht machen. Gehen Mütter zu lange in Elternzeit, setzen sie sich dem Vorwurf der Helikoptermutter aus, und mehr noch, riskieren einen empfindlichen Bruch in ihrer Erwerbsbiografie. Gehen sie zu kurz in Elternzeit, werden sie erneut mit einer Reihe von Vorurteilen konfrontiert und sogar beruflich abgestraft. Wollten Mütter bereits zwei Monate nach der Geburt ihres Kindes in den Job zurück, wurden sie seltener zu Vorstellungsgesprächen eingeladen als jene, die ein Jahr Elternzeit in Anspruch genommen hatten. Eine frühe Rückkehrabsicht wird für Mütter zum Malus: »Sie gelten als zu ehrgeizig, zu egoistisch und weniger freundlich als Frauen, die ein Jahr Elternzeit genommen haben.«[63] Das zeigt einmal mehr: Die Reihe an unbegründeten Vorwürfen ist lang.

Bei vielen Paaren driften »Wunsch und Wirklichkeit« hinsichtlich der gerecht verteilten Erwerbs- und Sorgearbeit weit auseinander. Meist geschieht es im familiären Alltag schleichend, dass Paare entgegen ihren ursprünglichen Plänen in traditionelle Rollenmuster rutschen. Das Familienministerium belegt in einer Untersuchung, dass sich zwar rund die Hälfte der Eltern eine partnerschaftliche Aufteilung bei der Kinderbetreuung wünscht, aber nur 17 Prozent der Paare es schaffen, dies auch tatsächlich umzusetzen.[64] Die Sorgearbeit wirklich fair untereinander aufzuteilen, gelingt auch jüngeren Paaren nicht immer auf Anhieb. Zur Erinnerung: Der Gender Care Gap in der Altersgruppe der 34-Jährigen beträgt 110,6 Prozent. Zugleich finden 76 Prozent der deutschen Bevölkerung die gleichmäßige Verteilung der Sorge- und Erwerbsarbeit zwischen Männern und Frauen wichtig.[65] Alle Expert:innen, mit denen ich für dieses Buch gesprochen habe, sehen es deshalb als ungemein wichtig an, dass Paare von vornherein klare und vorausschauende Absprachen treffen. Mehr als jede vierte Frau (27 Prozent) lebt »in einer ungewollten Rollenteilung, die nicht einfach aufzuheben ist«[66]. Solange sich keine zufriedenstellenden Alltagsroutinen eingestellt haben, brodelt die Unzufriedenheit unter der Oberfläche und können unterschwellig Frustration und Ärger gedeihen.

Ich erinnere mich noch gut an den leicht genervten Vorwurf meines Mannes: »Das haben wir doch vor drei Monaten schon diskutiert.« Ja, und schon wieder waren Schulferien und ich musste als Selbstständige zusehen, wie ich Beruf und Kinderbetreuung zufriedenstellend vereinbare. Immer wieder ging es in diesen Diskussionen um die Teilzeit-Kompatibilität seines Jobs. Um Fahrdienste, To-do-Listen, Ferienorganisation, Kinderkrankheiten, Geschwisterstreitigkeiten. Und immer wieder landeten wir bei der Frage des Geldes. Es kam für ihn nicht infrage, sich einen schlechter bezahlten Job in der Nähe zu suchen, um die Pendelzeit zu verkürzen. Auch die finanzielle Einbuße eines Teilzeitarrangements schien ihm stets zu hoch. Zugegebenermaßen hatten es »neue Väter« in seiner Branche vor knapp zwanzig Jahren noch schwer. Wenn er im außereuropäischen Ausland unterwegs war, graute es mir schon tagelang davor. Seine Karriereaussichten noch mit schicken Geschäftsreisen vor Augen geführt zu bekommen, machte mich unzufrieden und traurig zugleich. Das

Letzte, was ich dann gebrauchen konnte, waren abendliche Anrufe aus schillernden Metropolen. Welch eine schöne Wendung, dass ich dieses Buch bei einem Aufenthalt in Asien fertig schreiben konnte.

Jahrzehntelang mussten Väter nach der Geburt ihres ersten Kindes kaum Veränderungen ihres Alltagslebens hinnehmen, während sich das Leben der Mütter um 360 Grad drehte. »Euer ganzes Leben wird sich verändern«, sagte ein älteres Ehepaar im letzten Urlaub als Paar ohne Kinder zu uns, als ich ungefähr im siebten Monat schwanger war. Stimmt, aber dies betraf eine viel zu lange Zeit weitgehend das Leben der Mütter, nicht das der Väter. Der Ehemann einer Coachee ging nach der Geburt wie selbstverständlich weiterhin unter der Woche und am Wochenende seinen Hobbys nach und war ohne böse Absicht überhaupt nicht auf die Idee gekommen, dass das irgendwie ungerecht sein und die Beziehung zu seiner Frau beeinträchtigen könnte. Meine Seminarteilnehmerinnen kennen solche Streitereien zur Genüge. Die Elternrollen gerecht zu verteilen, ist ein stetiger Aushandlungsprozess. In Auseinandersetzungen stellen Männer gern die rhetorische Frage: »Soll ich meinen Job kündigen?« Gefolgt vom mitunter perfiden Nachsatz: »Dann verdiene du doch das Geld.«

Doch weichen Paare von den bislang üblichen Geschlechterrollen ab, kann auch dies Unbehagen und Unsicherheit bei ihnen auslösen. Eine Untersuchung der University of Bath hat gezeigt, dass Frauen, die mehr als ihre Männer verdienen, nicht weniger, sondern umgekehrt sogar mehr Hausarbeit verrichten. Und je größer der Gehaltsunterschied zum weniger verdienenden Mann ist, desto mehr Arbeiten übernehmen die Frauen. Die Studienautorin Joanna Syrda vermutet, dass die klassischen Rollenbilder und die Vorstellungen vom »männlichen Ernährer« noch so weit in den gesellschaftlichen Normen verankert sind, dass es beide Partner als unangenehm empfinden, wenn die Frau mehr zum Haushaltseinkommen beiträgt. Auch eine meiner Interviewpartnerinnen, die ich für meine Promotion zu ihrer Geldbiografie befragt habe, verdiente besser als ihr geschiedener Ehemann. Ihre abwertende Haltung zeigte sich noch Jahre nach der Scheidung: »Ein Mann der weniger verdient als ich. Und der keinerlei Ambitionen hat, mehr zu verdienen.«[67] Syrda führt auch eine mögliche Übertragung von Normen von einer auf die andere Generation an.[68] Die Frauen versuchten, die Unsicherheit, die durch die Abweichung von der Norm entsteht, zu kompensieren und auszugleichen. Eine andere Interpretation könnte sein, dass Frauen sich nicht »vorhalten« lassen möchten, ihrer Karriere eine hohe Priorität einzuräumen und die Beziehungs- oder Familienebene im Gegenzug geringer zu schätzen. Lieber lassen sie eine solche Konfliktsituation erst gar nicht entstehen.

Das in Westdeutschland jahrzehntelang vorherrschende Leitbild der bürgerlichen Kleinfamilie hat gesellschaftliche Wertvorstellungen und Einstellungen geprägt. Das sogenannte Familienernährer-Modell beruhte auf dem »Gesetz über die Gleichberechtigung von Mann und Frau auf dem Gebiet des bürgerlichen Rechts« und trat 1958 in Kraft. Frauen wurde das Recht auf eine Berufstätigkeit eingeräumt, aber zugleich wurde ihnen die Verantwortung für die häusliche Sphäre aufgebürdet: »Die Frau führt den Haushalt in eigener Verantwortung. Sie ist berechtigt, erwerbstätig zu sein, soweit dies mit ihren Pflichten in Ehe und Familie vereinbar ist«, so der Wortlaut aus dem Gesetzestext.[69] In der Praxis bedeutete dies, dass von Frauen erwartet wurde, dass sie die Familie nicht vernachlässigten. Auch Müttern meiner Kursteilnehmerinnen und Interviewpartnerinnen wurde das Einverständnis zur Berufstätigkeit noch verweigert: »Irgendwann wollte meine Mutter wieder arbeiten. Das hat mein Vater aber ziemlich abgeblockt. Der hat dann gesagt, wenn die Frau vom Bankdirektor arbeiten muss, dann muss sie es ja nötig haben. Nee, nee, nee, mein Ansehen. Das wollte er nicht. Also der hat gesagt, weißt du, als Frau, das brauchst du doch nicht, den Stress brauchst du dir doch nicht antun.« Der Vater verhinderte nicht nur die Berufstätigkeit der Mutter, sondern versuchte auch, seinen Töchtern in ihre Entscheidungen hineinzureden: »Meine Schwester hat immer Vollzeit gearbeitet. Weil die auch gerne arbeitet. Und mein Vater hat zu ihr gesagt, also Eva, du musst doch nicht arbeiten gehen. Du brauchst das Geld doch gar nicht. Und dann hat sie gesagt, aber Papa, ich will arbeiten.«[70] Erst 1977 wurden das Leitbild der Einverdienerehe und die alleinige Verantwortung der Frau zur Haushaltsführung in einer Reform des Ehe- und Familienrechts im BGB eliminiert. Fortan hieß es: »Die Ehegatten regeln die Haushaltsführung im gegenseitigen Einvernehmen.«[71]

Neue Rollenbilder entstehen nicht über Nacht. Wer mit jungen Menschen an Schulen über tradierte und hierarchisch geprägte Rollenverständnisse spricht, erhält Einblicke in die Denkweisen unterschiedlichster gesellschaftlicher Schichten und Milieus. Eine lebhafte Diskussion entspann sich, als ich einmal eine Berufsschule besuchte. Die Lehrkraft hatte mich gebeten, das Thema Rollenbilder in eine Veranstaltung zu Alltagskompetenzen einzubauen. Ein Schüler stellte mir die ernst gemeinte Frage: »Wäre es nicht toll für Sie, wenn Ihr Mann so viel verdienen würde, dass Sie es sich zu Hause schön machen könnten?« Während dem jüngsten Familienbericht zufolge knapp drei Viertel der Befragten in Deutschland die Aussage ablehnen, »dass es die wichtigste Aufgabe einer Frau sei, sich um Haushalt und Familie zu kümmern«, sind traditionelle Geschlechterrollen und Geschlechterstereotypen in osteuropäischen Staaten noch weit verbreitet.[72] Dennoch sind tief verankerte stereotype Rollenbilder auch in Deutschland weiter anzutreffen. Das DGB-Projekt »Was verdient die Frau« führte in einem Instagram-Beitrag einen renommierten Elternratgeber an, der im Jahr 2021 aktualisiert wurde. Darin wird jungen Eltern vorgeschlagen, sage und schreibe einmal im Monat einen *Vatertag* einzuplanen, an dem der Vater allein für die Pflege und Versorgung des Kindes zuständig ist.[73]

Dahinter stehen oft Vorstellungen einer vermeintlich besseren Vergangenheit. »Früher war mehr Ruhe in den Familien«, lautete das Urteil eines befreundeten Paars, mit dem wir im Jubiläumsjahr zum hundertjährigen Frauenwahlrecht über die finanzielle Selbstbestimmung von Frauen diskutierten. »Die alte Rollenverteilung hatte ihre Vorteile. Die Aufgabengebiete waren abgesteckt und wenn der Mann von der Arbeit kam, konnte sich die Familie den schönen Dingen des Lebens widmen.« War das wirklich so? Und war dieses heil anmutende Familienidyll ein ehrliches Arrangement?

Schon das ökonomische Machtgefälle deutet auf Abhängigkeiten und versperrte Verwirklichungschancen der Mütter. Je länger die finanzielle Abhängigkeit besteht, desto schwieriger wird es für sie, ihre eigene Existenz wieder selbst zu sichern. Dazu trägt auch die beständig sinkende Halbwertzeit des beruflichen Wissens bei. Geld hat vielschichtige symbolische Bedeutungen, zum Beispiel Anerkennungs- und Fürsorgedimensionen. Christine Wimbauer streicht in ihrer Dissertation »Geld und Liebe« heraus, dass Geld in Paarbeziehungen als ein *soziales Beziehungsmittel* wirkt.[74] Entgegen der Annahme, Geld und Liebe seien unvereinbare Gegensätze, kann Geld als soziales Bindeglied der Partner dienen. Auch wenn Familienarrangements heute sehr vielfältig und bunt sind, handelt jedes Paar die ökonomische Frage individuell aus. Das betrifft über die Verteilung der Sorgearbeit zugleich die Verfügbarkeit über Zeit und implizite Machtfragen. Denn fraglos kann Geld als Mittel der Ausübung von Kontrolle und Macht missbraucht werden. Strukturelle, finanzielle und häusliche Gewalt sind eng miteinander verknüpft.[75]

Bei gleichgeschlechtlichen Paaren ist die Sorgearbeit übrigens gerechter aufgeteilt. Interessant ist auch Wimbauers Befund, dass die Machtfrage nicht von Quantitäten abhängt, sondern von den jeweils zugeschriebenen (Geld-)Bedeutungen. Zugespitzt formuliert, beginnt unsere finanzielle Unabhängigkeit im Kopf. Selbstverständlich nimmt auch die Qualität der Beziehung darauf Einfluss, wie mit Machtgefällen umgegangen wird. Ich kann dir nur raten, deine Geldbiografie bereits vor der Familiengründung zu stärken und deine Erwerbsbiografie in Familienzeiten nicht aus den Augen zu verlieren, um die Phasen von wirtschaftlicher Abhängigkeit kurz zu halten. 2021 erklärte etwa jede fünfte Frau in der Schweiz explizit, sie könne sich eine Trennung von ihrem Partner finanziell nicht leisten.[76]

Schon immer gab es Frauen, die gegen die Entwertung ihrer Fürsorgearbeit aufbegehrten und sich nicht dem ökonomischen Primat unterwerfen wollten. Dennoch kann die familiäre Sisyphusarbeit sehr ermüdend und unbefriedigend sein. Nie wird sichtbar, wie viel *wirklich* am Tag geleistet wurde. Arlie Russell Hochschilds Studien zufolge ist es insbesondere die fehlende Anerkennung, die diese Arbeit so unbefriedigend macht. Sie führt Untersuchungen an, nach denen Frauen, die Beruf und Familie vereinbaren und dadurch ein höheres Stresslevel haben, dennoch zufriedener sind als Frauen, die vorwiegend unbezahlte Sorgearbeit verrichteten. Es kann ein Weg zu mehr Lebenszufriedenheit beider Partner sein, die Anforderungen gemeinsam als Familienteam zu bewältigen. Jedoch steigen diese von Jahr zu Jahr. Das Stichwort hierzu lautet: »Intensivierung von Elternschaft«.

Intensivierung von Elternschaft und Mütterideale

Eine Kollegin mit Führungsverantwortung teilt sich die Erziehung ihrer Kinder halbe-halbe mit ihrem Partner. Sie erzählte, dass sie ihre Erwartungen an Sauberkeit und Ästhetik nach unten schraubt und sich ihrem Mann gegenüber ganz bewusst zurückhält. Sie verkneift sich etwa die Frage: »Was hast du dem Kind denn heute angezogen?«, wenn sie ihren Sohn in einem, sagen wir, ungewöhnlichen Outfit aus der Kita abholt. Ich will keine Geschlechterklischees reproduzieren und natürlich können wir unsere Ansprüche relativieren und unsere Vorstellungen von Mütterlichkeit überdenken. Doch damit ist es nicht getan, denn die Probleme reichen tiefer.

Obwohl sie einen immer höheren Einsatz leisten, zeigen sich Eltern gleichzeitig unzufriedener. Sie haben das Gefühl, den hohen gesellschaftlichen Erwartungen an die Elternrolle nicht zu genügen. Vor allem sitzt ihnen die Angst im Nacken, ihre Kinder nicht ausreichend fördern zu können, weil sie zu wenig Zeit haben. Die enormen familiären Belastungsfaktoren wurden in der Studie »Eltern unter Druck«

im Jahr 2008 eindringlich herausgearbeitet. Elternschaft wird zunehmend als »komplex und anspruchsvoll« wahrgenommen.[77] Eltern leiden nicht nur unter dem existenziellen, zeitlichen und finanziellen Druck, die Familie gut zu versorgen, sondern sehen sich heute völlig anderen Anforderungen gegenüber: »Eltern sind Hochleistungsträger unserer Gesellschaft.«[78] Die Schulen setzen voraus, dass Eltern sich kümmern und mögliche Wissenslücken glätten. Kinder werden kaum noch einfach auf die Straße zum Spielen geschickt, sondern haben einen Terminkalender und verinnerlichen den Druck der neoliberalen Marktwirtschaft von früher Kindheit an selbst. Soziale Ungleichheit verstärkt die Angst, abzusteigen. Die Einkommen am oberen und unteren Rand der Gesellschaft gehen zunehmend auseinander, sodass Eltern unterschiedlich viel Geld – aber auch Zeit – in die Unterstützung ihrer Kinder stecken können. Es gibt Familien, die in Klausurphasen mehrere Hundert Euro im Monat für den Nachhilfeunterricht ihrer Kinder ausgeben. Ausgaben, die für weniger privilegierte Familien ausgeschlossen sind. Unsichere Beschäftigungsverhältnisse, Leistungsdruck, unrealistische Rollenerwartungen und die stetige Sorge, die Kinder könnten den Anschluss verpassen, führen dazu, dass Eltern sich ihren eigenen Ansprüchen nicht gewachsen und immer stärker infrage gestellt fühlen. Das hohe Arbeitspensum und die Dauerbelastung führen zu einem permanent erhöhten Stresslevel von Eltern – laut einer Umfrage von 2019 sind 40 Prozent von ihnen davon betroffen.[79]

Das Bundesfamilienministerium hat dieses Phänomen als *Intensivierung von Elternschaft* skizziert. Die gestiegenen zeitlichen und monetären Investitionen von Eltern in ihre Kinder werden gern kleingeredet, sind aber wissenschaftlich belegt. Der im Zeitraum von 2001/2002 bis 2012/2013 ermittelte deutliche Anstieg der Zeit, die Eltern für die Betreuung und Erziehung aufbringen, belegt die tägliche Zerreißprobe, vor allem der Mütter: »Dies ist insbesondere vor dem Hintergrund der steigenden Erwerbsbeteiligung von Müttern bemerkenswert und weist zugleich auf eine beharrliche geschlechtsspezifische Rollenspezialisierung in Familien hin.«[80]

Für Mütter ist die Doppelbelastung in Zweiverdiener-Familien allgegenwärtig. Arlie Russell Hochschild prägte dafür den Begriff der »zweiten Schicht« – wenn nach getaner Arbeit im Job zu Hause nur weitere Arbeit wartet. In den sieben Jahren nach der Geburt des ersten Kindes verschlechtert sich nach Berechnungen des Deutschen Instituts für Wirtschaftsforschung (DIW) bei mehr als 46 Prozent der Mütter das mentale Wohlbefinden. Die mentalen Belastungssymptome werden unter anderem auf »Spannungen zwischen verschiedenen gesellschaftlichen Mutterschaftsidealen« zurückgeführt.[81]

Mütter sind heute für alles gleichzeitig zuständig: Sie jonglieren tagtäglich unzählige Verantwortungsbereiche, Aufgaben, Prioritäten, Bedürfnisse, Termine und Unwägbarkeiten. Würde sich dies auch finanziell für sie auszahlen, bräuchten wir uns keine Sorgen um unsere Rentenlücken machen. Wie die Schweizer Soziologin und Geschlechterforscherin Franziska Schutzbach in ihrem empfehlenswerten Buch »Die Erschöpfung der Frauen« präzise herausschält, sind Mütterlichkeits*ideale* schon längst in Fürsorglichkeits*ansprüche* übergegangen, die es zu erfüllen gilt. Sie beanspruchen immer mehr Zeit, Kraft und Geld. Der Perfektionsdruck, dem Mütter gegenüberstehen, wird noch befeuert durch die Entwicklung der sozialen Medien, insbesondere von Kanälen, die bis ins kleinste Detail eine heile Familienwelt inszenieren.

Dort ist immer alles ordentlich, die Babys sind fröhlich und es gibt selbstverständlich nur liebevoll selbst zubereitete Biokost – verkleckerte Lätzchen, Augenringe, kindliche Wutausbrüche und die Tücken des Familienlebens bleiben außen vor. Wer durch diese Blogs scrollt, findet eine neue Inszenierung von Mutterschaft. Ist das ein Trick des Patriarchats, um die Einflussbereiche von Müttern auszuweiten und sie dadurch von den Zentren der Macht fernzuhalten? Schutzbach schreibt: »Zur Überforderung der Kleinfamilie kommt die Erwartung, ja der Anspruch, dass man nicht nur einfach Kinder hat, sondern *glückliche* Kinder.«[82] Nicht wenige Mütter fühlen sich von der perfekten Welt der »Social Media Mums« abgestoßen, weil sie merken, dass ihnen die Vergleiche nicht guttun. Obwohl sie natürlich wissen, dass die Wirklichkeit verzerrt und mit einem Filter des endlosen Glücks dargestellt wird.

Schutzbach hat die physische und mentale Verausgabung von Frauen und insbesondere Müttern eindrücklich herausgearbeitet. Mutterschaft wird gleichzeitig idealisiert und abgewertet. Auch die Väter sehen und verstehen unsere Zwickmühlen nicht automatisch. Jahrzehntelang schien es ihnen eine geradezu absurde Vorstellung, ihre Karrierepläne infolge der Familiengründung zurückzuschrauben. Im Gegenteil, der finanzielle Druck, der Familie ein gutes Leben zu bieten – der Financial Load –, sorgte dafür, dass Väter oft versuchen, die Karriereleiter sogar auf noch schnellerem Wege zu erklimmen. Dafür nahmen und nehmen sie längere Arbeitszeiten in Kauf. Dem Geldverdienen als männliche Form von Sorge steht die überbordende, an Intensität zunehmende Familienorganisation entgegen. Für all die damit verbundene Planung und Koordinierung, also die gedankliche unsichtbare Arbeit, wurde der Begriff Mental Load geprägt.

Mental Load: Wer fühlt sich verantwortlich?

Eine Bekannte, die im Sommer 2022 mit ihren vier Söhnen eine Mutter-Kind-Kur absolvierte, erzählte mir, dass die Bezeichnung Mental Load kaum einer Frau in den Müttergruppen der Kurklinik bekannt war. Aber alle konnten sich mit dem Phänomen identifizieren und darin wiedererkennen. Quer durch die Bank berichteten die Mütter vom schlechten Gewissen: gegenüber den Kindern, ihren Arbeitgeber:innen, ihren betagten Eltern, gegenüber sich selbst.

Nie werden sie ihren Ansprüchen gerecht und die Arbeit wird einfach nie fertig. Erst recht nicht die unsichtbare Denkarbeit. Die Mental-Load-Expertinnen und Autorinnen Laura Fröhlich und Patricia Cammarata beschreiben in ihren Büchern und Blogs die Thematik des Mental Loads sehr anschaulich: Wer hat den Hut auf, wenn es um den Kauf neuer Kinderschuhe geht, wer ist oder *fühlt* sich verantwortlich für die Zahnarzttermine der Kinder, wer besorgt die Geschenke für Freunde, Verwandtschaft und Kindergeburtstage?[83] Und wer trägt die *Brotdosenverantwortung*? Dieses schöne Wort habe ich auf Twitter gelesen und finde es sehr treffend. Denn beim Mental Load geht es um genau diese tausend kleinen Alltagsdinge, die Familien organisieren und verantworten. Sie summieren sich zu einer umfassenden Organisationsarbeit, die Ressourcen bindet. Mit dem bedeutenden Unterschied, dass diese Arbeit unsichtbar bleibt und erst recht nicht bezahlt wird. Die Verantwortung wiegt schwer. Rollenbilder, die Müttern Sorgearbeit und Mental Load asymmetrisch zuweisen, können psychisch belasten und bergen Überforderungsgefahren. Diese werden oft unterschätzt oder zu spät erkannt. Wer schon mit Burnout oder Erschöpfungssyndrom, gar einer handfesten Depression in einer Mutter-Kind-Kur ankommt, hat eine lange Odyssee hinter sich.

Um den Unterschied deutlich zu machen: Wie viele Väter stellen sich ernsthaft die Frage, ob sie ihre Karrierepläne und Arbeitszeit *über* die gemeinsame Familienzeit stellen dürfen? Warum trifft sie das schlechte Gewissen, dieses oder jenes im Familienalltag nicht zufriedenstellend hinzubekommen, weitaus weniger? Und warum hadern Mütter immer noch so sehr damit? Realisieren Väter, dass die Schultüte des Kindes gekauft und nicht selbst gebastelt wurde? Ist ihnen das so unangenehm wie Müttern? Noch dazu, wenn sie feststellen, dass sie damit fast die einzigen Eltern in der Klasse sind? Warum fühlen sich Väter hier weit weniger verantwortlich? Ist es lieblos von Eltern, sich dem Basteln zu verweigern? Sollten sie nicht alles daransetzen, dem Start der Kinder ins Schulleben eine ganz persönliche Note zu verleihen? Schöne Erinnerungen zu schaffen? Wer entscheidet darüber, dass eine gekaufte Schultüte keine persönliche Bedeutung haben kann? Und muss es immer der selbst gebackene Kuchen für den Schulbasar sein? Meine Teamkollegin Ariane, die in Mexiko lebt, erzählte von einer Schülerin der dortigen Deutschen Schule, die meinte: »In Deutschland stressen immer alle rum, wenn man gekauften Kuchen mitbringt. Hier kaufen die Mamas alle Kuchen.« Gesellschaftliche Erwartungen stehen eben immer im sozialen und kulturellen Kontext.

Die strukturelle Überforderung von Müttern und pflegenden Angehörigen erlangt immer mehr Sichtbarkeit, auch dank Zeitverwendungsstudien und Erforschung des Mental Load. Wir sollten uns stets bewusst sein, dass unsere Regenerationsfähigkeit Grenzen hat. Und uns Verbündete suchen, die uns *sehen*! Eine einzige Person, die an uns glaubt und uns bestärkt, kann schon einen Unterschied machen. Ebenso wichtig ist es natürlich, leistungsentlastete Zeiten zu finden und darauf zu achten, die innere Uhr nicht zu überdrehen. Ich weiß, dass das leichter gesagt, als getan ist. Manchmal müssen wir kreativ sein, um konkrete Phasen des Ausgleichs und der Erholung zu schaffen. Und auch wenn die berüchtigten WhatsApp-Gruppen erneut Zeit rauben und nerven können, sind sie manchmal auch eine einfache Möglichkeit, Dinge wie Fahrdienste gemeinsam zu organisieren. Wir sollten uns so oft wie möglich mit anderen Familien zusammenschließen, um uns gegenseitig unter die Arme zu greifen.

Im wahrsten Sinn überlebenswichtig sind Beziehungen zu Freunden, Bekannten und manchmal auch Nachbarn. Während ich meine Dissertation schrieb, hatte ich ein Arrangement mit einer sehr lieben Nachbarin, die aufgrund einer Erkrankung nicht in ihren Beruf zurückkonnte. Sie kochte jeden Freitag für uns, was für mich eine große Entlastung bedeutete, da die Kinder immer schon etwas früher nach nebenan gingen, manchmal sogar beim Kochen mithelfen durften und spielten. Wie es dazu kam? Als meine Mutter im Sterben lag, brachte die Nachbarin an einem Nachmittag unvermittelt einen riesengroßen Topf Spaghetti mit Bolognese-Sauce herüber. Diese zutiefst menschliche Geste rührte mich so sehr an, dass mir noch heute die Tränen in die Augen steigen, wenn ich mich daran erinnere. Denn wer sieht uns wirklich, wenn wir in Familien kurz vor dem Zusammenbrechen sind? Ihre Tochter war zu dieser Zeit unsere Babysitterin. Sie konnten unsere Überforderung tagein, tagaus miterleben.

Auch bei Laura Fröhlich findest du viele gute Tipps, um den Familienalltag zu vereinfachen. Sie weist immer wieder auf die Bedeutung von Selfcare hin: »Gerade Frauen sind es gewohnt, sich um andere zu kümmern. Haben sie eigene Kinder, wird die Selbstfürsorge noch schwieriger. Und selbst wenn sie Zeit hätten, arbeiten sie sich lieber durch all die Dinge, für die sie Verantwortung tragen.«[84] Wir haben fast verlernt, einfach einmal gar nichts zu tun. Oft gehen Frauen erst schmerzliche Umwege, um zu lernen, dass kleine eigene Zeitinseln das Wichtigste sind, um ihre Gesundheit und Lebensfreude zu erhalten. Und die essenzielle Voraussetzung, um ihre eigenen Ressourcen zu schützen, die sie so häufig für andere einsetzen. Laura und ich haben darüber gesprochen. Sie gibt im Interview viele wertvolle Anregungen, wie Paare eine partnerschaftliche Rollenverteilung leben können.

Expertinnentipp: Im Gespräch mit Laura Fröhlich, Mental-Load-Akademie

https://mental-load-akademie.de

Was ist aus deiner Sicht das größte Learning der letzten Jahre aus der Mental-Load-Bewegung – wenn ich sie so nennen darf?
Ich habe das noch nie so gesehen, aber eigentlich stimmt das, es ist eine Bewegung. Ich glaube, das größte Learning ist das Sichtbarmachen dieser Arbeit. Was mir am häufigsten begegnet, ist: »Was ist denn Mental Load?« Ich erklär's, und höre dann auf einmal: »Ah, ja klar, das ist ja eigentlich auch mein Problem.« Dieser Stress durch das An-alles-denken-Müssen, vor allem im Rahmen der Fürsorgearbeit, ist das Unsichtbarste. Und deshalb ist es das größte Learning, sichtbar zu machen, was Frauen – nicht nur, aber vor allem Frauen – im Bereich Fürsorge leisten. Wie belastend diese Organisationsarbeit ist und wie viele Auswirkungen der Mental Load von Frauen auf ihren beruflichen Werdegang, ihre finanzielle und psychische Situation hat. Und am Ende sogar auch auf ihre Beziehungen.

Welchen Tipp hast du für Frauen, die noch in der Familienplanung stecken, in Bezug auf das Thema Geld und finanzielle Unabhängigkeit?
Ich würde sagen, das ist ein super Zeitpunkt, um Weichen zu stellen. Das bedeutet – ganz wichtig –, sich zu überlegen: Wie möchte ich später arbeiten? Und zwar in Bezug auf die Berufstätigkeit, aber auch auf die Fürsorgearbeit. Wenn Kinder dazukommen, wird es sehr viel Arbeit geben, die unsichtbar ist und unbezahlt. Daher sollte man früh klären: Wer macht das? Wenn hier zum Beispiel Frauen mehr übernehmen, weil sie länger in Elternzeit gehen möchten, dann sollten Paare über die finanzielle Seite sprechen: Was entgeht einem da an Geld und vor allem an Rentenpunkten? Um sich von dem Partner oder der Partnerin, der oder die berufstätig ist, privat etwas auszahlen zu lassen. Fürsorgearbeit ist wichtig und wertvoll, macht aber im schlimmsten Fall auch arm. Wer sich darüber frühzeitig Gedanken macht, die Arbeit aufteilt, darüber spricht, wer diese unentgeltliche Arbeit schlussendlich bezahlt, kommt nicht in die Situation, ganz viel Arbeit für überhaupt kein Geld zu machen.

Wenn Kinder dazukommen,
wird es sehr viel Arbeit geben,
die unsichtbar ist und unbezahlt.

Was rätst du Müttern, wenn sie in eine strukturelle Falle geraten sind und eigentlich mehr erwerbsarbeiten möchten, als sie es tun? Wie können sie ihre Partner dazu animieren, die Sorgearbeit gerechter aufzuteilen?
Das ist eine ganz schwierige Situation: aus dieser Falle herauszukommen, in die Frauen ja unbewusst treten. Ich würde sogar sagen, wir treten da fast alle irgendwie rein, weil diese stereotypen Rollenbilder so stark vorhanden sind. Ich würde immer raten, das Thema Mental Load auf den Tisch zu bringen. Wer es nicht selbst erklären möchte, weil das schon wieder so viel Belastung ist, kann den Comic von Emma[85] oder mein Buch oder andere Informationen, die es dazu schon gibt, auf den Tisch packen und den Partner auffordern,

sich damit zu beschäftigen. Also sich wirklich auch trauen zu sagen: Ich möchte, dass wir das jetzt thematisieren. Und dann darüber sprechen und die Arbeit neu verteilen. Im nächsten Schritt dann ein Organisationssystem aufzustellen. Da braucht man ein paar praktische Krücken, wie ein To-do-System oder eine Pinwand, um dann gemeinsam Verantwortung zu verteilen.

Hast du einen besonderen Lifehack zur Selbstsorge, wenn der Mental Load schwer wiegt?

Ja, ein ganz großer Lifehack ist, zu priorisieren. Sich die drei wichtigsten und dringendsten Dinge herauszusuchen, dann zu priorisieren, aber auch zu streichen. Lernen, nicht so wichtige Aufgaben herauszunehmen aus der To-do-Liste. Das ist nicht so einfach, aber ganz wichtig. Und auch, sich Pausen zu terminieren. Also richtiggehend Termine zu setzen für Mittagspausen, eine Lesepause oder mal einfach nichts tun. Wenn wir das nicht ganz strukturiert terminieren, ist es das Erste, was hinten runterfällt. Dann arbeiten wir rund um die Uhr und sind dementsprechend erschöpft.

Was sollten Mütter in Bezug auf Mental Load at Work beachten?

Es ist wichtig, das Thema auch im beruflichen Kontext sichtbar zu machen. Also im Team zu sagen, überlegt mal, wer macht das eigentlich? Wer besorgt Geschenke für Kolleg:innen, wer räumt die Spülmaschine aus, wer hört jungen Kolleg:innen zu oder kümmert sich um die, die gerade krank sind oder in Elternzeit? Das zu thematisieren und zu sagen, dass diese Arbeit verteilt werden muss, oder anregen, diese Arbeit in die Bewertung einzubeziehen. Indem man etwa sagt: Ich stärke die Bürokultur, ich stärke die Menschen untereinander, sodass sie gerne hier arbeiten. Ich möchte, dass das wahrgenommen, bezahlt und vor allem wertgeschätzt wird. «

Reflexion: Partnerschaftliche Rollenverteilung, Mental Load und gemeinsame finanzielle Ziele

Eine glückliche Beziehung fällt nicht vom Himmel. Wir sind eigentlich täglich gefordert, etwas dafür zu tun. Die Rollenverteilung hat hier eine wichtige Bedeutung. Denn damit verbunden sind auch die Wünsche und Pläne, die wir als junge Menschen für unser Leben hatten. Gleiches gilt für finanzielle Ziele, die mit unseren Werten verknüpft sind. Sie zu kennen, ist zentral für eine gelingende Partnerschaft.

- Welches sind eure gemeinsamen finanziellen Ziele und Vorstellungen? Was wollt ihr euch aufbauen? Habt ihr ähnliche Werte oder gibt es starke Abweichungen?
- Planen, Kümmern, Geld verdienen, Hobbys, Freizeit, Engagement: Wie ist die Organisation eurer Alltagsaufgaben geregelt? Nimm dir Zeit, über deine verschiedenen Rollen als Mutter, Kollegin, Partnerin, Tochter, Freundin oder etwa Mitstreiterin nachzudenken. Sind deine Aufgaben für dich in einem stimmigen Lot?
- Fülle den »Mental Load Test« von Jo Lücke (Link im Anhang) aus. Bitte deinen Partner, deine Partnerin, dies ebenfalls zu tun. Legt eure Ergebnisse zusammen und besprecht die Auswertung. Überlegt euch gemeinsam, wo Anpassungen nötig sind.
- Wenn du noch keine Kinder hast oder ihr vielleicht gerade (erneuten) Familienzuwachs plant: Wie würdest du später gern die Elternzeit aufteilen?
- Überlege dir, wie du dein Leben langfristig planen und gestalten willst. Die meisten von uns müssen priorisieren und rennen der Zeit oft hinterher.
- Begib dich auf die Suche nach deinen persönlichen Werten. Welche deiner Ziele sind für dich unverhandelbar? Wie stehen sie in Bezug zu den Zielen deines Partners, deiner Partnerin, zum Beispiel mit Blick auf berufliches Fortkommen?

- Setze dich mit Rollenbildern auseinander. Welche Vorstellungen von Mütterlichkeit und Männlichkeit hast du, welche dein Partner, deine Partnerin? Welche wollt ihr eurem Kind, euren Kindern vermitteln? Denk immer daran: Es ist nicht allein deine Verantwortung, die Sorgearbeit und den Mental Load fair zu teilen, sondern auch die deines Partners. Wenn ihr es euch finanziell leisten könnt, schaut weiter als die derzeit ökonomisch vernünftig erscheinende Aufgabenverteilung. Bedenke die langfristigen Folgen von längeren beruflichen Unterbrechungen.
- Zeige deinem Partner den Gewinn auf, der mit der Übernahme von Sorgearbeit einhergeht: ein verringerter Financial Load, eine bessere Beziehung zu eurem Kind und innerhalb eurer Partnerschaft.
- Scheue dich nicht vor Aushandlungsprozessen.
- Wollt ihr neue Wege beschreiten, die vielleicht gesellschaftlich noch nicht so bekannt und vorgegeben sind? Wie wird euer Umfeld darauf reagieren? Stellt euch auch auf Unverständnis und Widerstände ein.

Sind unsere Geldbiografien ein Match? Von Lebensträumen und finanziellen Zwängen

Mein Mann und ich kennen uns schon sehr lange. Einmal fiel unser Gespräch auf lebenswerte Orte. »Ein Haus am Starnberger See« war für ihn damals ein lohnenswertes Lebensziel. Für mich selbst trug ein solches Objekt keinerlei Verheißung in sich. Im Gegenteil, dieses Wohnumfeld machte mir Angst. Ich assoziierte damit Stagnation, Langeweile, Bodenständigkeit und auf ewig festgelegt zu sein.

Eine eigene Wohnung, ein eigenes Haus gehörte für Generationen zum Lebenstraum vieler Menschen. Sie nahmen und nehmen einiges auf sich, um diesem Ziel näher zu kommen: Überstunden, einen Zweitjob, hohe Schuldenlast, über Jahre hinweg finanzielle Einschränkungen. Spiegelverkehrt zum sinkenden Zinsniveau im Zuge der Finanzmarkt- und Wirtschaftskrise von 2008/2009 sind die Preise für Wohnimmobilien seit 2010 kontinuierlich gestiegen.[86] Am Markt für festverzinsliche Wertpapiere konnten kaum noch Renditen für die Geldanlage erzielt werden und Hypothekendarlehen wurden immer günstiger. Immer mehr Menschen wollten daher eine eigene Immobilie erwerben oder diese als Renditeobjekt zur Vermietung nutzen. Die Familienidylle mit Garten weitab von der Großstadt wird auch gespeist von kollektiven Vorstellungen zum Familienleben. Doch wurden die historisch niedrigen Zinsen am Kapitalmarkt oft durch die steigenden Immobilienpreise überkompensiert. Die Durchschnittspreise für Wohneigentum sind in den letzten zwanzig Jahren bundesweit stetig gestiegen, in Ballungsräumen teils exorbitant. Und was passiert, wenn, wie bereits geschehen, die Zinsen wieder zu steigen beginnen und Zinsbindungen für Baufinanzierungen auslaufen? Dann wird es bei der Anschlussfinanzierung für Eigenheimbesitzer:innen finanziell oft sehr eng. Die geplatzte Immobilienblase in den USA 2008 verdeutlichte erbarmungslos die Folgen eng gestrickter Finanzierungen.

Ein erhobener Zeigefinger wäre hier allerdings zynisch. Das neoliberal ausgerichtete Wirtschaftssystem brachte jahrzehntelang immer neue Verheißungen hervor. Die Finanzindustrie hat den Traum vom Eigenheim mit immer weiter sinkenden Eigenkapitalanforderungen befeuert. Das heißt, dass der Mindestanteil an Eigenkapital, der für eine Immobilienfinanzierung angeraten wird, beständig kleiner wurde. Je niedriger aber das eingesetzte Eigenkapital, desto höher das Kreditvolumen. Die Konditionen für die Zinsen werden dann schlechter, da das Risiko für den Kreditgeber steigt. Dementsprechend erhöhen sich die monatlichen Kreditraten für Familien und Finanzierungen werden riskanter.

Auf den konkreten Familienalltag übertragen, hatte ich bei der Recherche für meine Studie zum Umgang mit Geld eine denkwürdige

Begegnung. Mit einem Umzug beginnt manchmal ein ganz neuer Lebensabschnitt. Wir verspüren ein Gefühl tiefer Zufriedenheit und der Stress fällt von uns ab. Es kann aber auch ganz anders sein – erst recht, wenn der Traum vom eigenen Haus verwirklicht wurde. Dies habe ich bei Lisa und Sebastian erlebt.

Ich bin auf dem Weg zu Lisa, die mit ihrem Partner ein Haus am Stadtrand einer süddeutschen Metropole gebaut hat. Wir haben uns seit einigen Jahren nicht gesehen und die beiden sind bereit, mir Einblick in ihre Geldbeziehung zu gewähren. Die herzliche Begrüßung noch auf dem Grundstück bringt uns unvermittelt ins Thema hinein. Meine Begeisterung, »Wow, das Haus ist total schön geworden«, rückt Sebastian umgehend gerade: »Das Haus bringt uns an den Rand des Wahnsinns.« Beim Abendessen entwickelt sich zwischen Lisa und Sebastian eine hitzige Diskussion um die Finanzierung. Die Auseinandersetzung spitzt sich zu. Plötzlich sitze ich mitten in einem Partnerschaftsstreit. Während Sebastian mit vielen Geschwistern aufgewachsen ist und Sparsamkeit verinnerlicht hat, stammt Lisa aus einer Familie, die einen großzügigen Umgang mit Geld pflegte. Wenn Lisa tanken muss, tankt sie – wenn Sebastian tankt, checkt er vorher seine Tank-App. Wenn sie den Kindern neue Kleidung kauft, geht sie in den Laden oder ins Netz und bestellt, was ihr gefällt. Sie sagt explizit, dass sie keine Zeit hat, um Preisvergleiche anzustellen. Wenn Sebastian eine Anschaffung tätigt, recherchiert er zuvor ausgiebig die Preise. Die Argumente fliegen hin und her, Lisa wirft ihm Kleinlichkeit vor, Sebastian ihr mangelnde Umsicht, etwa wenn es um die kleinen Aufmerksamkeiten geht, die sie für die drei Kinder oft vom Einkauf mitbringt.

Das Interessante an diesem Paar ist, dass sie sich eine Stelle in einer Nichtregierungsorganisation teilen. Beide arbeiten jeweils 75 Prozent und verdienen ähnlich viel – sozusagen eine Best-Practice Rollenverteilung. Dennoch ist der Mental Load ungleich verteilt. Lisa setzt alles daran, die Kinder in der Schule engmaschig zu begleiten, während Sebastian der Meinung ist, sie müssten ihren Weg allein finden – wie er selbst einst auch. Ihre divergierenden Geldstile brechen in angespannten Situationen hervor und beschwören Streit herauf. Auf dem Höhepunkt der Auseinandersetzung steht Lisa auf und holt ihre Geldbörse. Entschlossen zerschneidet sie mit einer großen Schere die Girokarte seines Kontos und beteuert, von nun an nur noch die EC-Karte ihres eigenen Kontos zu verwenden.

So unangenehm es sich anfühlte, genau zwischen den Fronten der beiden zu sitzen, so wertvoll war diese Episode zum besseren Verständnis von Paardynamiken im Umgang mit Geld. Seitdem habe ich auf vielen Veranstaltungen eine durchgeschnittene Kreditkarte dabei. Der finanzielle Druck, den eine Immobilienfinanzierung mit sich bringt, ist nicht zu unterschätzen. Nicht selten steigen die Bau- und Baunebenkosten während der Bauphase an und machen einen Strich durch die eigentliche Kalkulation. Viele können dann die Außenanlagen oder den Garten erst nach und nach anlegen. Das Haus hat auch das Familienbudget von Lisa und Sebastian über Gebühr strapaziert. Ihre Gehälter im gemeinwohlorientierten Bereich sind nicht gerade üppig. Anfangs konnten sie mit den Kindern nicht mehr in den Urlaub fahren. Im Alltag hieß es stets, wachsam zu sein und den Gürtel etwas enger zu schnallen. Lisa allerdings ist Sparsamkeit zuwider. Sie sieht darin schnell den Übergang zum Geiz erreicht und grenzt sich davon bewusst ab. Sebastian hingegen hasst Verschwendung und zieht keine Befriedigung aus den Dingen, die angeschafft werden. Im Gegenteil, ihn beruhigt und freut das angesparte Geld, das *nicht* ausgegeben wurde. Es gibt ihm ein Gefühl von Sicherheit. Solange das gemeinsame Budget »atmete« und kleinere und größere Ausgaben über die Folgemonate ausgeglichen werden konnten, gab es in der Vergangenheit allenfalls unterschwellig Anlass zur Unzufriedenheit.

Die hohe Kreditrate zu schultern, hatten sich beide leichter vorgestellt. Auch fallen immer noch Außenarbeiten an. Dazu kommen bereits neue Schönheitsreparaturen im Innenbereich. Sebastian versucht, das in seiner Freizeit selbst zu erledigen. Die finanziellen und zeitlichen Belastungen sind dennoch enorm. Lisa hatte mir schon am Telefon erzählt, dass sie mit ihren Kräften am Ende ist und abends, wenn die Kinder im Bett sind, noch nicht einmal mit Freundinnen telefonieren mag. Sie hatten bereits beide gesundheitliche Probleme. Lisa war wegen einer Operation einige Monate krankgeschrieben. Das Paar kann es sich nicht noch einmal leisten, dass das Einkommen wegen Krankengeld sinkt. Also darf keiner beruflich ausfallen und gleichzeitig sind beide auch privat am Limit. Dennoch hat sich Sebastian inzwischen einen Nebenjob gesucht, um Entlastung ins Budget zu bringen.

Das Hausbeispiel von Sebastian und Lisa zeigt ebenfalls, wie sehr die Geldstile in Partnerschaften auseinanderstreben können. In weniger belasteten Zeiten haben beide indirekt vom Geldstil des anderen profitiert. Für Sebastian bringt Lisas ausgabenfreudiger Umgang mit Geld allerlei Annehmlichkeiten, wie schöne Reisen, gepflegte Einladungen und kulturelle Teilhabe, alles Dinge, mit denen auch er aus der ermüdenden Routine des Alltags ausbrechen kann. Lisa hingegen kann sich auf das finanzielle Polster ihres Partners verlassen. Sie schätzt Sebastians Beständigkeit und das unaufdringlich vermittelte Sicherheitsgefühl. Es ist immer wieder interessant zu erkennen, dass jene Dinge, die wir am meisten am anderen schätzen, gleichzeitig jene sind, die uns auf die Palme bringen.

Den eigenen Umgang mit Geld selbstkritisch zu hinterfragen, ist auch die Voraussetzung dafür, besser zu verstehen, wie unser Partner oder unsere Partnerin mit Geld umgeht – vor allem, wenn es Differenzen im Umgang mit Geld gibt. Wie offen wir Geldfragen in Partnerschaften aushandeln, hängt zunächst davon ab, wie reflektiert unsere eigene Geldbeziehung ist.[87] Am besten erzählen wir uns gegenseitig von unseren Erfahrungen mit Geld, unserer Gelderziehung, den übermittelten und implizit gebliebenen Geldbotschaften.

Gemeinsame Geldgespräche

Wie man bei Lisa und Sebastian sehen konnte, ist es für das gegenseitige Verständnis in Partnerschaften hilfreich, einen Blick hinter das sichtbare Geldverhalten des anderen zu werfen. Das Thema Geld ist so tief mit unserer Identität verknüpft, dass es uns näher zueinander führt, wenn wir unsere jeweiligen Geldgeschichten nicht nur kennen, sondern auch verstehen. Und natürlich kann es sein, dass dein Partner, deine Partnerin mit Widerständen reagiert, wenn du dich mit seiner oder ihrer Geldbiografie beschäftigen möchtest. Davon erzählte meine Seminarteilnehmerin Dunja.

> Dunja, eine Laborantin mit zwei Kleinkindern, machte sich Sorgen, dass ihre Ehe in die Brüche gehen könnte. »Unsere Beziehung ist gerade sehr belastet.« Sie hatte bereits einige Male versucht, die Unstimmigkeiten anzusprechen und eine gemeinsame Lösung zu finden. Ihr Partner blockte regelmäßig ab, insbesondere beim Thema Geld: »Mein Mann lässt mich finanziell nicht so in die Karten schauen.« Dunja räumte ein: »Ich habe ehrlich gestanden keinen Überblick über unsere gesamte finanzielle Situation.«

Damit ist sie keine Ausnahme. Die Frauen, mit denen ich arbeite, berichten immer wieder davon. Nicht selten ist es in Familien so, dass Frauen zwar die Kontrolle über die alltäglichen Haushaltsfinanzen haben, aber wenig Einblick in die Vermögensanlagen und Versicherungen. Rolf Haubl fasste das in seinen Vorträgen stets ketzerisch zusammen: »Frauen verwalten das kleine Geld, Männer das große.«[88]

Mir scheint, dass die Verquickung von ökonomischer Abhängigkeit und verhinderter Potenzialentfaltung eine Ursache vieler Partnerschaftsstreitigkeiten bis hin zu Trennungen ist. Mit dem Geschäftsführer und Gründer des »Väternetzwerks« Volker Baisch habe ich darüber gesprochen, worauf werdende Eltern und junge Familien achten sollten, um die wirtschaftliche Unabhängigkeit der Mütter im

Blick zu behalten. Der zweifache Familienvater ist der visionäre Kopf der gemeinnützigen Unternehmensberatung in Hamburg und Vordenker für eine partnerschaftlich geprägte Arbeits- und Vereinbarkeitskultur in Unternehmen und Organisationen.

Expertentipp: Interview mit Volker Baisch, Gründer conpadres

www.conpadres.de

Wie können Männer und Väter die wirtschaftliche Unabhängigkeit ihrer Frauen am besten unterstützen?

Das fängt natürlich damit an, dass die Paare über Geld reden. Und zwar auch *mit* den Kindern. Was legen wir für die Rente an, wie ist das später mal mit dem Erbe? Der zweite Aspekt ist, dass sie miteinander, auch vor der Geburt schon, überlegen: Wie machen wir es jetzt eigentlich mit unseren Finanzen? Dabei geht es um die anteilige Verteilung auf die Konten und um die Frage, wieviel der Mann seiner Frau zahlt? Das klingt vielleicht erst etwas komisch, ist aber sehr wichtig, denn es geht einerseits um die Wertschätzung für die Person, die zuhause bleibt, und andererseits darum, dass die Hausarbeit bezahlt und ausgeglichen wird. Männer sollten im Blick haben, was es für eine Frau bedeutet, in diese Abhängigkeit zu gehen. Dass sie sich auch wirklich in die Situation der Frau einfühlen, wie das denn wäre, wenn es umgekehrt liefe.

Der Wandel vom Paar zum Elternpaar ist krisenbehaftet.

Und andersherum glaube ich auch, dass es wirklich wichtig ist, dass die Männer sich für eine paritätische Aufteilung der Elternzeit stark machen. Werdende Väter sollten ihre Frauen ermutigen, nach der Elternzeit im Job zu bleiben und sie bestärken, in den Beruf zurückzukehren. Und zwar nicht nur verbal, sondern auch mit Zeit und Geld. Also sich aktiv einbringen und konkret unterstützen. Schauen: Was brauchst du, um wieder zurückkehren zu können? Denn wenn Männer Väter werden, bekommen sie von ihren Vorgesetzten oft einen Karriereschub. Und was macht das dann mit der Frau? Sie denkt sich: Du machst jetzt gerade einen Karriereschritt und ich sitze hier zu Hause mit dem Kind, allein. Den Männern ist gar nicht so klar, was das bedeutet. Sie merken gar nicht, dass es der falsche Zeitpunkt ist, denn Karriere heißt auch immer Mehrarbeit. Ich wünsche mir da auch von Frauen, dass sie klarer werden, also nicht alles auf sich zukommen lassen, nach dem Motto: Jetzt gucken wir mal.

Welche Auswirkungen hat die ungleiche Rollenverteilung auf die Partnerschaften?

Der Schritt vom Paar zum Elternpaar ist eine krisenbehaftete Situation innerhalb der Partnerschaft. Ich glaube, Paare sollten sehr früh über Themen wie Familienplanung, partnerschaftliche Aufteilung der Care-Arbeit und das Thema Finanzen reden – was immer noch sehr tabuisiert ist. Je eher wir das tun, am besten moderiert, etwa in Seminaren oder Coachings, desto wirksamer ist es. Eigentlich müsste das auch ein Schulfach sein, damit wir über Lebensplanung sprechen können. Ich finde, da müsste viel mehr Fokus draufgelegt werden. Der eine Punkt ist die paritätische Aufteilung der Elternzeit und der zweite Punkt ist der Wiedereinstieg der Frau in ihren Beruf. Das sind beides oft schwierige Situationen innerhalb der Partnerschaft mit extremen Konsequenzen, die den Paaren keiner aufzeigt.

Wir wissen durch Studien, dass die Familiengründung der Dreh- und Angelpunkt ist. Wir kennen die Zahlen, dass zum Beispiel der Gender Pay Gap mit der Familiengründung ansteigt. Es geht im Endeffekt darum, die Paare auf diesen Wandel, der einfach krisenbehaftet ist, gut vorzubereiten.

Worauf sollten Frauen in der Familienplanung mit Blick auf ihre finanzielle Unabhängigkeit auf jeden Fall achten?

Fragen zu Geld und Machtverhältnissen darf nicht aus dem Weg gegangen werden. Die Paare müssen sich fragen: Wie gehen wir mit der finanziellen Abhängigkeit um? Man sollte das auch zusammen verschriftlichen, auch wenn das kein Ehevertrag sein muss. Es geht hier ja um viel größere Fragen als nur die Elternschaft. Was wollen wir tatsächlich vom Leben? Wie wollen wir Karriere machen, wie wollen wir die Betreuungs- und Hausarbeit aufteilen, wie einander gegenseitig unterstützen? Am besten denken wir gleich auch darüber nach: Wo sind Unstimmigkeiten? Was sollte geklärt werden? Wo müssen wir Lösungen finden?

Welche Tipps hast du für werdende Mütter in Bezug auf die Rollenverteilung?

Setzt euch in Ruhe zusammen und macht einen konkreten Plan, wie ihr die Elternzeit gestalten und die gemeinsame Aufgabenverteilung von Sorge- und Erwerbsarbeit angehen wollt. Es geht darum, eine Situation herzustellen, in der man gut miteinander ins Gespräch kommt. Auf eine Art und Weise, die zusammenführt und nicht polarisiert oder gegeneinander gerichtet ist.

Welche Fallen sollten Väter hinsichtlich der Diskriminierung von Eltern auf dem Arbeitsmarkt kennen?

Die Unternehmenskulturen haben sich bereits gewandelt, aber es gibt nach wie vor Hürden und große Unterschiede im Bereich der Vereinbarkeit und Familienfreundlichkeit bei Arbeitgebern und Organisationen. Vor allem Familienunternehmen haben oft noch ein konservatives Rollenbild. Und es braucht mehr Aufklärung zu Teilzeitmodellen. Zum Beispiel wurde das Brückenteilzeitgesetz ganz schlecht vermarktet, sodass Eltern es kaum kennen. Ein Grund, warum Väter nicht in Teilzeit gehen möchten, ist die Angst, nicht wieder auf ihre Vollzeit zurückkehren zu können. Ich finde, eine der größten Schwachstellen der Familienpolitik ist, dass sie es nicht schafft, ihre wichtigen und guten Gesetze und Reformen auch so zu vermarkten dass sie bei der Zielgruppe ankommen.

Wo siehst du die Unternehmen in der Pflicht?

Der entscheidende Punkt könnte sein, dass Unternehmen ihren Mitarbeitenden eine Vereinbarkeitsberatung vor der Geburt anbieten, sowohl den werdenden Vätern als auch den Müttern. Das ist die beste Investition, weil sie einen Stein ins Rollen bringt. Vieles wird dann leichter und läuft ohne Schwierigkeiten. Das kann zum Beispiel über Gutscheine laufen, aber auch über Projekte und Veranstaltungen, die Mütter *und* Väter adressieren. Oft richten sich die Maßnahmen einseitig nur an Frauen, die dann wieder die Verantwortung dafür tragen.

Ich bin ein absoluter Verfechter davon, dass wir *vor* der Familiengründungsphase ansetzen müssen, damit Paare nicht in eine Dysbalance kommen. Alles, was wir vor der Geburt an Austausch, an Maßnahmen in werdende Mütter und Väter investieren, zahlt sich später aus. Sei es, dass Frauen wieder arbeiten, sei es, dass Paare langfristig zusammenbleiben. Trennungskosten belasten nicht nur die Gesellschaft, sondern auch die Unternehmen. Viele Väter werden dadurch völlig aus der Bahn geworfen, zum Beispiel wenn sie im Anschluss keinen Kontakt mehr mit den Kindern haben.

Auch vom Unternehmen bezahlte Familien- und Elternzeit ist ein sehr gutes Mittel, um eine paritätische Elternschaft zu unterstützen und Anreizsysteme zu setzen. Und natürlich muss auch die Kinderbetreuung gesichert sein.

Wie kann verhindert werden, dass Paare in alte Rollenbilder zurückfallen?

Sie sollten schon im Vorfeld in den Austausch gehen, um nicht ungewollt in eine Retraditionalisierung zu geraten. Und Dinge auch ganz konkret besprechen. Das klingt unromantisch, aber ich finde es sehr wichtig, auch darüber zu reden: Wie ist das eigentlich, wenn ich in den Job zurückgehe und das Kind wird krank? Eltern können sich oft nicht vorstellen, was da auf sie zukommt. Deshalb geht es um klare Vereinbarungen, um morgens nicht zu diskutieren, welcher Job jetzt wichtiger ist.

Der Wandel vom Paar zum Elternpaar ist der richtige Ansatzpunkt. Hier sollte man aktiv werden. «

Tipps für gemeinsame Geldgespräche

Wenn ein Kind in die Familie kommt, ändert sich das Paargefüge grundlegend. Es ist wichtig und gewinnbringend, sich bereits vor der Familiengründung gemeinsam hinzusetzen, um über die eigenen Lebensziele und -pläne zu sprechen. Dazu ist ein strategischer Blick auf Geld unerlässlich.

Wir schmieden immer wieder Pläne, nehmen neue Ziele in Angriff, malen uns unsere Träume aus. Das sollten wir auch beim Geld tun. Von Anfang an. Ich möchte dich ermutigen, deinen Wunsch nach finanzieller Selbstbestimmung frühzeitig auf den Tisch zu bringen. Und natürlich erst recht, wenn ihr schon Eltern geworden seid!

- Nehmt euch Zeit für Geldgespräche und kommuniziert das Thema Geld offen in der Familie.
- Widmet euch auch der emotionalen Bedeutung des Geldes und erforscht eure Geldeinstellungen und Geldbiografien (mehr dazu in Kapitel 5).
- Versucht, euch bewusst zu machen, was euer Partner oder eure Partnerin mit Geld verbindet.
- Plant eure finanzielle Zukunft langfristig: Welche Werte leiten euch, wie wollt ihr euer Leben materiell und ideell gestalten?
- Nimm deinen Wunsch nach Potenzialentfaltung ernst.
- Auf dem Familienportal des Bundesfamilienministeriums findest du viele Infos, Checklisten und Anträge rund um das Thema Geld und Familie.
- Wenn ihr vor der Familiengründung steht oder ein weiteres Kind plant, informiert euch mit dem Elterngeldrechner über eure Elterngeld-Ansprüche.
- Mit dem »Info Tool Familienleistungen« könnt ihr euch einen Überblick verschaffen, auf welche Familienleistungen und Hilfen ihr voraussichtlich Anspruch habt.

- Wenn ihr bereits als Familie zusammenlebt, solltet ihr einen Notfallordner anlegen. Hinein gehören etwa Angaben zu existierenden Bankkonten, Wertpapierdepots, Kopien von Versicherungspolicen und des Mietvertrags. Haltet ihn stets aktuell, damit keine wichtigen Änderungen verloren gehen.
- Auch Vollmachten wie Bankvollmacht, Vorsorgevollmacht und eine Patientenverfügung sollten in den Notfallordner. Vorsorgevollmacht und Patientenverfügung könnt ihr selbst erstellen (siehe Links im Anhang).

Gerade beim Geld ist es wichtig, konstruktive Gespräche zu führen, vor allem, wenn wir unterschiedliche Prägungen von zu Hause mitbringen. Im Folgenden möchte ich mit dir auf die konkrete Ausgestaltung eurer Finanzen schauen.

Konten-Modelle, Steuerklassen und Ausgleichszahlungen für Sorgearbeit

Das Familienbudget kannst du dir wie eine Torte vorstellen, von der alle das größte Stück abbekommen wollen. Wichtig ist, den Überblick über die Ausgaben zu behalten, was in Zeiten digitaler Bezahlung wirklich eine Herausforderung sein kann. Wenn du bereits ältere Kinder hast, die schon selbst Onlinebestellungen tätigen, weißt du sicher, was ich meine. Inzwischen gibt es nicht nur Apps zum eigenen Budgetmanagement, sondern auch solche, die dabei unterstützen, die Finanzen in Partnerschaften oder unter Freunden gerecht zu regeln, etwa Split Wise, Family Budget, Fair Pay oder Team Money. In der Regel sind die Basisversionen kostenfrei und spezielle Funktionen bezahlpflichtig. Weitere Empfehlungen und Links zur Budgetplanung findest du im Anhang.

Vor allem Patchworkfamilien sollten klare Absprachen treffen.

Denn hier gibt es noch weitaus mehr Stolperfallen zu beachten, da auch emotionale Fragen mitschwingen, etwa »Wem steht was zu?« Gibt es Streit ums Geld, kommen dabei stellvertretend meist noch andere Themen auf den Tisch, zum Beispiel unser Bedürfnis nach Anerkennung und Sicherheit. Außerdem können unterschiedliche Geldeinstellungen und entgegengesetzte Geldstile zu Partnerschaftskonflikten führen, wie das Beispiel von Lisa und Sebastian zeigt. Vor allem, wenn die Beweggründe hinter dem offensichtlichen Verhalten des anderen nicht bekannt sind. Und wie geht man damit um, wenn der Partner sich nicht an die Abmachungen hält? Dann können Frauen in unglückliche Zwickmühlen geraten.

Um die Finanzen zu planen und im Griff zu behalten, ist die Entscheidung für ein Kontenmodell erforderlich. Das **Drei-Konten-Modell** ist ein einfacher Weg, um die Finanzen klar zu regeln. Dazu überweist jeder so viel auf das Gemeinschaftskonto, wie er/sie entsprechend dem jeweiligen Einkommen prozentual zu den Ausgaben beitragen kann. Über die restlichen Beträge können beide frei verfügen, das mühselige Aufsplitten von Kosten entfällt. Es gibt auch andere Varianten des Drei-Konten-Modells, etwa, dass alle Geldeingänge auf das Gemeinschaftskonto fließen. Wenn alle Ausgaben abgebucht sind, bekommen beide Partner vom Rest je die Hälfte.

Weitere Möglichkeiten, die Finanzen gemeinsam zu regeln, sind das **klassische Gemeinschaftskonto**, also ein einziges Konto für beide Partner, oder auch das Beibehalten der eigenen **Einzelkonten**. Das gemeinsame Familienkonto erspart viel Rechnerei und erleichtert den Überblick, lässt aber kaum persönliche Freiräume und finanzielle Eigenständigkeit. Hingegen bringen die ausschließlichen Einzelkonten zwar mehr Autonomie, aber auch mehr Papierkram mit sich, weil Rechnungen und Abrechnungen auseinanderdividiert werden müssen.

Tipps zur Steuerklassenwahl

Eine weitere Kernfrage der Geldangelegenheiten in Partnerschaften ist die Steuerklassenwahl. Aus ihr ergeben sich große Unterschiede bei den monatlichen Nettoeinkommen, da sie jeweils anders mit Lohnsteuer belastet werden. Die Splittingregelung benachteiligt diejenigen, die weniger verdienen, und in den meisten Fällen sind das immer noch die Frauen. Um die Reform des Ehegattensplittings drücken sich Politiker:innen aller Parteien seit Jahren. Die Präsidentin des WZB Berlin, Jutta Allmendinger, sagte auf einer Konferenz der »Initiative Chefsache« den treffenden Satz: »Mit dem Ehegattensplitting belohnt der Staat nicht die gleichberechtigte Ehe mit gleichem Einkommen, sondern die Ungleichheit zwischen Frauen und Männern.«[89]

Beim Ehegattensplitting wird das Gesamteinkommen der Ehepartner ermittelt und halbiert. Auf der Basis dieser Hälfte wird die Steuer berechnet und anschließend verdoppelt. Es ist egal, für welche Steuerklassenkombination Paare sich entscheiden: Die Gesamtsumme der zu zahlenden Steuern bleibt für beide Partner gleich. Am gerechtesten ist die Steuerklassenwahl IV/IV mit Faktor. Allerdings haben wir es hier erneut mit fehlendem Gleichstellungswissen zu tun: Wie eine kleine Anfrage im Bundestag ergab, ist kaum bekannt, dass das Faktorverfahren bei der Einkommens- und Lohnsteuerermittlung seit 2010 eine faire Verteilung der Lohnsteuerlasten für Ehepartner ermöglicht.[90] Das Faktorverfahren bedeutet eine ausgewogene Steuerbelastung, das heißt, es sind keine größeren Nach- oder Rückzahlungen zu erwarten.

Anders bei der Wahl von Steuerklasse III und V: Hier werden unterjährig weniger Steuern als in der Steuerklassenkombination IV/IV gezahlt. Die Differenz wird aber bei der Einkommenssteuererklärung und dem Lohnsteuerjahresausgleich verrechnet. In Steuerklasse III ist der Grundfreibetrag für die Steuerermittlung höher, in Steuerklasse V entfällt dieser. Wenn Frauen die Steuerklasse V wählen, überlassen sie ihren Grundfreibetrag dem Partner in Steuerklasse III. Das bedeutet einen geringeren Steuerabzug für die Steuerklasse III: Hier fällt die Lohnsteuer am niedrigsten aus und ist der Nettolohn am höchsten. Umgekehrt entsteht in der Lohnsteuerklasse V der höchste Steuerabzug und fällt das Nettoeinkommen dementsprechend am niedrigsten aus. Das bedeutet, wie die Wirtschaftsjournalistin Dani Parthum in einem Blogartikel schön herausgestellt hat, dass Frauen, die die Steuerklasse V wählen, ihre Partner Monat für Monat subventionieren (siehe Link im Anhang, S. 232). Besonders problematisch ist es, dass sich viele Lohnersatzleistungen am Nettoeinkommen orientieren und davon anteilig berechnet werden, etwa Krankengeld, Arbeitslosengeld, Elterngeld und Kurzarbeitergeld. Fällt das Nettoeinkommen gering aus, gilt das auch für diese Leistungen. Es handelt sich dabei um entgangene Mittel. Diese finanziellen Nachteile des gegenwärtigen Lohnsteuerverfahrens tragen überwiegend verheiratete Frauen. Darin sieht die Hans-Böckler-Stiftung eine mittelbare, also eine indirekte Diskriminierung.[91] Die Bundesregierung räumte bereits im achten Familienbericht im Jahr 2012 einen gravierenden Fehlanreiz des Ehegattensplittings ein. Das Splittingverfahren trägt dazu bei, »dass sich zahlreiche Frauen mit geringem Einkommen überhaupt nicht am Erwerbsleben beteiligen, da es ihnen nicht lohnend erscheint, bei Steuerklasse V erwerbstätig zu sein«[92].

In der Kombination III/V fallen aber nicht nur die Lohnersatzleistungen für die Person in Steuerklasse V niedriger aus. Auch die psychologischen Komponenten und die Opportunitätskosten der Steuerklasse V werden oftmals übersehen, sogar systematisch unterschätzt. Diese Fehlanreize sind nicht nur Frauenorganisationen seit vielen Jahren ein Dorn im Auge, sondern schwächen auf lange Sicht unsere Volkswirtschaft, da Frauen indirekt vom Arbeitsmarkt ferngehalten werden.

Wenngleich eine umfassende Steuer- und Sozialversicherungsreform notwendig wäre, um dem gesellschaftlichen Wert der unbezahlten Arbeit von Familien angemessen Rechnung zu tragen, könnten auch Zwischenschritte helfen, um mehr Gerechtigkeit zu schaffen. In

Bezug auf die Steuerklasse V gehe ich mit Ludwig Erhard, dem Vater der sozialen Marktwirtschaft: »Ich habe die Vorschriften nicht geändert, ich habe sie abgeschafft.« Dass das nötig wäre, zeigt auch die Geschichte von Janine.

Janine, eine gelernte Steuerfachgehilfin, befand sich beim Wiedereinstieg nach der Elternzeit in einer schwierigen Lage: Ihre beruflichen Erfolge wurden mit der Mutterschaft eingefroren. Auch übernahm sie unter der Woche die komplette Fürsorgearbeit für ihre kleine Tochter; dazu kam eine Pflegeverantwortung. Ihr Partner arbeitete in einer anderen Stadt und konnte nur am Wochenende zu Hause seinen Part übernehmen. Sie führten unzählige Diskussionen zur unterschiedlichen Belastungssituation, ohne zu einer befriedigenden Lösung zu kommen. Auch sie selbst pendelte täglich knapp 40 Kilometer zur Arbeit und wieder zurück. Als ihre Mutter erkrankte und auf Hilfe angewiesen war, schaffte sie es nicht länger, ihre Teilzeitstelle in einer großen Kanzlei zu halten. Nachdem ihr Mann infolge der wiederkehrenden Streitigkeiten eine Stelle in näherer Umgebung angetreten hatte, wagte sie einen erneuten Versuch, Beruf und Familie zu vereinbaren. Sie wollte dieses Mal alles richtig machen und schaute sich nach einer wohnortnahen Arbeitsstelle um. Eine Bürotätigkeit in der näheren Umgebung schien ihr passend, obwohl sie dort weniger verdiente. Dabei reduzierte sie auf 20 Stunden, da sich inzwischen auch der Gesundheitszustand ihres Vaters verschlechtert hatte.

Ein wichtiges Detail ihrer Planungen hatten allerdings beide übersehen: Die nunmehr ökonomisch sinnvoll erscheinende Steuerklassenwahl III und V hatte für Janine erhebliche Auswirkungen auf die Zufriedenheit mit ihrer neuen Tätigkeit. Noch nie in ihrem Berufsleben hatte sie so wenig verdient und der tägliche Spagat zwischen Beruf, Kind und Eltern zahlte sich in ihren Augen einfach nicht aus. Zumal sie die zusätzlichen Kosten für Kinderbetreuung dagegenrechnete. Außerdem hatte sie das Gefühl, sich unter

Wert zu verkaufen, da die Bürotätigkeit nicht ihrer eigentlichen Qualifikation entsprach. Deshalb zog Janine sich erneut aus dem Erwerbsleben zurück. »Es lohnt sich für mich nicht, zu arbeiten.« Aber mit jedem Jahr, das sie länger für ihr Kind und ihre Eltern zu Hause tätig und verantwortlich war, verschlechterte sich ihr eigener Gesundheitszustand. Sie geriet in eine schwere Krise und schaffte es anschließend nicht mehr, einen festen Fuß in den Arbeitsmarkt zu setzen. Infolge einer psychischen Erkrankung wurde sie längerfristig erwerbsunfähig.

Die Wahl der Steuerklasse birgt ein hohes Risiko für Mütter. Expertinnen stellen immer wieder fest, dass vor allem männliche Steuerberater noch immer die Steuerklassenkombination III/V empfehlen. Paare können Steuerklassen aber auch unterjährig wechseln. Eine Kollegin und ihr Mann gleichen die Steuerklassen je nach Arbeitsstellen und Familienphasen immer wieder an. Bei ihrem Wiedereinstieg nach der Elternzeit bestand sie auf der Kombination IV/IV. Gleichwohl empfand sie Mitleid mit ihrem Mann, denn er hatte damit nach dem Wechsel aus der Steuerklasse III einige Hundert Euro weniger Nettogehalt. Ehrlich gesagt, glaube ich nicht, dass wir den Männern sehr leidtun, wenn wir in Steuerklasse V einen Miniverdienst nach Hause bringen. Vielleicht bin ich aber auch zu pessimistisch. Zu einem anderen Zeitpunkt war sie in Steuerklasse III und er in Steuerklasse V, da er mehr Familienarbeit übernahm. Er berichtete vom Frust und von ähnlichen Erfahrungen wie Mütter, die die hohen Abzüge dieser Steuerklasse als gleichzeitige Abwertung sowohl ihrer geleisteten Erwerbs- als auch der Fürsorgearbeit empfinden. Vor allem verspürte er weniger Lust, überhaupt weiter Erwerbsarbeit zu leisten, weil er so viel von seinen Einkünften abgeben musste.

Die rechtlichen Fallstricke der gemeinsamen Familien- und Finanzplanung sind nicht unerheblich. Mit der Rechtsanwältin Christiane

Sieben Fakten, die du über Steuerklassen wissen solltest

1. Die Steuerklassenwahl hat finanzielle und psychologische Auswirkungen.
2. Die Steuerklasse V wird überproportional besteuert, die Steuerklasse III durch höhere Freibeträge unterproportional. Die Kombination III/V führt zu einem höheren Nettogehalt in der Steuerklasse III. Dadurch subventionieren Frauen ihre Ehemänner, wenn sie die Steuerklasse V wählen.
3. Die Steuerklassenkombination III und V ist weder partnerschaftlich noch gerecht.
4. Die Steuerklasse V stellt eine psychologische Hürde für den Wiedereinstieg in den Beruf dar, vor allem, wenn dadurch zusätzliche Betreuungskosten anfallen.
5. Die eigene Arbeit erfährt in der Steuerklasse V eine Abwertung, wenn auf dem Gehaltszettel so wenig übrig bleibt.
6. Die Opportunitätskosten der Steuerklasse V werden unterschätzt. Der Nettolohn dient als Grundlage für Lohnersatzleistungen wie Arbeitslosengeld, Mutterschaftsgeld, Elterngeld etc.
7. Am gerechtesten ist die Steuerklassenwahl IV/IV mit Faktor. Dabei werden die persönlichen Freibeträge von vornherein berücksichtigt und wird die Steuerlast zwischen Eheleuten ausgewogen verteilt.

Warnke habe ich darüber gesprochen. Sie ist im Familien- und Vertragsrecht tätig und eine starke Befürworterin des Ehevertrages. Als Podcast-Host für Verbraucherbildung Bayern des bayerischen Verbraucherministeriums und in Interviews, unter anderem für das *Brigitte Magazin*, sensibilisiert sie unermüdlich für die vermögensrechtlichen Konsequenzen der Eheschließung.

Expertinnentipp: Im Gespräch mit Christiane Warnke, Rechtsanwältin

https://wh-zorneding.de/

Sie sind eine Verfechterin des Ehevertrags. Wie steht es Ihrer Meinung nach um die finanzielle Selbstbestimmung von Frauen?
Meines Erachtens noch immer nicht so, wie es wünschenswert wäre. Viele Frauen vertrauen entweder auf ihre:n Partner:in bzw. auf die gesetzliche Vorsorge oder kümmern sich schlichtweg nicht um das Thema Geld. Auf der anderen Seite erlebe ich viele junge Paare, die sich im Rahmen einer Heirat mit den Themen Geld und Gleichberechtigung befassen; die finanziellen Nachteile, die durch die Geburt von Kindern entstehen, wollen sie vertraglich ausgleichen. Und zwar sowohl durch eine Verstärkung der seit 2008 stark eingeschränkten Unterhaltszahlungen nach der Scheidung (bei Kinderbetreuung) als auch während der Ehe durch Aufstockung der Rentenansprüche der Ehefrau.
Die Scheidungsraten sind seit Jahren recht hoch. Woher nehmen die Frauen die Gewissheit, dass in ihrer Ehe alles gut geht?
Wer kennt das nicht? Mit »unangenehmen« Themen beschäftigt man – oder besser gesagt: frau – sich nicht gerne! Viele glauben immer noch, dass sie im Falle einer Scheidung durch den Staat bzw. die Gesetze ausreichend abgesichert sind. Oder auch: Mir passiert das nicht, scheiden lassen sich immer nur die anderen. Aber verdrängen ist da wenig hilfreich. Wenn Sie heute junge Frauen fragen, welche rechtlichen Auswirkungen die Eheschließung bzw. eine Scheidung hat, sind einem Großteil von ihnen diese überhaupt nicht bewusst. Würden Ehepaare oder gerade die Frauen für die Informationseinholung zu diesen Themen genauso viel Zeit aufwenden wie für die Planung der Hochzeitsfeier und die Auswahl des Kleides, wäre viel gewonnen!
Wo sehen Sie die größten Hürden für die finanzielle Unabhängigkeit von Frauen?

Die Geburt von Kindern ist leider immer noch das auch finanziell einschneidendste Ereignis im Leben einer Frau! Zwar wurde das Elterngeld aufgewertet, dieses entschädigt aber nicht vollumfänglich für die Verluste, die Frauen durch die Aufgabe ihrer Berufstätigkeit hinnehmen müssen. Eine gleichberechtigte Aufteilung der Erziehungsarbeit wird immer noch nicht vom Staat gefördert. Zwar hat sich schon viel getan in dieser Hinsicht, aber ohne paritätische Aufteilung der Care-Arbeit haben die Frauen gegenüber den Männern noch immer massive Nachteile beim Einkommen und der Altersversorgung hinzunehmen.

Ein weiterer Aspekt ist das Ehegattensplitting. In der Regel bestehen die (immer noch) überwiegend besser verdienenden Männer auf die Kombination der Steuerklassen III/V, was nachteilig für die Frau beim Einkommen und somit auch bei der Rente ist. Das Ehegattensplitting führt oftmals dazu, dass Frauen in Mini- oder Midijobs landen, aus denen nach einer Scheidung ein Weg zurück nur schwer möglich ist.

Die Geburt von Kindern ist leider immer noch das auch finanziell einschneidendste Ereignis im Leben einer Frau!

Aktuell ist auch zu berücksichtigen, dass die Länder ihre Verpflichtung zur Schaffung von Betreuungsplätzen – jedes Elternpaar bzw. alleinerziehende Eltern sollen einen Rechtsanspruch auf Betreuung haben – gar nicht gewährleisten können! Es fehlt an ausreichend (und qualifiziertem) Personal, was eine weitere Hürde darstellt, gleichberechtigt am Arbeitsleben teilzunehmen. Laut einem aktuellen Bericht in der *Süddeutschen Zeitung* müssen allein in Bayern 136.000 neue Betreuungsplätze geschaffen werden![93] Der Fachkräfte-Radar der Bertelsmann Stiftung geht davon aus, dass allein in Bayern bis 2030 »im schlimmsten Fall rund 67.000 Fachkräfte für die Betreuung von Kita- und Grundschulkindern fehlen könnten«. Dazu kommt eine erhebliche Unterfinanzierung.

Wenn es keine großen Vermögensunterschiede gibt, wird meist auf einen Ehevertrag verzichtet. Gibt es Gründe, die auch in solchen Fällen für einen Ehevertrag sprechen?

Ein Ehevertrag macht immer dann Sinn, wenn die Eheleute sich Kinder wünschen und die dadurch beschriebenen Nachteile für die Frau vertraglich – durch eigene Gesetze! – ausgleichen wollen. Auch wenn Erbschaften zu erwarten sind, ist ein Ehevertrag zwingend anzuraten! Der Gesetzgeber privilegiert, das heißt, er schützt grundsätzlich Erbschaften und Schenkungen und behandelt sie so, als wären sie bereits bei Eheschließung vorhanden gewesen; unabhängig vom tatsächlichen Zeitpunkt der Schenkung/Erbschaft. Aber was bedeutet das? Bei einer Scheidung wird, wenn nicht durch einen Ehevertrag etwas anderes vereinbart ist, der sogenannte Zugewinn ermittelt. Das heißt, es wird für jeden Ehepartner festgestellt, was er zu Beginn der Ehe an Vermögen gehabt hat (= Anfangsvermögen) und was er zum Ende der Ehe (= Endvermögen) hat. Der Zugewinn errechnet sich dann nach der Formel: Endvermögen minus Anfangsvermögen = Zugewinn. Diese Rechnung wird für jeden Ehepartner aufgestellt. Derjenige, der in der Ehe den größeren Zugewinn erwirtschaftet hat, muss dem anderen die Hälfte des Differenzbetrages auszahlen.

So weit, so gut – wie gesagt werden Schenkungen und Erbschaften so behandelt, als wären sie bereits im Anfangsvermögen vorhanden gewesen. Die Wertsteigerung von Vermögensgegenständen gilt allerdings als Zugewinn. So kann es, insbesondere bei Immobilien, zu ungewollten Ausgleichsansprüchen kommen. Um diese begleichen zu können, müssen dann auch schon einmal die Immobilien veräußert werden; was umso schlimmer ist, wenn es sich um das von den Eltern geschenkte Familienheim handelt.

Ein weiterer Grund für einen Ehevertrag ist die unternehmerische Tätigkeit eines (oder beider) Ehepartner. In der Regel sehen Gesellschaftsverträge heute auch eine Verpflichtung der Gesellschafter vor, durch einen Ehevertrag die Geschäftsanteile aus dem Zugewinn herauszunehmen. Warum? Das Problem ist zum einen die Bewertung, zum anderen die oftmals mangelnde Liquidität, die auch die Gesellschaft in Mitleidenschaft ziehen kann.

Auch bei einem geplanten Auslandsaufenthalt sollte ein Ehevertrag geschlossen werden, schon um die Anwendung deutschen Rechts für die Ehescheidung zu vereinbaren, falls es dazu kommen sollte.

Wann sollten Frauen nachträglich einen Ehevertrag aufsetzen?

Siehe oben: wenn einer der Punkte auf sie zutrifft.

Haben Sie den Eindruck, dass sich durch die mediale Berichterstattung und das Aufkommen von neuen Initiativen schon ein neues Bewusstsein bei jungen Frauen bemerkbar macht?

Ja! Viele junge Paare entscheiden sich mittlerweile, durch einen Ehevertrag eine finanzielle Absicherung für den Fall der Scheidung zu vereinbaren. Das Thema ist erfreulicherweise auch in den Medien – insbesondere Printmedien und Social Media – sehr stark präsent, viele Frauen interessieren sich für ihre eigenen Finanzen, oder die Eltern, die Vermögen zu Lebzeiten übertragen, bestehen darauf.

Was raten Sie jungen Frauen, die nicht heiraten wollen und eine Familie ohne Trauschein gründen? Wie können sie sich absichern?

Durch einen Partnerschaftsvertrag kann ich auch in einer nichtehelichen Gemeinschaft die Trennung regeln. So zum Beispiel, was mit der gemeinsam angemieteten Wohnung geschieht, ob Unterhaltsansprüche vereinbart werden sollen, ein Vermögens- und/oder Rentenausgleich erfolgt.

Da der Gesetzgeber die nichteheliche Lebensgemeinschaft sehr stiefmütterlich behandelt, sollte frau wissen, auf was sie sich einlässt! Die Unterhaltsansprüche (für den kinderbetreuenden Elternteil – nicht für die Kinder) sind i.d.R. geringer als die von verheirateten Paaren. Einen Vermögensausgleich (Zugewinn) gibt es ebenso wenig wie einen Rentenausgleich. Und, ganz wichtig: Nichteheliche Paare können sich zwar durch Testament gegenseitig zu Erben ein-

setzen; einen gesetzlichen Erbanspruch gibt es jedoch nur für die Kinder! Und der Erbschaftssteuerfreibetrag ist mit 20.000 € wesentlich niedriger als bei Ehepaaren (500.000 €).
Wichtig ist auch, dass der Vater die Vaterschaft anerkennt – sonst gibt es keinen Kindesunterhalt. Ob allerdings eine gemeinsame Sorgerechtserklärung abgegeben wird, muss jede Frau für sich entscheiden.
Fazit: Jedes Paar, das heiratet, hat einen Ehevertrag – und zwar den mit dem Staat! Wenn ich diese Regelungen nicht haben will, kann ich mit einem Ehevertrag für meine Ehe oder Partnerschaft eigene Gesetze schreiben. «

Reflexion:
Finanzieller Ausgleich für Sorgearbeit

Hast du eine Idee vom ungefähren monetären Gegenwert deiner Fürsorgearbeit? Für die Gespräche mit deinem Partner, mit deiner Partnerin musst du nicht den Taschenrechner bemühen. Du kannst es mit der »CareRechner App« oder der App »Who Cares« ausrechnen (siehe Anhang, S. 231). Als unsere Kinder noch klein waren und mich die Frage umtrieb: »Was ist hier eigentlich los?«, habe ich das einmal mit einer Exceltabelle gemacht. Ich hatte das Gefühl, mich mit meinen beruflichen Plänen im Kreis zu drehen. Mein Mann vertrat den Standpunkt, wir müssten nur eine Tagesmutter beschäftigen oder die Krippenbetreuung ausweiten, schon könne ich ebenso wie er meine beruflichen Ziele weiterverfolgen. Das Ergebnis meiner Berechnungen gab mir Auftrieb, da ich schwarz auf weiß sah,

- was ich alles leistete,
- wie viel Zeit das in Anspruch nahm,
- wie wenig davon noch ausgelagert werden konnte,

- wie viel Geld mir eigentlich von seinem Gehalt zustehen würde.

Viele Frauen, mit denen ich spreche, scheuen davor zurück, mit ihrem Partner über Ausgleichzahlungen für geleistete Fürsorgearbeit zu verhandeln. Wenn ihr nicht verheiratet seid, ist es wichtig, dass ihr die Übernahme von Sorgearbeit in einem Partnerschaftsvertrag absichert. In einer solchen privatrechtlichen Übereinkunft wird etwa geregelt, ob und in welcher Höhe im Fall einer Trennung Unterhaltsansprüche geltend gemacht werden können. Der Vertrag dient deiner Absicherung – vor allem, wenn du in Teilzeit arbeitest –, um eure gemeinsamen Kinder zu versorgen. Denn wenn eine nichteheliche Lebensgemeinschaft auseinandergeht, hat die Gesetzgebung keinerlei Ausgleichsansprüche vorgesehen.

Auch für Verheiratete ist ein Ehe- oder Partnerschaftsvertrag eine sinnvolle Grundlage der gegenseitigen Absicherung. Er fängt existenzielle Risiken von Familienmodellen auf, die mit der Übernahme von Care-Arbeit verbunden sind. Damit können im Fall einer Trennung viele Konflikte vermieden werden. Ob verheiratet oder nicht verheiratet, in beiden Fällen gilt es, alle mündlichen Vereinbarungen schriftlich festzuhalten und in eine vertragliche Regelung zu überführen. Traut euch, ganz konkret und konstruktiv über finanzielle Angelegenheiten zu sprechen. Folgende Punkte können zur Orientierung dienen:

- Habt ihr einen Ehe- oder Partnerschaftsvertrag, in dem euer Zusammenleben geregelt ist? Wie bist du im Fall einer Scheidung abgesichert?
- Sprich mit deinem Partner, deiner Partnerin über eine finanzielle Kompensation für die Übernahme unbezahlter Sorgearbeit. Denkt nicht nur an die Rentenlücke, sondern auch an die Risiken deiner unterbrochenen Erwerbsbiografie.

- Schafft zusammen einen finanziellen Ausgleich und haltet eure Abmachung schriftlich fest.
- Falls du eine betriebliche Altersvorsorge hast, kann dein Partner diese während deiner Eltern- und Familienzeit auf freiwilliger Basis weiter besparen.
- Eine gute Alternative sind Wertpapiersparpläne, die der langfristigen Vermögensbildung dienen. Deine Partnerin, dein Partner kann für dich mit einem Dauerauftrag einen Sparplan monatlich besparen. Durch die lange Laufzeit trotzt ihr den Kursschwankungen an der Börse (siehe Tipps zum Vermögensaufbau, S. 204).
- Falls ihr den Erwerb einer Immobilie plant, könnt ihr darüber nachdenken, dir einen höheren Anteil im Grundbuch eintragen zu lassen. Besprecht euch mit einer Notarin, einem Notar über die verschiedenen Möglichkeiten der Vertragsausgestaltung.

3
... und raus bist du? Erwerbsbiografien von Müttern

Kinderkriegen bedeutet in Deutschland, dass Frauen als Mütter mit ihrem Ausscheiden aus dem Beruf oder in Teilzeitarbeit ihre finanzielle Selbstständigkeit aufgeben.

Barbara Vinken[94]

Mütter subventionieren mit ihrer Care-Arbeit Wirtschaft und Gesellschaft und müssen gleichzeitig erleben, dass sie in mehreren Bereichen benachteiligt werden. Die Geburt des ersten Kindes stellt für Frauen nachweislich eine besondere Zäsur dar. Berufliche Anerkennung, finanzielle Unabhängigkeit und gesellschaftliches Prestige brechen in vielen Fällen weg. In meiner Arbeit mit Berufsrückkehrerinnen zeigt sich immer wieder: Sie sind desillusioniert und fassungslos, wie schwer ihnen der Wiedereinstieg nach der Elternzeit gemacht wird. Für viele bedeutet es fortan, kleinere Brötchen zu backen, Gehaltseinbußen und Karriere-Einschnitte in Kauf zu nehmen und sich mit weniger zufriedengeben zu müssen. Sie bekommen dann Äußerungen zu hören wie:

»Frauen müssen sich halt entscheiden, was sie möchten.«

»Frauen wollen doch gar keine Führungspositionen übernehmen.«

»Wer Kinder haben will, muss sich auch um sie kümmern«.

Diese Aussagen setzen zwei Sphären in Konkurrenz zueinander, die die gleiche Berechtigung haben: den Wunsch nach Kindern und den Wunsch nach Erwerbstätigkeit und finanzieller Selbstbestimmung. Beides gegeneinander auszuspielen, verletzt die Integrität der Mütter.

Im folgenden Kapitel schauen wir uns die Erwerbsbiografien von Müttern näher an – und die negativen Auswirkungen, die beispielsweise berufliche Unterbrechungen, Diskriminierung auf dem Arbeitsmarkt und Teilzeitarrangements auf ihr Geld, Vermögen und ihre Rentenansprüche haben. Diese Auswirkungen stören nicht nur unser Gerechtigkeitsempfinden, sondern auch unser Vertrauen in die staatliche Fürsorge. Denn bedeutende politische Weichenstellungen gegen die Benachteiligung von Müttern, etwa im Steuersystem oder bei der Bekämpfung der Diskriminierung von Eltern auf dem Arbeitsmarkt, sind nicht zu erkennen. Dabei wären das zwei zentrale strukturelle Hürden, die es zu überwinden gilt und an denen besonders Mütter sich individuell aufreiben, ohne Ergebnisse zu sehen. Solange das so ist, zahlen sie dafür einen hohen Preis – finanziell, gesundheitlich und mit versperrten Verwirklichungschancen. Umso wichtiger ist es für sie, ihre Erwerbsbiografie zu hegen und zu pflegen und sich vor Strukturfallen zu wappnen. Dies insbesondere vor dem Hintergrund, dass unser Sozialversicherungssystem auf der Erwerbsarbeit fußt.

Opportunitätskosten: entgangene Chancen und Erträge

In einer Umfrage des *Brigitte Magazins* gaben 94 Prozent der befragten Frauen an, dass finanzielle Unabhängigkeit wichtig für die Zufriedenheit mit ihrer Lebenssituation sei.[95] Wird hingegen nach wichtigen *Lebenszielen* gefragt, nannten laut einer Befragung der finanz-heldinnen nur 59,7 Prozent der teilnehmenden Frauen finanzielle Unabhängigkeit.[96] So oder so sieht die Realität anders aus. Das Familienministerium beleuchtete im Jahr 2016 die finanzielle Situation von Frauen in der Lebensmitte. Von den verheirateten Frauen zwischen 30 und 50 Jahren hatten nur sechs Prozent ein eigenes monatliches Nettoeinkommen von mehr als 2.000 Euro. 63 Prozent hingegen wiesen ein Nettoeinkommen von unter 1.000 Euro auf.[97]

Wenn ich in meinen Workshops etwas weiter aushole, diskriminierende Strukturen benenne und politische Forderungen zur Anerkennung von Fürsorgearbeit, kommt es manchmal vor, dass einzelne Frauen ungeduldig werden – sie wollen schließlich das 1x1 der Geldanlage lernen und endlich an der Börse investieren. Die wirtschaftliche Unabhängigkeit von Frauen und der Aufbau einer Vermögensbiografie sind wichtige Bestandteile meiner Arbeit und echte Herzensanliegen. Darum wird es im Verlauf dieses Buchs auch noch gehen.

Dennoch ist ebenso wichtig zu wissen: Mütter tragen sogenannte Opportunitätskosten. Damit werden in der ökonomischen Theorie entgangene Erträge oder ein entgangener Nutzen bezeichnet, wenn man auf eine andere Möglichkeit verzichtet. Opportunitätskosten sind also keine echten Kosten, aber in Bezug auf das Geld der Mütter in mehrfacher Hinsicht eine wichtige Richtschnur. Zum einen bestehen *Opportunitätskosten der Mutterschaft*. Hier ist unter anderem der Einkommensverlust bei Mutterschaft zu nennen und die Teilzeitfalle, also der geringere Lohn und die abnehmenden Karrierechancen für Teilzeitbeschäftigte. Mütter leiden zudem unter eingeschränkten Karriereaussichten aufgrund der Mütterdiskriminierung auf dem Arbeitsmarkt. Schließlich kumulieren diese Faktoren in das insgesamt entgangene Lebenserwerbseinkommen von Müttern.

Zum anderen haben wir *Opportunitätskosten von Finanzentscheidungen*. Diese werden erstens gern aufgeschoben. Zweitens kostet ein ausgeprägtes Sicherheitsbedürfnis bei der Geldanlage Rendite – weil nicht alle Ertragschancen genutzt werden. Wenn ich erst später im Leben anfange, zu investieren, habe ich weniger Zeit, um das gewünschte Renditeergebnis zu erzielen. Die Opportunitätskosten beziffern hier die entgangenen Renditechancen der späten und gegebenenfalls zu sicherheitsorientierten Geldanlage. Nicht zuletzt schmälern Fehlanreize der provisionsbasierten Finanzberatung und hohe Kosten von Finanzprodukten die Renditen der Vorsorgeprodukte. Dazu ist es wichtig, die eigene finanzielle Bildung zu stärken und Fallstricke des Finanzsektors zu kennen.

Wir brauchen uns aber nichts vorzumachen: Das Lebenserwerbseinkommen, das Frauen und Müttern durch die Übernahme von Sorgearbeit entgeht, und ihre nicht realisierten beruflichen Chancen können wir mit keiner noch so geschickten Anlagestrategie ausgleichen. Schauen wir uns die Opportunitätskosten in all ihren Facetten genauer an.

Lebenserwerbseinkommen, Motherhood Lifetime Penalty, Child Penalty: Zahlen, die schockieren

Auf das gesamte Erwerbsleben gerechnet, erzielen Frauen im Durchschnitt nur etwas mehr als 50 Prozent des Bruttoeinkommens von Männern. Der »Gender Lifetime Earnings Gap« beziffert den durchschnittlichen Verlust an Lebenserwerbseinkommen. Im Sommer 2020 veröffentlichte die Bertelsmann Stiftung dazu eine viel beachtete Studie. Der durchschnittliche Gender Lifetime Earnings Gap zwischen Männern und Frauen beträgt »rund 670.000 Euro bzw. 45 Prozent in Westdeutschland und 450.000 Euro bzw. 40 Prozent in Ostdeutschland«[98]. Bemerkenswert ist, dass sich die Lebenseinkommen von kinderlosen Frauen denen von Männern weit, in Ostdeutschland sogar sehr weit angenähert haben: In Westdeutschland bleibt eine Lücke von 13 Prozent, in Ostdeutschland von drei Prozent.[99] Hingegen verringert sich das Lebenseinkommen von Müttern mit jedem weiteren Kind.

Besonders gut zeigt das die *kinderspezifische Lücke* im Lebenserwerbseinkommen von Müttern im Vergleich mit kinderlosen Frauen, die als Motherhood Lifetime Penalty definiert wurde. Die Entscheidung zur Mutterschaft kann Frauen bis zu zwei Drittel ihres Lebenserwerbseinkommens kosten. Das ist genau das Geld, das ihnen fehlt, um ihre finanzielle Unabhängigkeit aufrechtzuerhalten, ihre Rentenlücke zu schließen und eine Vermögensbiografie aufzubauen. So büßen Mütter in Westdeutschland beim ersten Kind rund 43 Prozent an Lebenserwerbseinkommen ein (Ostdeutschland 37 Prozent), ab dem zweiten Kind 54 Prozent bzw. 48 Prozent (Ostdeutschland). Ausgesprochen bitter wird dieser Gap ab dem dritten Kind: »Bei drei und mehr Kindern liegen die durchschnittlichen Einbußen im Vergleich mit kinderlosen Frauen bei 68 Prozent (Westdeutschland) bzw. 63 Prozent (Ostdeutschland).«[100]

Von der Motherhood Lifetime Penalty zu unterscheiden ist der Einkommensrückgang, den Frauen nach der Geburt eines Kindes erleiden. Auch er ist drastisch. Er trägt den perfiden Namen Child Penalty, wörtlich übersetzt: Kinderstrafe. Oft erholt sich das Einkommen einer Mutter auch längerfristig nicht mehr von diesem Rückgang. Ein internationales Forscherteam verglich die Einkommenseinbußen von Müttern und Vätern nach der Geburt eines Kindes in sechs verschiedenen Ländern (Dänemark, Schweden, UK, USA, Deutschland, Österreich). Die finanzielle Einbuße, die Mütter erleiden, wenn sie ein Kind bekommen, ist in Österreich und Deutschland am größten. Der Einkommensverlust bleibt im langfristigen Vergleich bestehen und beträgt auch zehn Jahre nach Geburt des ersten Kindes im Schnitt 61 Prozent gegenüber dem Jahr vor der Geburt (Österreich 51 Prozent). Die kindspezifischen Lohnunterschiede zeigen sich nur bei den Müttern. Väter hingegen können sogar mit Gehaltssteigerungen rechnen. Hier wirken Geschlechternormen und Rollenzuweisungen hinein, die Vätern eine Versorgerfunktion zuschreiben.

In Dänemark fällt die gehaltliche Einbuße für Mütter in der langfristigen Betrachtung mit 21 Prozent am geringsten aus, auch Schweden schneidet mit 27 Prozent verhältnismäßig gut ab.[101] Die skandinavischen Länder schaffen bessere Voraussetzungen für eine partnerschaftliche Rollenverteilung: Individualbesteuerung statt Splitting, moderne Rollenbilder und gute Infrastrukturen für Kinderbetreuung. Auch gibt es Unterschiede in den Unternehmenskulturen. Wiebke Ankersen, die Geschäftsführerin der schwedisch-deutschen AllBright Stiftung, rückt die Problematik der deutschen Präsenzkultur ins Licht. In Schweden werden keine Meetings nach 16 Uhr anberaumt. Vorgesetzte machen pünktlich und »laut«, für alle hörbar Feierabend. »Loud Leaving« signalisiert, dass es in Ordnung ist, ein Leben neben der Arbeit zu haben und nach Hause zu gehen, das Privatleben wird geschätzt.[102]

Die Opportunitätskosten, die in Deutschland mit der Geburt von Kindern entstehen, betreffen längst nicht nur Gehaltseinbußen und langfristige Einkommensverluste. Die Diskriminierung von Eltern und besonders Müttern am Arbeitsplatz sorgt dafür, dass ihre Karrieremöglichkeiten eingeschränkt bleiben und sie ihre beruflichen Potenziale nicht realisieren können.

Diskriminierung auf dem Arbeitsmarkt – Knotenpunkt Wiedereinstieg

Bis vor Kurzem war die strukturelle Diskriminierung von Eltern und pflegenden Angehörigen auf dem Arbeitsmarkt noch ein blinder Fleck. Die Antidiskriminierungsstelle des Bundes hat das Ausmaß der Diskriminierung zum ersten Mal systematisch untersucht.[103] Dabei listete die Prognos-Studie auf, was Eltern am Arbeitsmarkt erleben: Mangelnde Familienfreundlichkeit, Herabwürdigung, Gehaltseinbußen, auf Eis gelegte Karriereschritte. Die Untersuchung ist ein trauriger Beleg dafür, was Frauenberatungszentren, Gleichstellungsbeauftragte, Frauenförderstellen und Frauennetzwerke seit Jahrzehnten wissen.

Zwei Drittel der Mütter berichten von Diskriminierungserfahrungen beim Wiedereinstieg nach der Elternzeit. An einem neuralgischen Punkt ihrer Lebensgeschichte widerfährt ihnen Unrecht.[104]

Auch die Initiative #proparents, die die Diskriminierung seit 2021 aufarbeitet, brachte erschreckende Erfahrungsberichte zutage. Die Fachanwältin für Arbeitsrecht Sandra Runge und die Kommunikationsberaterin Karline Wenzel bilanzieren, dass die Vereinbarkeitsfrage im Jahr 2022 nicht gelöst ist, sondern Frauen die damit verbundenen Belastungen individuell tragen. Lange Zeit gab es kaum offizielle Statistiken oder empirische Daten zum Thema. Sehr viele Jahre haben Mütter und Väter zu ihren Diskriminierungserfahrungen geschwiegen – aus Scham, aber auch aus Angst vor weiteren Benachteiligungen. Umgekehrt nehmen Fürsorgepersonen familienfreundliche Maßnahmen, wie reduzierte Arbeitszeit, geringere Präsenz, Freistellung oder auch Beratungsangebote ungern in Anspruch, denn sie befürchten »Benachteiligungen bei der Vergabe von interessanten Aufgaben«. Als weniger belastbar zu gelten, wollen sie nicht riskieren. Dies trifft auf jeden dritten Elternteil und jede vierte Pflegeperson zu.[105]

Väter sind weitaus weniger als Mütter von Diskriminierung betroffen. Arbeitgeber gehen davon aus, dass junge Väter sich überdurchschnittlich beruflich engagieren, um die Familie gut versorgen zu können. Den Müttern hingegen weisen sie einseitig die Sorgeverantwortung zu, befürchten einen Produktivitätsverlust, erwarten vermehrte Kinderkrankentage und laden junge Mütter erst gar nicht zum Vorstellungsgespräch ein.[106] Werden Mütter bei der Rückkehr aus der Elternzeit versetzt, degradiert, mit einem Aufhebungsvertrag überrascht oder sogar gekündigt, sind sie oft tief verunsichert, beschämt und gekränkt, maßlos enttäuscht und unfassbar wütend. Diese Gefühle können tief greifende innerpsychische Konflikte nach sich ziehen. Wie eine Studie ermittelte, neigen Frauen weit mehr als Männer dazu, ihre beruflichen Kompetenzen selbstkritisch zu bewerten.[107]

Viele Betroffene gehen gedanklich wieder und wieder in die Vergangenheit zurück, um zu prüfen, ob ihnen etwas entgangen ist, das den Arbeitgeber zu einem solchen Schritt veranlasst haben könnte.

Das ist müßig und raubt wertvolle Energie. Die wenigsten Mütter haben das Selbstbewusstsein, das ihnen widerfahrene Unrecht einfach wegzustecken und den Ball auf der strukturellen Ebene zu lassen. Wer sich zurückgesetzt und gedemütigt fühlt, wer Wertschätzung vermisst, der erlebt Ohnmachtsgefühle. Das Selbstwertgefühl kann einbrechen oder sogar einem negativen Selbstbild Vorschub leisten. Wenn Mütter beim Wiedereinstieg mit Schwierigkeiten konfrontiert sind, treten sie weitaus öfter als Väter den Rückzug an und scheuen den rechtlichen Klageweg: »Jede fünfte von Arbeitsplatzverlust betroffene Mutter hat nichts unternommen, bei den Vätern sind es nur 6 Prozent. (…) Die meisten Mütter fanden es zu belastend, sich weiter mit der Situation auseinanderzusetzen, oder dachten, dass es nichts bringen würde, sich gegen die diskriminierende Situation zu wehren.«[108]. Insbesondere, wenn zuvor ein gutes Arbeitsverhältnis bestand, setzt die professionelle Kälte und Illoyalität von Personalgesprächen zu.

In der Vergangenheit war es bei Unternehmen gängige Praxis, Mütter nach der Elternzeit mit dem Abschreckungsszenario einer Rückkehr in Vollzeit zu knebeln oder beruflich zu degradieren. Konnten oder wollten sie sich nicht darauf einlassen, wurden oft Aufhebungsverträge vorgelegt. Selbst wenn Unternehmen hohe Abfindungssummen zahlen, werden die langfristigen Folgen solcher Verträge nicht selten unterschätzt. Hier sind erneut Opportunitätskosten versteckt: Ein aufgelöstes Arbeitsverhältnis zieht bei der Suche nach einem neuen Arbeitgeber eine geschwächte Position nach sich. Es ist ein Unterschied, den eigenen Wert zu kennen und aus einer Position der Stärke zu verhandeln. Also sich aus einer ungekündigten Stellung heraus auf eine neue Stelle zu bewerben. Auch ändern sich die Machtverhältnisse in Partnerschaften. Mit der Unterzeichnung eines Aufhebungsvertrags geraten Mütter zunächst in eine abhängigere Position zu ihrem Partner, ihrer Partnerin, wodurch sich eine ungleiche Rollenverteilung verfestigen kann.

Das Schlimme an diesen Zurücksetzungen ist, dass Frauen nicht selten die Schuld bei sich selbst suchen und sich fragen: »Was habe ich falsch gemacht?« Sie berichten von einem Gefühl, »wie gebrandmarkt zu sein«, sich wertlos und nicht wertgeschätzt zu fühlen.

Nicht allen gelingt es, sich darüber hinwegzusetzen und wieder festen Fuß im Arbeitsmarkt zu fassen. Eine befreundete systemische Familientherapeutin berichtete vom Besuch bei einer Familie, die sie zur aufsuchenden Familienhilfe betreut. Die Mutter leidet an einer depressiven Erkrankung und kann die Versorgung der Kinder nicht durchgängig gewährleisten. Als meine Freundin einmal im Beisein der achtjährigen Tochter ein kurzes Telefonat mit einer Kollegin führte, sagte das Mädchen anschließend zu ihr: »Meine Mama wäre auch so gerne eine Kollegin.«

Verwirklichungschancen

Wenn Mütter nach der Elternzeit in den Beruf zurückkehren, werden Weichen gestellt, die unter Umständen Auswirkungen auf die gesamte berufliche Laufbahn haben. Viele Mütter überblicken das »große Ganze« erst in der Rückschau zusammenhängend – oft infolge eigener negativer Erfahrungen. Sonja Krimm, die für die Agentur für Arbeit im Bereich Chancengleichheit tätig ist, formuliert die Ungeheuerlichkeit des Status quo unmissverständlich: »Selbst Frauen, die sich bereits als erfolgreiche Führungskräfte etabliert hatten, können durch die Geburt eines Kindes von einem auf den anderen Tag dem Arbeitgeber gegenüber zur Bittstellerin werden. Bis heute.« Sie weiß um die Herabstufung, die Müttern widerfahren kann: Sie trifft immer wieder Frauen, die dagegen ankämpfen.

Die Strukturen und Mechanismen in privaten Unternehmen, aber auch im öffentlichen Dienst, können die Bestrebungen von Müttern, sich selbst finanziell abzusichern, unterlaufen. Obwohl Frauen inzwischen »immer öfter bildungstechnisch hochgerüstet seien«, können sie ihre Potenziale häufig nicht umsetzen und leben.

»Viele Frauen sitzen auf Positionen, die weit unter ihrer Qualifikation sind.« Das Risiko von unterwertiger Beschäftigung ist dann besonders groß, wenn Frauen im Zuge einer Familiengründung umziehen und nicht bei ihrem bisherigen Arbeitgeber weiter beschäftigt werden können. Mehrere Kinder zu haben, alleinerziehend zu sein, für Angehörige Aufgaben zu übernehmen – das sind Faktoren, die den Aufstieg in höhere Qualifikationsebenen erschweren oder gar unmöglich machen.

Frauen in Deutschland sind besser ausgebildet denn je. Beim beruflichen Qualifikationsniveau haben sie die Männer inzwischen überholt.[109] Dennoch haben sie Schwierigkeiten, ihre Bildungserfolge in berufliche Karrieren zu transformieren. Vor allem in Führungspositionen sind sie nach wie vor unterrepräsentiert. Dadurch bleiben ihre Möglichkeiten eingeschränkt, ihr berufliches Potenzial zu heben. Die Verwirklichungschancen[110] von Müttern werden von Erwerbsunterbrechungen für Fürsorgearbeit entscheidend beeinflusst. Es klafft eine Lücke zwischen ihren Wünschen ans Leben und den Optionen, diese umzusetzen. Weniger denn je hatten Frauen mit Fürsorgeverantwortung in den Jahren der Pandemie die gleichen Chancen wie Männer, ihre persönlichen Ziele zu verwirklichen.

Viele von uns messen der finanziellen Selbstbestimmung einen hohen Wert bei. So auch Claudia, die ich für meine Dissertation zu Geldbiografien interviewt habe. Sie litt sehr unter der Diskrepanz zwischen ihrem Wunsch nach beruflicher Selbstverwirklichung und ihren verschiedenen Rollen als Mutter, Ehefrau, Kollegin und Vorgesetzte.

Im Zuge der Familiengründung rutschte Claudia in eine schwierige Lage. Sie war zuvor für einen internationalen Konzern in einer Führungsrolle tätig, die alle möglichen Annehmlichkeiten bereithielt. Claudia liebte ihr Leben und ihren Job. Sie war zielstrebig, hatte eine verantwortungsvolle, sinnstiftende Tätigkeit, Ansehen, gute Verdienst- und Aufstiegsmöglichkeiten, einen Dienstwagen und ein ordentliches Budget für Fortbildungen. All das wusste sie jahrelang sehr zu schätzen – und sie pflegte einen großzügigen Umgang mit Geld. Verständlicherweise bereitete ihr der abrupte Wechsel ins häusliche Umfeld nicht nur Unbehagen, sondern löste Angst in ihr aus: »Als ich in den Mutterschutz gegangen bin, habe ich zwei Tage lang nur geheult, weil ich dachte, das ist alles vorbei jetzt. Im Grunde dachte ich, der Zug ist jetzt abgefahren.«[111] Nach der Geburt blieb sie zunächst zu Hause, da ihr Ehemann häufig auf Dienstreisen war. Es fiel ihr schwer, sich in der Mutterrolle zurechtzufinden, und sie fühlte sich einsam und isoliert. Außerdem räumte sie ein: »Es hat mir nicht so gut gepasst, dass ich vom Geld meines Mannes leben musste.« Sie empfand die dörfliche Enge als belastend, hatte kaum Anschluss, vermisste ihr berufliches Umfeld und einen Austausch auf Augenhöhe. Vielleicht kennst du solche Situationen auch oder hast Freundinnen, denen es ähnlich ergangen ist? Vor allem die Sorge, beruflich abgehängt zu werden, verbunden mit dem bedrückenden Gefühl, keine Ansprechpartnerinnen mehr zu haben, trieben Claudia immer mehr in eine verzweifelte Situation. Als ihr endgültig die Decke auf den Kopf zu fallen drohte, entschloss sie sich, die Flucht nach vorn anzutreten. Mutig wagte sie den Schritt in die Selbstständigkeit und gründete eine kleine Marketingagentur. Sie sehnte sich nach einer neuen Herausforderung und wollte endlich wieder ihr eigenes Geld verdienen.

Inzwischen gibt es spannende und inspirierende Erfolgsgeschichten von beruflich engagierten Müttern. Dennoch wird ab einer bestimmten Ebene in der Führungshierarchie die Luft dünner. Viele Jahre lang haben es vor allem Frauen ohne Kinder oder Frauen mit umgekehrter Rollenverteilung auf solche Ebenen geschafft. Dass dies lange Zeit etwas Besonderes und nicht selbstverständlich war, zeigen Superlative wie »Karrierefrauen« oder »Powerfrauen«. Inzwischen hat sich das Blatt gewendet und es gibt immer öfter sichtbare Mütter mit Führungspositionen. Das ist auch eine Generationenfrage. Dennoch sind sie ein recht neues Phänomen und haben bis heute mit Schwierigkeiten zu kämpfen, wie die SWR-Doku »Mit Kindern an die Spitze« zeigt.[112]

Auch muss der Beweis, dass die mittleren Führungsebenen von den Quoten für Aufsichtsrätinnen und Vorständinnen profitieren – und der sogenannte »Trickle down Effekt« seine Wirkung entfaltet –, erst noch erbracht werden. Mütter in mittleren und unteren Managementpositionen können von der Wertschätzung, die weiblichen Role-Models an der Spitze entgegengebracht wird, nur träumen. Sicher gibst auch du täglich vollen Einsatz, um Familie und Beruf unter einen Hut zu bekommen – und wirst nicht mit glamourösen Awards belohnt. Denn überall greifen gesellschaftliche Mechanismen des Ein- und Ausschlusses und gilt das Matthäus-Prinzip: »Wer hat, dem wird gegeben.« Wenn verschiedene diskriminierende Faktoren wie Geschlecht, Elternschaft, soziale Herkunft, Behinderung, ethnische Herkunft oder Alter miteinander verschränkt sind, können sie sich gegenseitig verstärken.

Die Diskriminierung von Eltern aus dem gesellschaftlichen Tabu gelöst zu haben, ist, wie erwähnt, das Verdienst von Sandra Runge und Karline Wenzel. 2021 haben die beiden mit #proparents eine Bundestagspetition gestartet, um Elternschaft als Diskriminierungsmerkmal ins Allgemeine Gleichbehandlungsgesetz (AGG) aufzunehmen.[113] Die Petition #gleichesRechtfürEltern erlangte große mediale Aufmerksamkeit. In der Folge wurden Teile der Forderung in den Koalitionsvertrag der Bundesregierung aufgenommen und es findet weiterhin eine breite öffentliche Diskussion statt.

Vor allem hat die Initiative den strukturellen Aspekt ans Licht geholt und gezeigt, dass Lösungsansätze nicht erneut Müttern und Vätern zur Last gelegt werden können. Runge und Wenzel haben ihre Ergebnisse und Vorschläge im Herbst 2022 als Buch veröffentlicht. Müttern, generell allen Eltern empfehle ich wärmstens, es zu lesen.[114] In unserem gemeinsamen Gespräch ist ihr wichtigster Ratschlag, sich in der Partnerschaft sehr früh mit den kommenden Herausforderungen auseinanderzusetzen.

Expertinnentipp: Interview ProParents, Sandra Runge und Karline Wenzel, Initiative #proparents

https://proparentsinitiative.de/

Wie ist eure grundsätzliche Meinung zum Thema Mutterschaft aus finanzieller Sicht?

Grundsätzlich sind Mütter doppelt betroffen: Erstens, weil Frauen in Deutschland statistisch betrachtet deutlich weniger verdienen als Männer, und zweitens, weil Mütter auch noch einmal sehr viel weniger verdienen als kinderlose Frauen. Das ist in anderen Ländern anders: Etwa in Schweden verdienen Mütter ab einem gewissen Zeitpunkt in ihrer Erwerbsbiografie mehr als kinderlose Frauen. Mütter arbeiten in Deutschland oft in Teilzeit (im Gegensatz zu Vätern!) oder legen jahrelange Elternzeit (im Gegensatz zu Vätern!) ein – mit gravierenden Folgen. Warum ist das so? Auch dafür gibt es viele Gründe. Zum einen sind tradierte Rollenbilder noch sehr verbreitet, zum anderen ist das Gehaltsgefälle zwischen Vater und Mutter oft der Auslöser, dass sie lange in Elternzeit gehen. Ein wichtiger Aspekt ist dabei die immer noch teils mangelhafte Möglichkeit, Kinder bezahlbar, gut, sicher und auch außerhalb der Kernzeiten von 9 bis 15 Uhr betreuen lassen zu können.

Worauf sollten Frauen in der Familienplanung mit Blick auf ihre finanzielle Unabhängigkeit auf jeden Fall achten?

Frauen können nicht früh genug damit anfangen, sich dieser Herausforderung bewusst zu werden, mit ihrem Partner und ihrem Arbeitgeber darüber zu sprechen und eigene Modelle zu finden. Bei der Planung, wie man Fürsorge- und Erwerbsarbeit aufteilen will, müssen – am besten bevor das erste Kind kommt – einmal alle Karten auf den Tisch gelegt werden: Wie wollen wir es in einer idealen Welt aufteilen? Was ist realistisch? Wie viel Geld brauchen wir zum Leben? Wie viel Geld brauchen wir darüber hinaus? Was wollen wir uns gönnen? Wo können wir uns zumindest streckenweise einschränken? Und ganz wichtig: Wie kompensieren wir die Verdienst- und Rentenanspruch-Ausfälle des jeweils anderen? Solche Sachen müssen besprochen und im Zweifel auch schriftlich durch Eheverträge oder Partnerschaftsverträge festgehalten werden. Nicht sexy – aber absolut notwendig: Besser einmal Tacheles zu sprechen und ein gemeinsames Verständnis zu haben als ein paar Jahre oder Jahrzehnte später im finanziellen Albtraum aufzuwachen.

Mütterdiskriminierung wurde jahrzehntelang geduldet oder sogar ignoriert.

Welche wichtigen Tipps gebt ihr werdenden Müttern für die Arrangements und Kommunikation mit dem Arbeitgeber?

Es wichtig, sich im Betrieb Schützenhilfe zu suchen. Sei es durch die oder den direkten Vorgesetzten, Betriebsrat oder Gleichstellungsbeauftragte. Lasst euch alles schriftlich geben, protokolliert Gespräche, fordert Gespräche ein und zieht Vertraute bzw. Zeugen hinzu. Sucht euch andere Mütter (oder Väter), stellt Forderungen gemeinsam, zeigt, dass strukturelle, nicht immer nur Einzelfall-Lösungen gefunden werden müssen. Mütterdiskriminierung wurde jahrzehntelang geduldet oder sogar ignoriert. Das ging so weit, dass sich viele der Mütter, die im Job benachteiligt worden waren und sich an unsere Initiative #proparents gewandt hatten, noch nicht einmal bewusst waren, dass das, was ihnen passiert war, einen ganz klaren Namen hat: DISKRIMINIERUNG. Schluss damit: Nennt das Kind beim Namen und traut euch, eure Rechte einzufordern, eure Umgebung zu verändern, Forderungen zu stellen.

Welche Fallen sollten Frauen in Bezug auf die Diskriminierung von Eltern auf dem Arbeitsmarkt kennen?

Erstens: Es ist wichtig, Benachteiligungen zu dokumentieren, damit man diese beweisen kann.

Zweitens: Schadensersatzansprüche müssen nach dem Antidiskriminierungsgesetz innerhalb von zwei Monaten angemeldet werden.

Und nicht zuletzt: Eltern, die benachteiligt werden, werden von unseren Gesetzen nur lückenhaft geschützt. Lasst euch auf jeden Fall anwaltlich beraten. Dafür ist es ratsam, frühzeitig eine Rechtsschutzversicherung abzuschließen, die Kosten für einen Rechtsstreit muss man ansonsten ggf. selbst tragen.

Würde die Elternzeit halbe-halbe aufgeteilt, wären wir natürlich einen großen Schritt weiter. Leider sind wir in der Realität weit davon entfernt. Was ist in der Zwischenzeit euer Rat für Wiedereinsteigerinnen und berufstätige Mütter?

Es gibt nicht den einen Masterplan. Jede Mutter, jede Familie muss ihr eigenes Modell finden und auch regelmäßig hinterfragen, ob es noch aktuell ist – passen die Rahmenbedingungen noch für alle? Hat sich was verändert, braucht jemand mehr oder weniger von irgendwas? Sind alle zufrieden? Nehmt euch Zeit, seid ehrlich, kommuniziert sowohl in eurer Familie als auch gegenüber eurem Arbeitgeber klar und offen, was ihr braucht und wollt. Lasst euch bitte nicht in eine Opferrolle drängen und euch von Glaubenssätzen wie »Ich kann in Teilzeit mit 30 Stunden unmöglich befördert werden« beeinflussen, wenn euer größter Wunsch ist, mehr Verantwortung zu übernehmen. Stellt euch nicht selbst aufs Abstellgleis, nur weil die Arbeitsbedingungen nicht stimmen. Manchmal ist es auch wichtig, eine Entscheidung zu treffen, sich von einem Job zu verabschieden und weiterzuziehen. Was natürlich nicht heißt, dass man Benachteiligungen erdulden muss.

Und wenn euch nach der Elternzeit Unrecht widerfahren ist, solltet ihr euch natürlich wehren und bemerkbar machen! Nutzt die Bühne, das kann eine Besprechung sein, die ihr mit dem Betriebsrat einfordert, nachdem man euch einen Aufhebungsvertrag geschickt hat, oder ein Gerichtssaal, nachdem ihr Klage erhoben habt, aber auch die Bank auf dem Spielplatz oder die Garderobe im Kindergarten. Seid laut, für alle Mütter gemeinsam. Ihr steuert Vereinbarkeit so, wie es für euch, für eure Familien, für eure Jobs funktioniert. «

Ab einer gewissen Position in Unternehmen und Organisationen reichen Kompetenz und gute Leistung nicht aus, um höhere Stufen zu erklimmen – erst recht nicht im Fall von Mehrfachdiskriminierung. Vielmehr hängt es von der Souveränität, dem Selbstverständnis und dem Habitus von Personen ab, ob der weitere Aufstieg ins Topmanagement gelingt. Diese Zusammenhänge hat der Darmstädter Soziologe und Elitenforscher Michael Hartmann immer wieder untersucht und bestätigt. Sie werden vom neoliberalen Feminismus und vom Choice Feminismus, der auf individuelle Entscheidungen setzt und dadurch strukturelle Probleme individualisiert, jedoch gern ausgeblendet.

Generell wird selten hinterfragt und gern unterschätzt, welche Rolle persönliche Ressourcen und Privilegien am eigenen Aufstieg gespielt haben. Dazu zählen nicht nur finanzielle Mittel, sondern beispielsweise auch die verfügbare Zeit, die Bildung und der Zugang zu Netzwerken. Angehörige von Eliten, die ihre Kindheit in privilegierten Verhältnissen verbracht haben, sind »mit großer Mehrheit fest davon überzeugt, dass die sozialen Unterschiede hierzulande gerechtfertigt sind; ihrer Meinung nach beruhen diese Unterschiede im Wesentlichen auf unterschiedlichen Leistungen«[115].

Auch im internationalen Vergleich haben wir nur eine geringe Chancengleichheit. Marcel Fratzscher, der Leiter des Deutschen Instituts für Wirtschaftsforschung, mahnt in seinem Blog an: »In kaum einem Industrieland sind die Aufstiegschancen für junge Menschen aus einkommensschwachen Familien so gering. Umgekehrt werden in kaum einem Land die Privilegien der Familie so stark an die Kinder und Enkelkinder weitergegeben wie in Deutschland.«[116]

Als Arbeiterkind weiß ich um die Unsicherheiten und Begrenzungen, die der Habitus mit sich bringt. Wie unstimmig es sich lange Zeit anfühlte, sich im universitären oder beruflichen Kontext in »fremden Fachkulturen« zu bewegen. Nicht hierhin zu gehören und auch nicht mehr zum alten Herkunftskontext. Wie anstrengend es auf die Dauer ist, um das eigene akademische Selbstverständnis zu ringen und sich zwischen den zwei Welten zu befinden. Wie sehr es schmerzt, übergangen zu werden, weil die entsprechenden Netzwerke fehlen. Umso mehr unterstütze ich Bewegungen, die auch wenig privilegierten Frauen eine Stimme verleihen.

Vulnerable Familien

Die Chancen, Familie und Beruf zufriedenstellend zu vereinbaren, stehen besser, wenn keine weiteren hinderlichen Faktoren für Mütter bzw. Familien hinzukommen. Im Umkehrschluss nehmen die Berufsaussichten und damit auch die persönlichen Perspektiven überdurchschnittlich stark ab, wenn die Lebenssituation von der »Normalfamilie« abweicht, etwa wenn chronisch kranke Kinder zu betreuen sind. Mütter und Frauen mit Pflegeverantwortung haben es schwer, wenn sie ihre beruflichen Ziele leben wollen. Das habe ich selbst erfahren.

Die Kinder, drei und fünf, rennen lachend den Flur entlang. Ich habe Mühe, sie davon abzuhalten, alles anzufassen. Aufgrund grassierender Rotaviren wurden bereits mehrere Stationen isoliert. Wie jeden Tag besuchen wir meine Mutter im Krankenhaus. Seit fast einer Woche wartet sie mit unklarem Befund auf die Ergebnisse ihrer Untersuchungen. Ihr Bett steht zur Überwachung im Klinikflur. Gestern saß sie in voller Montur mit gepackter Tasche auf ihrem Bett. Beharrlich bestand sie darauf, nach Hause gebracht zu werden. Nur mit großer Überredungskunst konnte ich sie überzeugen, weiter auszuharren. Ich klammerte mich an die irrationale Hoffnung, die ganze Situation möge sich noch irgendwie zum Guten wenden. Heute finden wir sie nicht und suchen sie auf den verschiedenen Etagen und langen Fluren der Klinik. Wie unwürdig, dass es hier keine geriatrische Abteilung gibt. Denn zusätzlich zu ihren krankheitsbedingten Beschwerden leidet meine Mutter an fortschreitender Demenz. Die Pflegekräfte haben ein Namensschild auf ihrem Rücken angebracht, damit sie wieder auf die Station zurückgebracht werden kann, wenn sie sich verlaufen hat. Nach den Besuchen bin ich am Ende meiner Kräfte, zutiefst traurig, einfach nur ausgelaugt und voll bleierner Müdigkeit. Es steht eine Krebsdiagnose im Raum, deren Ausgang ungewiss ist. Ich habe zu Hause dann wenig Nerven, etwas zu kochen, den Geschwisterstreit zu schlichten, die Wäsche zusammenzulegen oder Gutenachtgeschichten vorzulesen. Meist schlafe ich dabei selbst mit ein. Sehnlichst warte ich auf den Zug um 19:30 Uhr, in dem hoffentlich mein Mann sitzt. Erleichtert und froh, endlich ein paar Sorgen besprechen und ein bisschen Care-Arbeit abgeben zu können. Morgen muss ich wieder funktionieren und mich kümmern.

Die Probleme meiner Mutter verschlimmern sich seit der Geburt unseres ersten Kindes von Jahr zu Jahr. Sie ist geschieden und ich bin ihr einziges Kind. Der anhaltende Krisenmodus raubt mir jegliche Energie, die ich in meinen beruflichen Wiedereinstieg stecken wollte. Eine gute Freundin mahnte vor einigen Monaten bereits an, dass es für mich nach drei Jahren nun Zeit würde, wieder einzusteigen. Aber meine Mutter braucht mich jetzt mehr denn je. Ich bin wie gelähmt und fühle mich wie in einem Gefängnis. Einerseits scheint mir der richtige Zeitpunkt für die Rückkehr in den Job noch nicht gekommen. Andererseits sitzt mir die Angst im Nacken, den Anschluss zu verpassen. Der Karriereknick wird mir viele Jahre nachhängen. Sehr lange werde ich das Gefühl haben, hinterherzuhinken und etwas aufholen zu müssen. Eine Zeit lang ist der Weg in die Selbstständigkeit meine einzige Möglichkeit, Erziehung, Pflege und Beruf miteinander zu vereinbaren.

Neben Pflegepersonen sind besonders Ein-Eltern-Familien stark mit Care-Arbeit belastet. Die Alleinerziehenden-Expertin, Speakerin, Autorin und Bloggerin Christine Finke stellte auf Twitter die weitreichende Frage nach den Verwirklichungschancen von Müttern:

»Was hätte ich alles tun und erreichen können, wäre ich nicht Mutter geworden? Wo wäre ich? Mit wem? Was kann ich erreichen, obwohl ich Mutter bin? #Lebensfragen«.[117]

Alleinerziehende Mütter haben einen immensen zeitlichen Aufwand für unbezahlte Sorgearbeit, sofern sie nicht im Wechselmodell leben oder kein einvernehmliches Arrangement mit dem Ex-Partner treffen konnten. Hinzu kommt, dass Alleinerziehende viele Jahre steuerlich wie Singles behandelt wurden – den höheren finanziellen Belastungen durch die alleinige Haushaltsführung wurde keine Rechnung getragen. Obwohl inzwischen fast zwanzig Prozent der Familien diese Familienform leben, wurden die Steuerfreibeträge erst sehr spät angepasst.

Alleinerziehende Familien haben von allen Familienformen das höchste Armutsrisiko, man spricht auch von Trennungsarmut.[118] Nach Berechnungen der Bertelsmann Stiftung gelten 43 Prozent der Alleinerziehenden als einkommensarm.[119] Auch wenn der Anteil alleinerziehender Väter in den vergangenen Jahren gestiegen ist, stellen alleinerziehende Mütter mit 82,3 Prozent nach wie vor die deutliche Mehrheit.[120] Sie erwirtschaften das Haushaltseinkommen, übernehmen die Sorgearbeit und tragen häufig alle finanziellen Risiken alleine.

»Hat das Muttersein sie arm gemacht, oder bereut sie es vielleicht, Kinder bekommen zu haben?«, fragte die Reporterin Ninia LaGrande in einem bewegenden ZDF WISO Porträt die alleinerziehende Mutter Carolin Lüke.[121] Sie bereut es nicht, Kinder bekommen zu haben – aber schon, dass sie dafür viele ihrer Lebenswünsche aufgeben musste. Ihre weitere berufliche und existenzielle Zukunft war zum damaligen Zeitpunkt nicht geklärt. Die ausgebildete Krankenschwester lebte mit ihren drei Kindern im ALG-II-Bezug, weil die Schichtarbeit nicht mit der Care-Arbeit zu vereinbaren war: »Ich brauche dringend eine Perspektive, beruflich, und möchte wieder neu anfangen, nochmal ganz neu. Ich bin 43, die Zeit rennt.« Dass sich durch Mutterschaft Türen verschließen, ist eine traurige Wahrheit. Mütter, die in Strukturfallen stecken, werden durch individualisierende Sichtweisen vor den Kopf gestoßen. Nach dem plötzlichen Tod ihres Mannes distanzierte sich die ehemalige Facebook Managerin Sheryl Sandberg teilweise vom kämpferischen Aufruf ihres Buchs »Lean in«[122]. In ihm hatte sie aus einer höchst privilegierten Lage Frauen dazu aufgefordert, ihre Karriereziele stringenter zu verfolgen. Sie räumte anschließend ein, die Probleme alleinerziehender Mütter nicht gesehen zu haben.

Das Damoklesschwert der Armut und Armutsgefährdung betrifft im Fall einer Trennung nicht nur alleinerziehende Mütter, sondern auch deren Kinder. Denn das Armutsrisiko von Kindern und Jugendlichen hängt maßgeblich davon ab, in welcher Familienform sie groß werden. Deshalb sind Kinder von Alleinerziehenden besonders von Armut bedroht.

Kinder- und Jugendarmut ist laut der Bertelsmann Stiftung »seit Jahren ein ungelöstes strukturelles Problem in Deutschland«: Mehr als jedes fünfte Kind wächst bei uns in Armut auf, vor allem in Einelternfamilien.[123] Die Scheidungsquote liegt derzeit bei 39,9 Prozent.[124] Auf Unterhaltszahlungen können sich Alleinerziehende nicht verlassen, denn rund die Hälfte der Mütter erhält keinen Kindesunterhalt. Der staatliche Unterhaltsvorschuss deckt den eigentlichen Unterhaltsanspruch nicht ab – und bedeutet erneut bürokratischen Aufwand. Die persönlichen Handlungsoptionen der Betroffenen sind stark eingeschränkt, ihr Überschuldungsrisiko ist »deutlich erhöht« und ihre Kinder werden von der Armutsgefährdung in Mitleidenschaft gezogen.[125] Die von der Ampelkoalition angekündigte Kindergrundsicherung lässt auf sich warten. Wie Christine Finke in unserer Studie zur finanziellen Situation alleinerziehender Frauen treffend anmerkte, leisten die Alleinerziehenden »einen wichtigen gesellschaftlichen Beitrag« und erhalten dafür sehr wenig Anerkennung.[126]

Alleinerziehenden begegnen zudem oft Vorbehalte, noch dazu, wenn sie in prekären Verhältnissen leben. Die US-amerikanische Autorin Stephanie Land berichtet davon: »Es gibt die Annahme, dass arme Menschen faul sind.« Armut ist ein weiteres tabuisiertes und schambesetztes Thema. Land ist alleinerziehende Mutter und Autorin des für Netflix verfilmten Bestsellers »Maid: Hard Work, Low Pay and a Mother's Will to Survive«. Darin zeichnet sie demütigende Armutserfahrungen und ihren Existenzkampf als Putzkraft nach. In einem Interview mit der *Süddeutschen Zeitung* spricht sie von »finanzieller Kontrolle« durch ihren Ex-Partner und schildert ihre mit Existenzängsten verbundene Einstellung zum Geld: »Mein Gefühl ist immer: Ein kleiner, blöder Fehler, und ich verliere alles.«[127]

Die globale Ausweitung des Niedriglohnsektors hat dazu beigetragen, dass Menschen mit geringen Einkommen selbst mit mehreren Jobs nicht von ihrer Arbeit leben können. Land fasst diese Entwicklung prägnant zusammen: »Wir sind nicht faul, wir werden nur schlecht bezahlt.« Sowohl Menschen im staatlichen Fürsorgesystem als auch jene, die auf ergänzende staatliche Unterstützung angewiesen sind, weil ihr Einkommen nicht zum Leben reicht, sind mit Ressentiments und Ablehnung konfrontiert. Dies gerade in Bezug auf Geld: »Man traut armen Menschen nicht zu, dass sie mit Geld umgehen können.« Hierin spiegelt sich die weitverbreitete (zynische) Fehlannahme, arme Menschen seien selbst schuld an ihrer Misere. Dabei erfordert es weitaus größere Anstrengungen, mit wenig Geld zurechtzukommen. Dies sollte in Beratungssituationen stets gewürdigt werden.

Lohnunterschiede

Neben den entgangenen Verwirklichungschancen sind die Lohnunterschiede zwischen Männern und Frauen ein wesentlicher Aspekt der Diskriminierung auf dem Arbeitsmarkt. Der Gender Pay Gap beziffert diese geschlechterspezifische Entgeltungleichheit. Die *unbereinigte* Lohnlücke zwischen den Geschlechtern liegt aktuell bei 18 Prozent (19 Prozent in Westdeutschland, sechs Prozent in Ostdeutschland). Sie drückt die Differenz zwischen dem Durchschnittsverdienst von Frauen und Männern aus. Im Jahr 2021 betrug der durchschnittliche Bruttostundenlohn von Frauen 19,12 Euro, von Männern 23,20 Euro.[128]

Die grundlegenden Ursachen des Gender Pay Gaps sind vielfältig. Sie beruhen unter anderem darauf, dass der Arbeitsmarkt geschlechtstypisch »aufgeteilt« ist. Dies drückt sich in Vorlieben von Männern und Frauen bei der Berufswahl, familienbedingten Erwerbsunterbrechungen, Teilzeitbeschäftigung und Hierarchiestufen bzw. Machtasymmetrien aus. Letztere hat die AllBright Stiftung mit dem »Thomas-Kreislauf« anschaulich belegt: In den Führungsetagen von Unternehmen sitzen oft mehr Männer mit dem Namen Thomas oder Stefan als Frauen insgesamt. Hinzu kommt, dass Führungskräfte weiterhin Thomas und Stefan, also ihnen ähnliche, weiße, mittelalte Männer befördern.[129] Analog dazu hat *Die ZEIT* eine Hans-Bremse aufgespürt, die in Ministerien eine männliche Hierarchie reproduziert.[130] Obwohl Geschlechterstereotype mehr und mehr hinterfragt werden, haben sich gemäß einer Untersuchung des WSI die Präferenzen bei den häufigsten Ausbildungsberufen in Deutschland in den letzten Jahren kaum verändert. Noch immer sei eine starke geschlechtsspezifische Aufteilung festzustellen.[131] Während Frauen häufiger Berufe im Dienstleistungsbereich und seltener im Handwerk wählen, sind sie auch in technischen Berufen weiterhin unterrepräsentiert.

Die *bereinigte* Lohnlücke liegt laut Statistischem Bundesamt bei sechs Prozent. Sie gilt für gleiche Jobs, bei gleicher Qualifikation, berücksichtigt strukturelle Faktoren und rechnet diese heraus, etwa Beschäftigungsumfang, Bildungsstand und den unterschiedlichen Anteil an Führungspositionen. Hier werden also vergleichbare Eigenschaften zugrunde gelegt und es wird differenziert hingeschaut, welche Faktoren die Löhne beeinflussen. Dieser Lohnunterschied kann nicht weiter erklärt werden und spiegelt Verdienstdiskriminierung wider. Kritiker führen den Abstand zwischen dem unbereinigten und bereinigten Gender Pay Gap an, um Frauen vorzuwerfen, sie wählten die falschen Berufe und Branchen. Ihre individuellen Entscheidungen seien die Hauptursache von Lohnunterschieden. Dass dieses Argument hinkt, zeigen Untersuchungen, denen zufolge das Lohngefälle in Branchen mit hohem Frauenanteil allgemein sinkt. Je mehr Frauen in einen Berufszweig kommen, desto stärker sinkt das Lohnniveau.

In den USA wurde bereits 1966 der »Equal Pay Day« ins Leben gerufen. Die Business and Professional Women rückten ihn dann 1988 im Rahmen der *Red Purse Campaign* – sinnbildlich für rote Zahlen und leere Taschen der Frauen – ins öffentliche Bewusstsein. In Deutschland wurde der Equal Pay Day 2007 von den Business and Professional Women Germany als *Initiative Rote Tasche* adaptiert und im Jahr 2008 erstmalig als Equal-Pay-Day-Kampagne umgesetzt. Der internationale Aktionstag für die Entgeltgleichheit zwischen Frauen und Männern wird in zahlreichen Ländern an unterschiedlichen Tagen begangen – je nachdem, wie hoch die Lohnlücken sind. Je niedriger die Lohnlücke, desto früher im Jahr findet der Equal Pay Day statt.[132] Bei uns fällt er zurzeit auf den siebten März, im Jahr 2013, als die Lohnlücke noch bei 21,7 Prozent lag, fand er am 21. März statt.

Ein Feldversuch der gemeinnützigen Organisation Terre des Femmes offenbart, wie es um die Lohngerechtigkeit steht und wie tief verwurzelt die strukturelle Diskriminierung von Frauen ist. Zusammen mit der Agentur Jung von Matt/SAGA ist es ihnen gelungen zu zeigen, dass die Verdienstunterschiede nicht auf unterschiedlicher Qualifikation, sondern rein auf dem Geschlecht basieren. Dieselbe Person bewarb sich einmal als Mann und einmal als Frau für denselben Job – mit derselben Qualifikation und demselben Lebenslauf. Das soziale Experiment mit Transgenderpersonen ergab, dass Frauen bis zu 33 Prozent weniger Geld für die gleiche Arbeit angeboten bekamen.[133] Die Unternehmen kommen ihrer sozialen Verantwortung, für gleiche Löhne zu sorgen, also nur ungenügend nach. Die Gründerin und CEO des gemeinnützigen Berliner Fair Pay Innovation Labs (FPI), Henrike von Platen, zeichnet Unternehmen aus, die die Lohnlücke schließen. Sie hat dazu einen Zertifizierungsprozess für faire Bezahlung entwickelt, der Chancengleichheit in den Unternehmen herstellen soll.[134]

Um die Transparenz der Gehälter zu fördern, trat 2017 das Entgelttransparenzgesetz in Kraft. Es soll Frauen dabei unterstützen, ihren Anspruch auf gleiches Entgelt bei gleicher Arbeit besser durchzusetzen – gilt aber nur für Betriebe mit mehr als 200 Beschäftigten. Außerdem weist der *Auskunftsanspruch* erneut den Frauen die Verantwortung zu, aktiv zu werden. In Island hingegen gilt ein »Equal Pay Act«, der die Lohngleichheit gesetzlich festschreibt und das Problem nicht auf individueller, sondern auf struktureller Ebene angeht.

Wie Annekatrin Schrenker und Katharina Wrohlich anlässlich des Equal Pay Days 2022 in einer Studie am Deutschen Institut für Wirtschaftsforschung feststellten, nähern sich West- und Ostdeutschland bei der Lohnlücke nur langsam an. Der Gender Pay Gap ist in den letzten Jahrzehnten vor allem bei *jüngeren Menschen* deutlich gesunken. Das bedeutet im Umkehrschluss, dass der Lohnunterschied zwischen Männern und Frauen für Beschäftigte ab vierzig »heute kaum geringer als vor 30 Jahren«[135] ist. Dass die Generation der heute vierzigjährigen Mütter noch aufschließen kann, ist keine ausgemachte Sache. Meine eigene und die vorherige Generation mussten die bittere Erkenntnis hinnehmen, dass ab Ende vierzig bereits die Altersdiskriminierung auf dem Arbeitsmarkt beginnt. Lohnabstände vergrößern sich in der Familienphase und durch die monetäre Rushhour des Lebens: Die Unterschiede im Verdienst zwischen Frauen und Männern steigen ab dem 30. Lebensjahr deutlich an, also dann, wenn durchschnittlich das erste Kind auf die Welt kommt. Die beiden Autorinnen der Studie am DIW sehen die Familiengründung folglich als »kritische Phase, in der sich geschlechtsspezifische Rollenmuster offenbar verfestigen und Verdienstabstände manifestieren«[136].

Die Verdienstunterschiede zwischen Männern und Frauen reproduzieren die traditionellen Geschlechterrollen immer weiter und verhindern, dass Paare sich die Sorgearbeit gleichmäßig aufteilen:

»Du verdienst mehr, also bleibe ich länger zu Hause«, »Ich verdiene weniger, deshalb arbeite ich Teilzeit«, das sind zunächst rationale wirtschaftliche Überlegungen. Auf lange Sicht wird es dadurch allerdings für Mütter schwieriger, ihre Existenz eigenständig abzusichern. Ganz zu schweigen von blockierten Aufstiegsoptionen und ungesunden Machtverhältnissen in der Partnerschaft. Angesichts der steigenden Miet- und Energiepreise können es sich viele Familien nicht leisten, auf das höhere Gehalt zu verzichten. Neben den Gründen der Vernunft finde ich es jedoch wichtig, die langfristigen Folgewirkungen bei der Verteilung der Care-Arbeit einzubeziehen. Denn dabei geht es zum einen um Gerechtigkeitsaspekte, zum anderen ist es im Ernstfall nicht so einfach, das Zuverdienstmodell gegen eine sichere Einkommensbasis einzutauschen. Außerdem resultieren aus der Teilzeitbeschäftigung an sich erneut Verdienstunterschiede.

Die Tatsache, dass Frauen ihre Erwerbstätigkeit für familiäre Verpflichtungen einschränken, wirkt sich sehr stark auf ihr Lebenseinkommen aus – nicht nur wegen der geringen Wochenarbeitszeit, sondern auch, weil die Stundenlohnlücke zwischen Vollzeit- und Teilzeitjobs immer weiter steigt.

Gallego Granados, DIW[137]

»Teilzeitarbeit ist später eben auch Teilzeitrente«[138]

Jede zweite Frau in Deutschland ist teilzeitbeschäftigt. Im ersten Gleichstellungsbericht der Bundesregierung heißt es, dass Frauen »nicht nur punktuell und nicht nur, wenn sie Kinder haben« in Teilzeit arbeiten, sondern ihre Erwerbsbiografien *systematisch* davon geprägt sind.[139] Von den erwerbstätigen Müttern arbeiten 66 Prozent Teilzeit, von den Vätern hingegen nur sieben Prozent.[140] Wie das Deutsche Institut für Wirtschaftsforschung errechnete, resultiert aus der Teilzeitbeschäftigung ein durchschnittlicher verringerter Stundenlohn in Höhe von 17 Prozent – der sogenannte »Part-Time Wage-Gap«.[141] Und auch die Rente ist von der Teilzeit betroffen, denn wer weniger erwerbsarbeitet, erwirtschaftet geringere Rentenansprüche und kann oft nicht ausreichend fürs Alter vorsorgen.

Die hohe Teilzeitbeschäftigungsrate von Frauen wird unter anderem auf Wechselbeziehungen von Entgeltungleichheiten und der Übernahme von Care-Arbeit zurückgeführt. Die bestehenden Lohnunterschiede legen bei der Geburt eines Kindes nahe, dass die häufig weniger verdienende Frau länger in Elternzeit geht und dann in Teilzeit. Eine der möglichen Folgen ist, dass Frauen in Teilzeit die Übernahme von Führungsaufgaben verwehrt wird, wie das Beispiel meiner Klientin Susanne zeigt.

Susanne liebte ihren Beruf und hatte mit Ende zwanzig das Gefühl, die Welt liege ihr zu Füßen. Als Werbekauffrau eines angesehenen mittelständischen Unternehmens war sie sehr erfolgreich. Sie leitete ein kleines Team und hätte nie damit gerechnet, dass die Geburt ihres Sohnes einen derart großen Einschnitt in ihre berufliche Laufbahn bedeuten könnte. Ihrem Rückkehrwunsch in Teilzeit nach einer einjährigen Elternzeit wurde nicht entsprochen. Das Unternehmen vertrat die Meinung, dass Führungsaufgaben nicht teilbar seien. Susanne hatte das Gefühl, zu Hause etwas zu verpassen, und wollte wieder beruflich aktiv sein. Notgedrungen gab sie sich mit einer Aufgabe zufrieden, die nicht ihrer Qualifikation entsprach – und bei der sie eine Gehaltseinbuße wegstecken musste. Als Teilzeitkraft konnte sie in dieser Firma keine größeren Schritte mehr machen und wurde mit der Zeit immer unzufriedener. »Ich habe doch nur ein Kind bekommen«, dachte sie sich und konnte es nicht fassen, dass ihr Arbeitgeber nach all den Jahren, in denen sie gute Arbeit geleistet hatte, so wenig Entgegenkommen zeigte. Unter der Degradierung litt sie auch psychisch. Erst als ihr Sohn schon fast ein Teenager war und sie wieder auf Vollzeit umsteigen wollte, gelang es ihr durch einen glücklichen Wechsel zu einem anderen Arbeitgeber, an ihre früheren Erfolge anzuknüpfen. Mit Mitte vierzig startete sie noch einmal beruflich durch.

Trotz der Risiken ist die Teilzeitbeschäftigung für Mütter, Väter und pflegende Angehörige eine praktikable Lösung, um Familie und Beruf zu vereinbaren. Damit Mütter mehr erwerbsarbeiten können, müssen aber mehr Männer bereit sein, ebenfalls in Teilzeit zu gehen. Väter argumentieren dagegen gern mit der Angst, in der Teilzeitfalle steckenzubleiben, das heißt, ihre Karrierechancen zu verschlechtern oder ihr Stundenkontingent nicht wieder erhöhen zu können. Natürlich sind diese Ängste berechtigt, wer wüsste das besser als ihre Partnerinnen. Doch manchmal ist auch die Gesetzeslage nicht bekannt, etwa zur Brückenteilzeit. Seit 2019 besteht ein Rechtsanspruch darauf, die Arbeitszeit für einen bestimmten Zeitraum zu reduzieren und anschließend wieder zur ursprünglichen Arbeitszeit zurückzukehren. Kritisiert wird, dass Betriebe mit weniger als 45 Beschäftigten von der gesetzlichen Regelung ausgenommen sind. Dennoch hat dieses Modell eine wesentliche Teilzeitfalle geschlossen.

Die Familienplanung ist ein guter Zeitpunkt, um sich mit wichtigen Lebensfragen auseinanderzusetzen. Bezieht euch nicht nur auf langfristige finanzielle Effekte der gerechten Verteilung von Fürsorgearbeit, sondern besprecht auch die Auswirkungen der Rollenverteilung auf eure beruflichen Karriere- und Entwicklungswege.

Zuletzt möchte ich eine weitere ökonomische Falle für Mütter aufzeigen, die die Politik trotz besseren Wissens nicht behebt.

»Verzwergungsmaschine« Minijob

Minijobs sind geringfügige Beschäftigungen, bei denen kaum Beiträge in die Sozialversicherung gezahlt werden. Sie waren einst dazu gedacht, Müttern als Sprungbrett zurück in den Beruf zu dienen. Stattdessen haben sie sich als Sackgasse und sogar als Armutsfalle für Mütter erwiesen. Das Familienministerium benannte bereits vor zehn Jahren in einer Studie einen »Klebeeffekt«[142].

Die impliziten Gefahren der sozialversicherungsfreien Beschäftigung durch Minijobs sind naheliegend:

- Sie befördern soziale Ungleichheit,
- bringen keine Absicherung mit sich,
- frieren Karrierewege ein,
- entwerten berufliche Abschlüsse,
- verfestigen überholte Familienrollen,
- sind eine Teilzeit- und Armutsfalle,
- halten Mütter in wirtschaftlicher Abhängigkeit,
- begünstigen ökonomische Gewalt in Partnerschaften,
- zementieren Geschlechterungleichheit.

Dennoch beschloss die Ampelkoalition 2022 eine umstrittene Ausweitung der Minijobgrenzen auf 520 Euro. Dadurch verschärfen sich die Fehlanreize und Nachteile für Mütter im Steuerrecht und der Sozialversicherung erneut. Zwar arbeiten immer mehr Mütter minderjähriger Kinder in höherem Umfang in der Teilzeitbeschäftigung.[143] Gleichwohl sind auch gut ausgebildeten Frauen die Risiken und langfristigen Konsequenzen der geringfügigen Beschäftigung nicht immer bewusst. Die *Süddeutsche Zeitung* fand für Minijobs den bezeichnenden Begriff der »Verzwergungsmaschine«, weil sie das Talent und die Energie qualifizierter Frauen verschwendeten.[144] Minijobs bergen für Frauen das große Risiko, aus dem regulären Arbeitsmarkt ausgeschlossen zu werden und infolgedessen am Ende ihres Erwerbslebens in die Altersarmut zu rutschen. 2020 war jede sechste erwerbstätige Frau in Deutschland ausschließlich im Minijob beschäftigt.[145]

Seit 2013 unterliegen die Minijobs der Versicherungspflicht in der gesetzlichen Rentenversicherung. Minijobber:innen müssen beantragen, wenn sie ihren Eigenbeitrag von 3,6 Prozent *nicht* in die Rentenversicherung einzahlen möchten. Dann zahlt der Arbeitgeber den Pauschalbeitrag zur Rentenversicherung von 15 Prozent allein. Nach Angaben der deutschen Rentenversicherung lassen sich mehr als 80 Prozent der Minijobber:innen von der Versicherungspflicht befreien.[146] Die »Opt-out-Regelung« ist keine wirkliche Stellschraube, um Altersarmut zu vermeiden. Viele wissen zudem nicht, dass der Eigenbeitrag sie bei Invalidität absichern würde. Aber auch, wenn die Beschäftigten im Minijob den Eigenbetrag in Höhe von rund 18,70 Euro monatlich zahlen, vermittelt das bei der Rente allenfalls eine Scheinsicherheit. Der spätere monatliche Rentenanspruch für ein Beitragsjahr im Minijob liegt beim Verzicht auf die Versicherungspflicht bisher bei knapp vier Euro und bei der Zahlung des vollen Beitrags (Arbeitgeber:in und Arbeitnehmer:in) bei etwa 4,75 Euro bzw. auf Basis des 520 Euro-Jobs nach Schätzungen bei etwa 5 Euro.[147] Die Beträge summieren sich nach zehn Jahren im Minijob also künftig auf rund 50 Euro Rente im Monat. Das reicht nach Abzug der Inflationsrate selbst aus heutiger Sicht noch nicht einmal für einen Wocheneinkauf für eine Person.

Mehr als sieben Millionen Menschen arbeiten in Minijobs, davon sind fast 60 Prozent Frauen.[148] In der Pandemie wurde die Krisenanfälligkeit der Minijobs einmal mehr deutlich, da die abgabenfreie geringfügige Beschäftigung keinen Anspruch auf Sozialversicherungsleistungen wie Kurzarbeiter- oder Arbeitslosengeld begründet. Fatale Auswirkungen auf die ökonomische Situation von Müttern hat insbesondere das Zusammenwirken der Minijobregelungen mit dem bereits besprochenen Ehegattensplitting. Diese Konstellation zieht auch gesamtwirtschaftliche Wohlfahrtsverluste nach sich. Das Ifo Institut hat die Wechselwirkungen der Fehlanreize für die Bertelsmann Stiftung bestechend mit Zahlen unterlegt. Das Problem ist weitaus größer als die Minijobfalle und greift über in die Einkommenssteuerprogression. So wurde gezeigt, dass es sich für verheiratete Frauen nicht richtig auszahlt, vom Minijob in die Teilzeitbeschäftigung zu wechseln. Die Aufnahme einer sozialversicherungspflichtigen Teilzeitbeschäftigung würde bei doppeltem Arbeitseinsatz nur ein zusätzliches Einkommen von rund 90 Euro im Monat ergeben: »Bei einem Stundenlohn von 10 Euro beträgt das Plus im Vergleich mit dem Minijob nur 1.075 Euro im Jahr – dies allerdings bei einer Verdoppelung der Arbeitszeit.«[149] Kommen dann noch zusätzliche Kosten für Kinderbetreuung aufgrund der längeren Arbeitszeit hinzu, wird der Ausspruch »Es lohnt sich für mich nicht, (mehr) zu arbeiten«, intuitiv verständlich.

Rentenlücken

Zur Wiederholung: Frauen verdienen weniger, übernehmen mehr unbezahlte Arbeit, arbeiten häufiger in Teilzeit und haben oft Brüche in ihren Erwerbsbiografien. Folglich erzielen sie insgesamt weniger Rentenansprüche. Gleichzeitig haben sie eine um fast fünf Jahre längere Lebenserwartung als Männer.[150] Sie müssen also zusehen, wie sie ihre Rentenlücke für einen längeren Zeitraum schließen können. Das *Brigitte Magazin* fragte 2022 in einer Finanzen-Beilage: »Wer schließt die Rentenlücke?« und gab sich umgehend selbst die Antwort: »Wir selbst«. Es ist keine Frage, dass der teilweise Rückzug des Staates aus den Bereichen Gesundheit, Berufsunfähigkeit und Altersversorgung mehr private Vorsorgeaufwendungen erfordert. In der Brigitte-Studie 2021 gaben 71 Prozent der Frauen jedoch an, dass ihr Einkommen nicht ausreicht, um Rücklagen zu bilden. Hinzu kommt, dass für über 65 Prozent der Frauen Sicherheit ein hoher Wert ist – im Leben, aber auch beim Anlegen von Geld, denn sie haben weniger davon.[151] Dadurch entgehen Frauen Renditen auf dem Finanzmarkt. Wo also soll das Geld herkommen, um die eigene finanzielle Zukunft abzusichern?

Am Ende des Erwerbslebens von Müttern kumulieren alle Geschlechterlücken in nicht erworbene Rentenansprüche. Die geschlechtsspezifische Lücke der Alterseinkünfte – der Gender Pension Gap – verdeutlicht, dass nur ein sehr geringer finanzieller Ausgleich für die jahrelange Übernahme von Sorgearbeit stattfindet. Derzeit kann ein Elternteil maximal drei Entgeltpunkte für Kindererziehung erwerben. Nach heutigem Stand beträgt der Wert eines Entgeltpunktes rund 36 Euro.[152] Wir erhalten also einen monatlichen Rentenanspruch von knapp 110 Euro (3 x 36 Euro). Die Kinder auf das Rentenkonto des Rentenversicherungsträgers eintragen zu lassen, ist eine Bringschuld der Eltern. Sie müssen die Geburtsurkunden aktiv einreichen und sich die Erziehungszeiten zuordnen lassen.

Alle Gender Gaps gehen per se mit dem Damoklesschwert der weiblichen Altersarmut einher. Frauen sind insgesamt in jedem Alter stärker armutsgefährdet als Männer. Im Jahr 2021 lag ihre Armutsgefährdungsquote bei 16,5 Prozent.[153] Armutsbetroffene Frauen kämpfen mit relativer Einkommensarmut. Das bedeutet, dass ihr Einkommen nicht ausreicht, um ein Mindestmaß an Gütern und Dienstleistungen zu kaufen und ihre gesellschaftliche Teilhabe zu gewährleisten. Armut ist ein vielschichtiges Phänomen, ist insbesondere »ein Mangel an Mitteln und Möglichkeiten, das Leben zu gestalten«[154]. Mit dem Alter steigt das Armutsrisiko von Frauen weiter an. Frauen ab 65 Jahren hatten im Jahr 2021 ein Armutsgefährdungsrisiko von 21 Prozent.[155]

Das pointierte Fazit Jutta Allmendingers, dass der Heiratsmarkt die Frauen besser absichere als der Arbeitsmarkt, hat sich inzwischen glücklicherweise überholt. Für ihre Studie »Verschenkte Potenziale? Lebensläufe nicht erwerbstätiger Frauen« analysierte Allmendinger das Verhältnis der Höhe der Altersrenten von Frauen in Westdeutschland im Vergleich zu den gezahlten Witwenrenten. Letztere lagen regelmäßig über den Altersrenten.[156] Inzwischen ist die Erwerbstätigenquote von Frauen deutlich gestiegen, und sie erwirtschaften mehr und mehr eigene Rentenansprüche.

Dennoch bildet Deutschland mit einem Gender Pension Gap von 46 Prozent das Schlusslicht aller OECD Staaten.[157] Die EU-Statistik hingegen misst einen Gender Pension Gap von 36 Prozent, aber auch hier liegen wir über dem europäischen Durchschnitt von 29 Prozent.[158] Die durchschnittliche Rentenhöhe von Frauen aus der gesetzlichen Rentenversicherung beträgt aktuell 817 Euro in Westdeutschland und 1.055 Euro in Ostdeutschland.[159] Aufgrund unterschiedlicher Berechnungsgrundlagen gibt es noch weitere Daten zur geschlechtsspezifischen Rentenlücke. Wie das Wirtschafts- und Sozialwissenschaftliche Institut der Hans-Böcker-Stiftung (WSI) ermittelte, verringerte sich die Rentenlücke zwischen 1992 und 2019 von 69 auf 49 Prozent.[160] Besonders frappierend ist jedoch die Datengrundlage dieser Berechnungen: »Berücksichtigt werden dabei *alle drei Säulen* der Alterssicherung: die gesetzliche Rentenversicherung (GRV) bzw. Beamtenversorgung (BV) sowie die betriebliche Alterssicherung und die private Alterssicherung.«[161] Das heißt, die Zahlen des WSI beinhalten bereits die privaten Vorsorgeaufwendungen. Rechnet man die gesetzliche Rentenversicherung heraus, so zeigt sich, dass Männer finanziell besser in der Lage sind, zusätzlich eine betriebliche oder private Altersvorsorge aufzubauen.

Doch welche Daten auch zugrunde gelegt werden, wir müssen uns auf eine weitere, nämlich eine *persönliche Rentenlücke* einstellen. Diese besteht aus der Differenz deines späteren finanziellen Bedarfs (geschätzt) und dem, was du an Rente und deiner privaten Zusatzversorgung ausgezahlt bekommen wirst. Sie wird auch Vorsorgelücke genannt, weil Einschnitte in der gesetzlichen Rentenversicherung erfordern, dass wir vorsorgen und eine zusätzliche private Altersvorsorge aufbauen. Die Vorsorgelücke trifft Mütter und Väter stärker: Wenn sie Kinder großziehen, haben sie in der sogenannten aktiven Familienphase weitaus mehr finanzielle Verpflichtungen als kinderlose Paare. Oft wird jeder Euro gebraucht.

Martin Werding hat die Benachteiligung von Familien in der Rentensicherung für die Bertelsmann Stiftung dezidiert erforscht. Er kritisiert, dass Öffentlichkeit und Politik blind sind für »Gerechtigkeits- und Effizienzprobleme«, die umlagefinanzierte Rentensysteme erzeugen können. Trotz der umfangreichen familienpolitischen Zuwendungen profitieren Eltern auf lange Sicht nicht ausreichend von ihrer Investition in die Erziehung und Ausbildung ihrer Kinder: Es zeigt sich, »dass der deutsche Staat Familien bzw. die in ihnen aufwachsenden Kinder lebenslang finanziell deutlich stärker belastet, als er in Form diverser Geld- und Sachleistungen gewährt«. Stattdessen kommt ein »Gutteil der Erträge« dieser Investition Dritten zugute, »nämlich allen Angehörigen der Rentnergeneration«, unabhängig davon, ob sie einen Beitrag zur Humankapitalbildung geleistet haben oder nicht.[162]

Übrigens kommt es immer wieder vor, dass Frauen im Zuge einer Scheidung eigene Rentenpunkte an ihren Ex-Partner übertragen müssen. Diese Form des Versorgungsausgleichs ist vor allem bei beruflicher Selbstständigkeit des Partners kein unrealistisches Szenario. Die Scheidungslücke vergrößert die persönliche Rentenlücke von Frauen erneut.

Im Gender Pension Gap spiegelt sich die unterschiedliche Erwerbsbeteiligung von Frauen und Männern über den Lebensverlauf. Die Ungleichheiten resultieren längst nicht nur aus den Hindernissen der Vereinbarkeit von Familie und Beruf, sondern beruhen auch auf Fehlanreizen durch überholte Rahmenbedingungen und Gesetze. Die Weichen, die dadurch gestellt werden, sind schwer zu korrigieren und führen mitunter in Einbahnstraßen. Dies gilt insbesondere für die Minijobfalle, auf die ich schon eingegangen bin. Es fehlt aber an Aufklärungskampagnen, die über weitreichende Folgen von Erwerbsentscheidungen informieren.

Das alles zeigt: Mit der Geschlechtergerechtigkeit geht es schleppend voran. Damit du gegen strukturbedingte Fallen gewappnet bist, fasse ich das Zusammenspiel hinderlicher Rahmenbedingungen noch einmal zusammen.

Strukturelle Fehlanreize

Die wirtschaftliche Abhängigkeit von Müttern wird vor allem durch gesellschaftliche und steuerliche Fehlanreize verfestigt, wie wissenschaftlich erhobene Daten zeigen. Die Politik könnte bewusst gegensteuern. In der Studie »Mitten im Leben« des Familienministeriums lag bei 77 Prozent der verheirateten Frauen zwischen 30 und 50 Jahren das Nettoeinkommen unter 1.500 Euro, 19 Prozent verfügten über kein eigenes Einkommen.[163] Trotz guter Berufsqualifikation haben Frauen also äußerst ungleiche Einkommenschancen. Der Autor Carsten Wippermann stellt für mehr als jede fünfte Frau dieser Lebensphase eine strukturelle Benachteiligung und einen teilweisen Ausschluss vom Arbeitsmarkt fest. Hierfür verantwortlich sind unter anderem steuerpolitische Fehlanreize. Seit Langem ist bekannt, dass die Steuerklassenkombination III/V im Ehegattensplitting negative Erwerbsanreize setzt und einen indirekten Einfluss auf die Arbeitsteilung in Familien hat. Die Ehe, die unter dem besonderen Schutz des Staates steht, kann somit die wirtschaftliche Abhängigkeit von Frauen fördern.[164] Schon 2012 räumte die Bundesregierung ein, dass »dem Ehegattensplitting ein traditionalisierender Effekt auf die Geschlechterrollen und das Geschlechterverhältnis in Deutschland unterstellt werden« kann.[165] Das Ehegattensplitting stammt aus dem Jahr 1958 und wurde in zahlreichen europäischen Ländern bereits in den Siebziger- und Achtzigerjahren reformiert und in eine Individualbesteuerung überführt.

Die Fehlanreize im deutschen Steuer-, Abgaben- und Transfersystem resultieren besonders aus dem Zusammenspiel von Minijob-Regelungen, dem Ehegattensplitting und einem Transferentzug durch Hinzuverdienstregelungen. Das Ifo Institut hat sie für die Bertelsmann Stiftung analysiert. Für die Wechselwirkungen und Problematiken, die daraus entstehen, wurde der Begriff der »Zweitverdienerinnenfalle« geprägt.[166] Drei Viertel der verheirateten Frauen sind Zweitverdienerinnen, weil sie ein geringeres Einkommen haben als ihre Partner; das sind sechs Millionen Frauen in Deutschland.[167]

Wenn Frauen in Deutschland Erziehungsverantwortung übernehmen, riskieren sie es weiterhin, beruflich und finanziell abgehängt zu werden. Ändert sich die Lebenssituation durch kritische Lebensereignisse – wie eine Erwerbsunfähigkeit des Hauptverdieners – einschneidend, ist es für Paare nicht von einem auf den anderen Tag möglich, die Erwerbspositionen zu tauschen.

Es ist nicht mein Anliegen, blind dem politischen Narrativ der Erwerbsarbeitszentriertheit zu folgen. Nach diesem sollten Mütter einfach ihre Erwerbsarbeit weiter ausbauen – ohne Rücksicht auf besondere Familienkonstellationen, oder danach zu fragen, inwiefern das in diesem oder jenem Familienkontext überhaupt möglich und was die Rolle der Väter ist. Auf der anderen Seite wollen wir selbstverständlich auch als Mütter berufliche Ziele verfolgen, wenn uns dies am Herzen liegt, und müssen uns darauf verlassen können, dass die Rahmenbedingungen stimmen. Diese Schieflagen dürfen nicht länger individualisiert und auf unseren Schultern abgeladen werden. Ich bin überzeugt, dass die ungünstigen Anreizstrukturen mit mehr politischem Willen eingehegt werden könnten.

Ein möglicher Lösungsansatz: Familienarbeitszeit

Die Arbeits- und Familienpolitik ist überwiegend erwerbsarbeitszentriert. Das heißt, es wird geschaut, wie Mütter besser in den Arbeitsmarkt integriert werden können. Das ist an sich nicht falsch. Aber natürlich müssen die Voraussetzungen dafür gegeben sein. Wie die OECD in ihrer Studie »Dare to Share« hervorhebt, sehen Eltern in Deutschland »mit größerer Wahrscheinlichkeit einen Konflikt zwischen Familie und Beruf als in anderen europäischen Ländern«. Das liegt unter anderem an den langen Arbeitszeiten der Männer:

Reflexion:
Kennst du deine eigenen Zahlen?

Deine Zahlen zeigen dir, wie es um deine eigene finanzielle Vorsorge bestellt ist.

- In welcher Steuerklasse bist du? Könntest du dir ggf. einen Wechsel vorstellen?
- Hast du bereits eine Kontenklärung bei der Deutschen Rentenversicherung beantragt?
- Wie hoch ist deine Rentenlücke? Den Rechner der Deutschen Rentenversicherung findest du im Anhang.
- Baust du dir eine private Altersvorsorge auf?
- Überprüfe deine wirtschaftliche Unabhängigkeit mit dem Online-Test bei »Was verdient die Frau« (siehe Anhang).

Um dich finanziell gut aufzustellen, solltest du deine **Steuerklassenwahl überprüfen** (siehe die Ausführungen ab S.75). Sie bestimmt mit darüber, welche Lohnersatzleistungen dir zustehen, falls du arbeitslos werden solltest oder (weiteren) Familiennachwuchs planst und Elterngeld beantragen wirst.

Auch ein **Blick auf dein Rentenkonto** ist wichtig. Ähnlich wie bei der Erwerbsminderungsrente und den Hinterbliebenenrenten gab es über die Jahre Einschnitte bei den Altersrenten, etwa durch Besteuerung. Als Faustformel kannst du von dem Betrag, der auf deiner Renteninformation der Deutschen Rentenversicherung als spätere Rente ausgewiesen wird, rund 20 Prozent abziehen, die für Steuer, Kranken- und Pflegeversicherung anfallen werden. Die Differenz zwischen diesem Endergebnis und dem, was du von heute aus gesehen im Alter an Einkommen brauchen wirst bzw. haben möchtest, ist deine persönliche **Rentenlücke**. In der Regel führt kein Weg daran vorbei, eine zusätzliche private Altersvorsorge aufzubauen.

Ratsam ist auch eine **Kontenklärung** bei der Deutschen Rentenversicherung. Dabei werden deine Versichertenzeiten überprüft und du kannst deine Kinder auf dein Rentenkonto eintragen lassen. Ein persönlicher Beratungstermin bei einer Zweigstelle der Deutschen Rentenversicherung in der Nähe deines Wohnorts erleichtert dir den Papierkram. Die Beraterinnen und Berater haben einen guten Überblick, sind in der Regel sehr hilfsbereit und nehmen sich viel Zeit.

Die Plattform »Was verdient die Frau« des Deutschen Gewerkschaftsbunds hat einen sehr guten **Online-Test zur wirtschaftlichen Unabhängigkeit** entwickelt.[168] Mit diesem kannst du herausfinden, wie wirtschaftlich unabhängig du bist und wo möglicherweise Stolpersteine liegen, die dich in wirtschaftlicher Abhängigkeit halten. Von der Berufswahl, über Gehaltsverhandlungen, Aufteilung der Sorgearbeit, über den Wiedereinstieg bis hin zur Übernahme von Pflegeverantwortung werden viele Lebensbereiche abgefragt, Zusammenhänge aufgezeigt und Chancen und Risiken von möglichen Entscheidungen dargestellt.

Mütter würden es bevorzugen, dass die Väter »etwa fünf Stunden pro Woche weniger arbeiten«. Sehr aufschlussreich finde ich folgendes Ergebnis: Den Vätern »wäre es ebenfalls lieber, wenn ihre Partnerinnen weniger arbeiten würden, obwohl diese im Durchschnitt nur 24,2 Stunden pro Woche erwerbstätig sind«.[169] Dahinter mag sich der Wunsch nach alten Zeiten verbergen, in denen zu Hause stets eine Frau war, die sich um alles gekümmert hat. Das Untersuchungsergebnis offenbart aber auch den enormen Druck, unter dem Familien in Deutschland heute stehen. Die vielfältigen Belastungsfaktoren, unter denen sie leiden, führen zu chronischem Zeitmangel, Unsicherheit und Dauerstress. Es fehlt nicht an wegweisenden

Konzepten und guten Modellen aus unseren Nachbarstaaten. Von der schwedischen Lebensphilosophie mit einem Arbeitsrhythmus, bei dem neben der Erwerbsarbeit auch noch Zeit zum Leben bleibt, können berufstätige Eltern in Deutschland nur träumen.

Die Lösungsansätze zielen unter anderem auf eine neue Norm der Vollzeitarbeit für Eltern, verbesserte Infrastruktur für Kinderbetreuung, Veränderungen der Unternehmenskulturen und das Aufbrechen von traditionellen Rollenbildern. Vielen Argumenten, warum Väter vermeintlich keine Teilzeit arbeiten können, könnte besonders mit der von DIW und Friedrich-Ebert-Stiftung bereits im Jahr 2013 konzipierten Familienarbeitszeit der Wind aus den Segeln genommen werden.[170] Unter diesem Stichwort wird diskutiert, dass Eltern ihre Regelarbeitszeit auf 32 Stunden pro Woche reduzieren. Hingegen hören wir aus Wirtschaft und Politik nicht selten den wenig originellen Vorschlag, die Wochenarbeitszeit auf 42 Stunden zu erhöhen, um dem Fachkräftemangel zu begegnen.

In einem Interview warb ich dafür, dass »Frauen ihre Berufsbiografien wie einen Schatz hegen« sollten. Neben positivem Zuspruch erreichte mich die kritische Nachricht einer Dame, die das Gesagte als einen »Schlag ins Gesicht« empfand. Sie kritisierte, dass die Gesellschaft moralisch verarme, wenn Kinder und pflegebedürftige Eltern nur noch »abgegeben würden«. Nichts aber liegt mir ferner, als Wahlfreiheiten einzuschränken oder Lebensleistungen abzuwerten. Nichtregierungsorganisationen wie UN Women Deutschland oder die Initiative Equal Care Day, denen ich mich jeweils angeschlossen habe, verbinden mit ihrem Engagement eine Aufwertung der Fürsorgearbeit. Wir sehen den zentralen Wert, den Familien für die Gesellschaft leisten, und verfolgen mitnichten das Ziel, Kinder oder auf Hilfe angewiesene Eltern »wegzuorganisieren«. Im Gegenteil, wir fordern eine Entlastung von Paaren, damit sie Zeit für ihre Familien haben.

Die Familienarbeitszeit wäre ein gangbarer Weg, Müttern und Vätern mehr Zeit für Care-Arbeit zu geben und damit die Möglichkeit, für ihre Kinder da zu sein. Sie würde den Weg hin zu einer fairen Rollenverteilung öffnen und dadurch die existenziellen Risiken von Mutterschaft erheblich abfedern. Auch trägt das Argument, alle sollten 40 Stunden die Woche arbeiten und die Sorgearbeit einfach »auslagern«, also fremde Dienstleistungen einkaufen, nicht sehr weit. Das ist zunächst einmal eine privilegierte Sicht, die man sich leisten können muss und die nicht zulasten schwächerer Gruppen gehen darf. Für den Haushalt mag es praktikabel und entlastend sein, für die Erziehungs- und Pflegeverantwortung funktioniert das allerdings nur bedingt. Wenn wir beispielsweise an das Besorgen von Geschenken, Fahrdienste der Kinder, die Organisation von Familiengeburtstagen, ein Ehrenamt im Elternbeirat, Vorsorgeuntersuchungen beim Arzt oder Aufführungen im Kindergarten bzw. in der Schule denken, bei denen wir Eltern gern dabei sein *wollen*, wird schnell klar, dass wir nicht alles auslagern möchten. Hier brauchen Eltern vor allem Zeit und die Gewissheit, nicht an anderer Stelle, etwa bei der Absicherung im Alter, den Preis dafür zu zahlen.

> *Solange Familien keine Aussichten darauf haben, der Geld-Zeit-Falle zu entkommen, bringen der Fokus auf die Erwerbsarbeit und das Thema Vereinbarkeit keine Lösung des Problems. Denn es geht auch um eine neue Verteilung von Zeit- und Machtressourcen. Genauer gesagt, um den Wert der verschiedenen Formen von Arbeit.*

Reflexion: Erwerbsbiografie und Carebiografie im Einklang

Um deine beruflichen Chancen zu nutzen, ist eine langfristige, strategische Planung hilfreich. Immer mehr Frauen möchten ihre finanzielle Unabhängigkeit bewahren. Wenn es dir ein Anliegen ist, deine Familie selbst mit abzusichern und deinen Lebensstandard auch im Alter zu halten, solltest du deine Erwerbsbiografie nicht aus den Augen verlieren.

Falls du gerade in Elternzeit bist und über deinen Wiedereinstieg nachdenkst, oder ihr als Paar eine neue Organisation des Alltags und der Arbeitszeit-Verteilung anstrebt, hier einige Anregungen und Tipps.

- Wie sieht für dich/euch eine harmonische Balance von Sorge- und Erwerbsarbeit aus?
- Hast du Möglichkeiten zur partnerschaftlichen Rollenverteilung?
- Suche dir / sucht euch rechtzeitig eine Kinderbetreuung, mit der du dich / ihr euch wohlfühl(s)t.
- Bau dir / baut euch ein Unterstützungsnetzwerk für zusätzliche Betreuung auf, vor allem, wenn du alleinerziehend bist.
- Behalte langfristige Auswirkungen längerer Erwerbsunterbrechungen im Blick.
- Du kannst den roten Faden in deiner Erwerbsbiografie stärken, indem du deinen Wiedereinstieg sorgfältig und mit ausreichend Vorlaufzeit planst. Wenn du gerade in Elternzeit bist: Hältst du Kontakt mit deinem Arbeitgeber? Hast du Verbündete in deiner Organisation? Sie können dir wichtige Interna weitergeben, damit du auf dem Laufenden bleibst.
- Mache dich auf Widerstände und Überraschungen gefasst (Familie/Arbeitgeber:in).
- Mit dem Wiedereinstiegsrechner des Familienministeriums (siehe Link im Anhang) kannst du verschiedene Optionen dei-

nes gewünschten Erwerbsumfangs und deiner späteren Rentenansprüche durchspielen.

- Die Diskriminierung von Eltern auf dem Arbeitsmarkt ist real. Wappne dich im Vorfeld.
- Falls du dich neu orientieren willst oder musst, suche dir für den Bewerbungsprozess Unterstützung bei einer Frauenförderstelle, den Kommunen oder der Agentur für Arbeit.

Es geht mir nicht darum, unseren Wunsch nach einer Carebiografie den Erfordernissen des Arbeitsmarktes unterzuordnen. Meine Mutter hat als Arbeiterin in Vollzeit gearbeitet. Ich habe sie als Kind kaum gesehen. Wenn wir am späten Nachmittag nach Hause kamen, hat sie stets noch gekocht und bis weit in den Abend Hausarbeit gemacht. Ich wollte mehr Zeit für meine Kinder haben und brauchte auch Zeit, um meinen Eltern im Alter etwas zurückzugeben. Diese zeitliche Flexibilität habe ich in der Selbstständigkeit gefunden. Sie ist aber kein Allheilmittel, denn ein tragbares Business-Modell aufzubauen, erfordert viel Disziplin und mehr als eine der berühmten Extrameilen. Dein individuelles Familien-Modell wird vielleicht anders aussehen. Ob angestellt, selbstständig oder verbeamtet: Natürlich haben alle Erwerbsformen ihre Vor- und Nachteile. Jeder Weg ist anders, du musst für dich selbst schauen, welcher für dich und deine Partnerin, deinen Partner stimmig ist, bzw. wenn du alleinerziehend bist, welche praktikablen Vereinbarkeitslösungen du finden kannst.

Frage dich auch: Wie sehen deine **familiären und sonstigen Unterstützungsressourcen** aus? Hast du ein Sicherheitsnetz, zum Beispiel Eltern oder Schwiegereltern? Hast du ein Betreuungsnetz, auf das du dich verlassen kannst? Könntest du sogar auf finanzielle Unterstützung deiner Eltern zählen, falls es notwendig wäre? Erwartest du später oder in absehbarer Zeit Erbschaften? Wie steht es um deine Bereitschaft, dir Unterstützung von außen, zum Beispiel in Erziehungsfragen zu holen? Auch wenn du vielleicht nicht gern auf Hilfe angewiesen sein möchtest, solltest du alle Angebote, die dich entlasten könnten, in Erwägung ziehen.

Kannst du deine Familien- und Erwerbsarbeit so aufteilen, wie du es willst? **Haushaltsnahe Dienstleistungen** könnten ein Weg sein, um dich bei der Sorgearbeit zu entlasten. Die Frage dabei ist: Kannst bzw. willst du dir Unterstützung im Haushalt, etwa durch eine Reinigungskraft oder für die Bügelwäsche leisten? Wenn du Vorbehalte dagegen hast, weil du keine fremden Personen für dich arbeiten lassen möchtest, mache dir klar, dass du mit fairen Konditionen und Arbeitsverträgen anderen Menschen ermöglichst, Geld zu verdienen. Dadurch kannst du dir Zeit bei ihnen einkaufen. Dieses Geld ist gut investiert, um dir Freiräume zu schaffen. Damit dies nicht nur privilegierten Familien möglich ist, fanden bereits Pilotversuche statt, um ausgewählte Familien mit Gutscheinen für solche Dienstleistungen auszustatten.

4

Gut für Krisen aufgestellt?

In jedem Leben gibt es Krisen zu bewältigen. Ob und wie wir darauf vorbereitet sind, macht einen großen Unterschied. Mitten in schwierigen Lebenssituationen bleibt uns oft kaum Zeit zum Luftholen. Wir müssen funktionieren und schauen, wie wir jetzt am besten zurechtkommen. Gerade dann ist es umso wichtiger, seine Finanzen im Griff zu haben, denn das kann in Krisen eine zusätzliche Stütze sein. Wenn existenzielle Ereignisse Menschen von einem auf den anderen Moment aus der Bahn werfen, etwa wenn das Kind mit einer unheilbaren Krankheit konfrontiert ist, ein Trauerfall uns den Boden unter den Füßen wegreißt oder plötzliche Arbeitslosigkeit das gesamte Lebensumfeld trübt, kann jeder weitere Belastungsfaktor der Anlass dafür sein, dass wir in eine schwere Lebenskrise geraten.

Absicherung, Budgetplanung und Notgroschen

Eine Lebenskrise betrifft nur selten einen abgegrenzten Bereich. Müssen wir uns dann auch noch Geldsorgen machen, kann ein Dominoeffekt entstehen, der unsere Selbstwirksamkeit erheblich einschränkt. Deshalb sind finanzielle Sorgen in kritischen Lebenssituationen das Letzte, was wir brauchen. Auch wenn es unbequem ist, sollten wir nichts beschönigen und Vorsorge treffen.

Meine Kollegin Kerstin wurde vom plötzlichen Tod ihres Ehepartners völlig überrumpelt. Ihr Mann war sportlich, gesund und hatte keine Vorerkrankungen. Als Jurist hat er gemeinsam mit ihr für ein sehr gutes Auskommen gesorgt. Ohne vorherige Anzeichen brach er nach dem Joggen zusammen und starb am plötzlichen Herztod. Als Betriebswirtin hatte sie sich jahrelang selbst um die Finanzen der Familie gekümmert. Zwei der drei Kinder waren bereits ausgezogen, aber das gemeinsame Haus war noch nicht ganz abbezahlt. Nach Auslaufen seiner Risiko-Lebensversicherung hatten sie überlegt, diese zu verlängern, was ihnen aber recht kostspielig erschien. Das Ehepaar bewegte sich mit einer soliden Finanzplanung in sehr sicherem Fahrwasser, und so beschlossen sie, darauf zu verzichten.

»Es denkt niemand, dass eine solche Situation einen treffen könnte«, so Kerstin. »Man zieht es nicht ins Kalkül.« Wäre es anders gekommen, hätten die beiden ihr Haus bis zum Ruhestand längst abbezahlt und ohne Sorgen in diese neue Lebensphase gehen können. Jetzt versucht Kerstin das Haus zu halten, indem sie mehr arbeitet. Sie sieht sich nun mit völlig neuen Unsicherheiten konfrontiert, etwa wenn sie mal ein paar Tage ausfällt, weil sie krank ist. Das macht ihr Angst, denn es darf jetzt einfach nichts mehr dazwischenkommen.

Möglicherweise klingt die Geschichte von Kerstin privilegiert, dennoch bedeutet es auch in einer guten Ausgangslage einen herben Einschnitt, wenn sich die finanziellen Verhältnisse so plötzlich verändern.

Wer beim Tod seines Ehe- oder Lebenspartners bzw. seiner Ehe- oder Lebenspartnerin jünger als 47 Jahre alt ist und weder erwerbsgemindert ist noch ein Kind erzieht, erhält eine Hinterbliebenenrente in Höhe von 25 Prozent der Rente, die der Partner zum Zeitpunkt des Todes bezogen hat oder hätte. Sie wird in diesem Fall höchstens zwei Jahre lang gezahlt, weil die Gesetzgebung davon ausgeht, dass wir anschließend wieder selbst für unseren Lebensunterhalt sorgen können. Ist man zum Zeitpunkt des Todesfalls 47 Jahre oder älter, erwerbsgemindert oder erzieht ein Kind unter 18 Jahren, hat man Anspruch auf die sogenannte »große Witwenrente«. Sie ist, außer man heiratet erneut, zeitlich nicht begrenzt und beträgt 55 Prozent der Rente, die der Partner bezogen hätte.[171] Wie gesagt, wir sollten gewappnet sein, auch wenn das kein leichtes Thema ist und gern ausgeblendet wird.

Bausteine für solide Finanzen

- Existenzielle Absicherung
- Solide Budgetplanung
- Abbau von Krediten
- Aufbau eines Notgroschens
- Mittel- und langfristige Sparziele
- Armutsfeste Altersvorsorge
- Reflektierte Geldeinstellung

Geordnete Finanzen sind wie ein Haus mit einem soliden Fundament: Es darf nicht beim ersten Windstoß in sich zusammenfallen und muss auch größere Stürme überstehen. An erster Stelle steht der **Abbau von Krediten**, um Zinsbelastungen zu reduzieren. Denn auch wenn wir viele Jahre keine Zinsen auf unser Erspartes erhielten, so gab es doch weiterhin hohe Zinsen auf Dispositionskredite, also Zinsen für Kontoüberziehungen. Der Dispozins lag 2021 im Schnitt bei stattlichen 9,43 Prozent. Die Stiftung Warentest ermittelt diesen Wert seit 2010.[172] In einer Erhebung des DIW kannten 72 Prozent der Befragten, die ein Girokonto mit Überziehungsmöglichkeit hatten, ihren Dispozins nicht. Selbst wenn der Überziehungskredit in Anspruch genommen wurde, wussten 53 Prozent nicht die Höhe des Zinssatzes.[173] Es macht keinen Sinn, auf der einen Seite für Niedrigzinsen anzusparen und gleichzeitig hohe Zinsbelastungen des Dispos oder anderen Kreditverpflichtungen zu haben.

Als Nächstes müssen wir **existenzielle Risiken absichern.** Unverzichtbare Versicherungen sind die Krankenversicherung und die private Haftpflichtversicherung. Wer nicht in der gesetzlichen Krankenversicherung ist, muss gewährleisten, dass er oder sie die im Alter steigenden Beiträge der privaten Krankenversicherung stemmen kann. Die Haftpflichtversicherung schützt vor existenziellen Belastungen bei Schadenersatzforderungen Dritter – wichtig auch, falls unser Kind einen Schaden anrichtet. Dann gibt es noch das Risiko des Ausfalls unserer Arbeitskraft. Dieses sollten wir mindestens mit einer privaten Erwerbsunfähigkeitsversicherung absichern. Eine Berufsunfähigkeitsversicherung ist sinnvoll, aber meist sehr teuer. Bei der Erwerbsunfähigkeitsversicherung ist der Leistungsumfang kleiner, dafür ist sie günstiger. Auch die private Altersvorsorge zählt zur notwendigen Absicherung, weil die gesetzliche Rentenversicherung ihren Leistungsumfang nach unten schraubt. Waren die Renten früher steuerfrei, fallen inzwischen Steuern und Sozialversicherungsabgaben an. Falls Kreditverpflichtungen für ein Immobiliendarlehen bestehen, müssen Einkommensausfälle mit einer Risikolebensversicherung oder einer Restschuldversicherung abgesichert werden.

Weiterhin brauchen wir einen Überblick über unsere Einnahmen und Ausgaben. Dazu dient eine solide **Budgetplanung**, etwa über eine App oder das klassische Haushaltsbuch. Wenn wir dauerhaft mehr ausgeben, als wir Einnahmen haben, schaden wir uns langfristig. Eine Faustregel lautet: Wer das eigene Konto mehr als sechs Monate im Jahr überzogen hat, sollte die Budgetplanung auf den Prüfstand stellen. Falls es mit den laufenden Einnahmen schwierig ist, wieder aus dem Dispo herauszukommen, kommt gegebenenfalls eine Umschuldung (Konsumentenkredit) infrage. Die Zinssätze für reguläre Verbraucherkredite liegen unter denjenigen für Dispositionskredite.

Ein Kassensturz und eine Budgetplanung werden spätestens dann wichtig, wenn wir plötzlich weniger verdienen. Millionen Menschen haben das in Kurzarbeit während der Pandemie erfahren. Und auch, wenn sich die Ausgaben ständig weiter erhöhen, weil die Preise steigen, wie wir es 2022 erlebt haben. Ob wir solche Situationen abfedern können oder nicht – und wie lange –, hängt wesentlich mit unserer finanziellen Resilienz zusammen. Damit ist die Widerstandsfähigkeit der persönlichen Finanzen gemeint, etwa ob ein Finanzpuffer vorhanden ist und die wichtigsten Notfälle abgesichert sind.

Im internationalen Vergleich belastet der deutsche Staat Arbeitnehmerhaushalte hoch, vor allem mit Sozialversicherungsbeiträgen auf die Einkommen. Vermögen wird im Vergleich dazu geringer besteuert. Da gleichzeitig Mieten und Energiekosten steigen, wird es für viele Menschen wichtig oder sogar überlebenswichtig, einen genauen Blick auf ihre Budgetplanung zu werfen.

Um auf finanzielle Engpässe vorbereitet zu sein, ist es sehr wichtig, einen **Notgroschen aufzubauen.** Dieser finanzielle Puffer dient dazu, unvorhergesehene Verpflichtungen abzufedern. Wer von heute auf morgen einen neuen Kühlschrank braucht, sollte dafür nicht die Altersvorsorge angreifen müssen. Der Notgroschen ist wirklich eine eiserne Reserve. Er dient aber auch als »Freiheitskonto«, beispielsweise wenn man sich ohne lange Vorlaufzeit von seinem Arbeitgeber oder von seinem Partner trennen möchte. Als Faustregel für den Finanzpuffer gelten drei bis sechs Monatsgehälter, die auf einem separaten Konto, etwa einem Tagesgeldkonto, deponiert werden sollten. Dieses Geld ist jederzeit verfügbar, wenn man es braucht, »vermischt« sich aber nicht mit dem Geld auf dem normalen Girokonto. Die Notreserve wird am besten direkt bei Zahlungseingang angespart. Eine wichtige Regel dabei lautet: »Pay yourself first«. Das heißt, dass wir uns einen Dauerauftrag einrichten und automatisiert sparen. So kommen wir nicht in die Verlegenheit, dass am Ende des Monats kein Geld für die Sparrate übrig ist. Diese Regel gilt nicht nur für den Aufbau deines Notgroschens, sondern auch für den langfristigen Vermögensaufbau.

Tipps und Fragen zur Budgetplanung

- Planst du deine Einnahmen und Ausgaben regelmäßig und realistisch?
- Kannst du dich auf deine Budgetplanung verlassen?
- Führst du ein Haushaltsbuch oder benutzt du eine Budget-App, um deine Ausgaben zu kontrollieren?
- Hast du ein gutes Bauchgefühl für deine finanziellen Mittel und finanziellen Grenzen?
- Überziehst du häufig dein Konto und weißt nicht, wo dein Geld geblieben ist?
- Fällt es dir schwer, deine Budgetgrenzen einzuhalten? Wenn du dabei Schwierigkeiten hast, führe für einige Monate ein Haushaltsbuch. So kannst du schauen, wo dein Geld bleibt.
- Wie viel geben eigentlich die anderen aus? Wenn du unsicher bist, ob deine Ausgaben einem üblichen Rahmen entsprechen, kannst du mithilfe von »Referenzbudgets« schauen, wie sich andere Menschen in einer vergleichbaren Lebenssituation ihre Budgets einteilen.
- Falls dein Budget regelmäßig sehr eng gestrickt ist, suche nach kreativen Möglichkeiten, deine Einnahmen zu erhöhen und deine Ausgaben zu senken.
- Zur Ausgabensenkung kannst du dich an den 3 R's der Nachhaltigkeit orientieren: Reduce, Reuse, Recycle.

Hilfreiche Links findest du im Anhang ab S. 227.

Reflexion: Könntest du dich selbst versorgen?

Schauen wir uns nun einmal genauer an, wie es bei dir aussähe, falls ein kritisches Lebensereignis eintreten würde. Folgende Punkte spielen zusammen:

- Dein Umfeld: Für wie viele Personen hast du zu sorgen? Bist du allein verantwortlich, könnt ihr euch die Kosten teilen? Kannst du anderweitig auf familiäre Unterstützung zählen?
- Deine Absicherung: Sind potenziell existenzielle Lebensrisiken (Arbeitslosigkeit, Krankheit, Berufsunfähigkeit, Trennung/Scheidung, Tod des Partners) abgesichert?
- Deine Rücklagen: Hast du einen Notgroschen aufgebaut?
- Dein Lebensstil: Welche Ansprüche hast du, wie viel Geld brauchst du, um halbwegs gut leben zu können? Welche Spielräume gibt es, um Ausgaben zu reduzieren?
- Deine Fähigkeiten und Optionen, ein Einkommen zu erwirtschaften, und dein zeitlicher Rahmen, in dem dies möglich ist.
- Deine/eure familienbezogene Infrastruktur und die Infrastruktur für Kinderbetreuung.
- Deine Sparfähigkeit (abhängig vom Einkommen) und deine Sparbereitschaft (abhängig von deiner Geldeinstellung) zum Vermögensaufbau.

Achte besonders auf deine Möglichkeiten, **Einkommen zu erzielen**. Wenn du teilzeitbeschäftigt bist, solltest du dich fragen, was wäre, wenn du aufgrund eines unvorhergesehenen Ereignisses oder einer Notlage plötzlich deinen Arbeitsvertrag aufstocken müsstest. Ist das ohne Weiteres möglich? Müsstest du dir eine neue Stelle suchen? Wie sieht die Arbeitsmarktsituation in deinem Bereich aus? Noch wichtiger sind diese Fragen, wenn du freiberuflich beschäftigt bist. Hier fehlen oft jegliche Sicherungsnetze, weil das Sozialversicherungssystem nicht darauf ausgelegt ist. Könntest du deine Kooperationen ausweiten, bräuchtest du neue Auftraggeber oder gäbe es für dich im Notfall auch die Option, ins Angestelltenverhältnis zu wechseln? Und wie sieht es mit der Kinderbetreuung aus? Sind deine Arbeitszeiten durch Kinderbetreuungsmöglichkeiten abgedeckt oder liegen sie in den Randzeiten?

Für unerwartete Ausgaben kannst du hoffentlich auf finanzielle Rücklagen, wie deinen **Notgroschen,** zurückgreifen. Eine vorübergehende Kontoüberziehung kann bei einem plötzlich eintretenden Finanzierungsbedarf hilfreich sein. Allerdings zahlst du dafür, wie gesagt, sehr hohe Dispozinsen. Ein Dispositionskredit sollte daher nur kurzfristig in Anspruch genommen werden. In bestimmten Fällen ist es sinnvoller, auf einen zinsgünstigeren Konsumentenkredit zurückzugreifen. Es ist wichtig, die passenden Finanzprodukte, auch im Kreditbereich, zu kennen. In der Praxis kommt es leider zu Fehlentscheidungen, die von den Banken nicht immer korrigiert werden. Dies haben wir in einem Forschungsbericht zu Finanzdienstleistungen für Familien mit geringen Einkommen festgehalten.[174]

Last, but not least, beschäftige dich mit **Nachhaltigkeit**. Dadurch schonst du gleichzeitig deinen Geldbeutel. Die Verschwendung von Lebensmitteln etwa zählt zu den großen Problemen unserer Zeit. Nach Angaben des Bundesernährungsministeriums landen jährlich rund elf Millionen Tonnen Essen im Müll.[175] Weniger Lebensmittel zu verschwenden heißt zugleich, einen positiven Klimabeitrag zu leisten. Hilfreiche Portale zum Thema Nachhaltigkeit im Alltag sind beispielsweise »Zu gut für die Tonne«, »Utopia« und »17 Ziele für nachhaltige Entwicklung«. Im Prinzip geht es auch darum, unseren Lebensstil und unser Anspruchsdenken zu hinterfragen. Jedes Kleidungsstück, das wir secondhand kaufen und nicht neu produziert werden muss, ist ein Beitrag zur Nachhaltigkeit.

Die Zeitfalle und der tägliche Spagat, Beruf und Sorgearbeit zu vereinbaren, kosten Familien Lebensqualität. »Meine Bescheidenheit ist meine beste Altersvorsorge«, so eine Kollegin auf einer gemeinsamen Veranstaltung. Ohne die existenziellen Nöte von finanziell schlechter gestellten Familien kleinzureden, kann es ein Ausweg sein, der Leistungs- und Konsumgesellschaft durch bewusstes Downsizing die Stirn zu bieten. Mir ist klar, dass dies heute oft vor einem privilegierten Hintergrund geschieht. Dennoch werden dabei zwei Fliegen mit einer Klappe geschlagen: Zum einen entlasten wir uns selbst vom Druck, überall mithalten zu müssen und auch uns selbst immer weiter zu optimieren. Zum anderen schont eine nachhaltige Lebensweise im Bewusstsein um die Begrenztheit natürlicher Ressourcen unser Budget.

Trennung und Scheidung

Leider entdecken Frauen manchmal erst im Zuge einer Scheidung, dass weniger finanzielle Ressourcen vorhanden sind, als sie angenommen haben. Weil möglicherweise Gelder abgezweigt wurden. Oder sie ihrem Partner in Gelddingen blind vertraut hatten. Zur tiefen menschlichen Enttäuschung kommen dann noch finanzielle Sorgen. Eine Seminarteilnehmerin war entsetzt, als sie herausfand, dass das Anlageverhalten ihres Ehemanns weit weniger gewinnträchtig und kompetent war, als sie erwartet hatte – mit einigen Investments hatte er sich gehörig verspekuliert. Auch Armrechnen, Betrug und Diebstahl kommen vor. Renate Schmidt und Helma Sick führen in ihrem gemeinsamen Buch »Ein Mann ist keine Altersvorsorge« aus: »Alle, die mit Frauen in Scheidung zu tun haben, kennen das: Selbstständige oder freiberuflich tätige Männer rechnen sich arm. Ein guter Steuerberater kann da viel bewirken, damit der Betrieb oder die Kanzlei rote Zahlen schreibt. Oder es verschwindet plötzlich gemeinsames Geld.«[176] Im Interview mit Christine Warnke ab S. 80 finden sich hilfreiche Tipps, wie ein Ehevertrag Scheidung und Trennung absichern kann.

Rund jede dritte Ehe in Deutschland wird geschieden. Bereits im Jahr 2008 wurde das Scheidungsrecht geändert und eine Unterhaltsrechtsreform durchgeführt. Dieser Paradigmenwechsel wurde aber weder von einer modernen Familienpolitik begleitet, die alles daransetzt, einer partnerschaftlichen Rollenverteilung den Weg zu ebnen, noch fand eine gezielte Vermittlung von Gleichstellungswissen statt, das Frauen über diese Neuerungen aufklärte. Seitdem haben Frauen nach einer Trennung und Übergangszeit ihren Lebensunterhalt selbst zu bestreiten. Das bedeutet, dass sie praktisch zu jedem Zeitpunkt in der Lage sein sollten, ihre finanzielle Existenz zu sichern. Dabei wird unterschätzt, wie schwer es sein kann, von einer geringen Teilzeitbeschäftigung wieder auf eine existenzsichernde Tätigkeit zu kommen. Eine Studie, die die Arbeitsmarktbeteiligung von verheirateten Frauen im Zuge der Unterhaltsreform evaluierte, fand keine Hinweise darauf, dass Frauen ihre Erwerbstätigkeit in der Folge ausweiteten.[177]

Die monetäre Rushhour des Lebens ist besonders nach der Trennung für Alleinerziehende eine große Herausforderung. Die Autorin, Alleinerziehenden-Expertin und Bloggerin Christine Finke ist eine der bekanntesten Stimmen für die Anliegen von alleinerziehenden Frauen in Deutschland. Sie hat für Stiftung Warentest einen wertvollen Finanzratgeber für Alleinerziehende geschrieben (siehe Anhang) und kennt Sorgearbeits- und Armutsfallen aus eigener Erfahrung. Christine ist promoviert, Mutter von drei Kindern und trägt unter anderem die Erziehungsverantwortung für ihre autistische Tochter. Sie kann sich nicht darauf verlassen, dass ihre Tochter jeden Tag von 8 bis 13 Uhr beschult wird, anschließend in einen Hort geht und erst am Nachmittag wieder zu Hause ist. Im Gegenteil, sie musste jahrelang nach Möglichkeiten suchen, um überhaupt eine Schulbetreuung sicherzustellen. Ich habe sie nach ihren Tipps und Ratschlägen für die existenzielle Absicherung von Müttern gefragt.

Expertinnentipp:
Interview mit Dr. Christine Finke, Expertin für Alleinerziehende

https://mama-arbeitet.de/

Du blickst mit deinem Blog, deinen Büchern und deinem kommunalpolitischen Engagement auf langjährige Erfahrungen zum Thema Mütterarmut zurück. Sind wir in Deutschland auf dem richtigen Weg?
Noch lange nicht, würde ich sagen. In meinen Augen ist vieles, was uns die Politik als Verbesserung verkauft, größtenteils Augenwischerei. Wenn man sich nicht tiefer mit der Materie beschäftigt, denkt man, es stünde doch alles zum Besten, es gibt eine Mütterrente, Elternzeit, den Kinderzuschlag, ein modernes Unterhaltsrecht und einen steigenden Mindestlohn. Das sind alles wohlklingende Instrumente, aber für die meisten Armutsbetroffenen erstens nur ein Tropfen auf den heißen Stein und zweitens sind gerade staatliche Transferleistungen oft mit hohen Hürden verbunden. Die Belange von Frauen werden noch immer ungenügend gesehen und berücksichtigt.

Wenn man sich nicht tiefer mit der Materie beschäftigt, denkt man, es stünde doch alles zum Besten.

Wo liegen die größten Stolpersteine für Mütter in Bezug auf ihre eigenständige Existenzsicherung und was sollten sie beachten?
Das größte Problem ist, dass Paare mit der Geburt des ersten Kinds meist in alte Rollenmuster verfallen, dass also die Frau »zurücksteckt« (dieser Begriff allein zeigt schon die Wertung von Sorgearbeit!) und wesentlich länger Elternzeit nimmt als der Partner, womit sich die Elternzuständigkeiten logischerweise zementieren. Der Grund dafür ist unter anderem, dass Frauen trotz hervorragender Abschlüsse und guter Bildung niedrigere Gehälter erzielen als Männer, Stichwort Gender Pay Gap. Ironischerweise ist das wiederum so, weil sie

vom Arbeitgeber als potenzieller Ausfall gesehen werden, weil sie ja schwanger werden könnten. Und da beißt sich die Katze in den Schwanz.

Wenn die Rollenverteilung innerhalb der Partnerschaft erst einmal gesetzt ist, ist es schwierig, sie wieder aufzubrechen – auch, weil ja Kinder betroffen sind, die sich an die Hauptbezugsperson gewöhnt haben. Und weil das Gehalt des besser verdienenden Partners, der inzwischen vielleicht Karriere gemacht hat, gebraucht wird, um den Lebensstandard zu halten.

Es ist kaum möglich, in Teilzeit Karriere zu machen, und Elternzeit wird von Arbeitgebern nicht als Kompetenz honoriert. Da ist es dann schwierig, finanziell auf eigenen Beinen zu stehen. Im Prinzip müsste jedes Paar auch darüber verhandeln, was ihm die Sorgearbeit wert ist, und das dann finanziell gerecht abbilden.

Mir geht es ähnlich wie dir, ich habe erst durch die Kinder und Pflegeverantwortung das große Bild rund um den Zusammenhang von Geld und Sorgearbeit erkannt. Brauchen wir statt einer nationalen Strategie für finanzielle Bildung eine nationale Strategie für finanzielle Gleichstellung?

Ja, genau! Ich gehe sogar noch weiter: Ich denke, der Staat müsste den Wert von Sorgearbeit aktiv beziffern und Paaren, insbesondere solchen mit Kindern oder pflegenden Angehörigen, Anreize geben, hier für eine transparente und gerechte Aufteilung des Haushaltseinkommens zu sorgen. Denn sonst kriegen wir den Child Penalty Gap, also die finanzielle Benachteiligung von Müttern, nie aus dem System.

Was rätst du alleinerziehenden Frauen, um ihren Alltag auch in Zeiten von hohen Mieten, steigenden Energiekosten und Inflation finanziell im Griff zu behalten?

Ich glaube, dass die meisten alleinerziehenden Frauen schon sehr gut darin sind, sparsam mit Geld umzugehen, einfach aus der Not heraus. Wir haben ja seit Jahren über 40 Prozent Armutsbetroffene unter den Alleinerziehenden, die kennen es also gar nicht anders. Was man on top noch machen kann und sollte ist, sich über staatliche Transferleistungen zu informieren, auch wenn das mühsam ist. Aber sehr viele Menschen sind theoretisch berechtigt, Wohngeld zu beziehen, oder den Kinderzuschlag, oder auch das Bildungs- und Teilhabepaket zu nutzen, sie tun es aber nicht, weil sie denken, das stünde ihnen gar nicht zu. Teilweise machen die Formulare auch wirklich viel Arbeit, gerade beim Wohngeld, aber es lohnt sich, da sind mehrere Hundert Euro im Monat vom Staat drin. Das geht hoch bis zu 600 Euro, je nach Familiengröße, Stadt und Stufe, der man zugeordnet ist.

Ich sage da immer: Das ist ein super Stundenlohn, wenn du dich vier bis fünf Stunden hinsetzt und alles ausfüllst und zusammenkopierst, es lohnt sich! Und oft gehen damit dann auch weitere Vergünstigungen der Kommunen einher, bei uns ist das z.B. ein Sozialpass, mit dem man günstiger Bus fahren kann, im Schwimmbad weniger Eintritt zahlt und auch in der Musikschule Ermäßigungen erhält.

Du setzt dich auch für grüne Themen ein. Was meinst du, ist Nachhaltigkeit im Alltag ein Ausweg? Und wie kann verhindert werden, dass Menschen sich durch Verhaltenstipps bevormundet fühlen?

Nachhaltigkeit finde ich generell super, und ich denke, das geht immer mehr Menschen so. Viele Armutsbetroffene machen es schon lange so, dass sie Kleider tauschen oder Kinderklamotten, die nicht mehr passen, im Bekanntenkreis weitergeben. Etwas Nachhaltigeres gibt es nicht.

Große SUVs haben Alleinerziehende eher nicht, und Kreuzfahrten machen auch die wenigsten. Von daher sehe ich ein viel größeres Einsparpotenzial in anderen Bevölkerungsgruppen, denn Radfahren und zu Fuß gehen sind eh nachhaltig, und das sind bevorzugte Verkehrsmittel von Menschen mit wenig Geld.

Das mit den Ratschlägen ist so eine Sache – das kann schnell als Bevormundung aufgefasst werden. Ich bin damit grundsätzlich vorsichtig und achte genau auf meine Formulierungen, wenn ich Tipps gebe. Gewaltfreie Kommunikation ist da ein Stichwort, und einfach Respekt vor dem Gegenüber.

Welchen Rat hast du für Frauen, die mit dem Gedanken einer Trennung spielen, aber wissen, dass es mit der Sicherung ihrer finanziellen Existenz schwierig werden könnte?
Information ist alles! Eine Trennung will gut vorbereitet sein. Wenn man nämlich erst mal in dem ganzen Gefühlschaos drin ist, speziell, wenn Kinder betroffen sind, hat man den Kopf so voll mit allen möglichen Dingen, dass man oft nur noch funktioniert.
Ich rate unbedingt dazu, sich anwaltlich beraten zu lassen: Was steht mir zu, was nicht, womit muss ich rechnen? Und zwar, ohne den Partner darüber zu informieren. Das klingt fies, ist aber einfach klüger so. Außerdem muss ich aus eigener bitterer Erfahrung sagen: Wenn ihr euch trennt, sorgt dafür, dass der Ex-Partner sofort keinen Zugriff mehr aufs Konto hat. Mich hat das 30.000 Euro gekostet, die einfach von meinem Konto verschwunden waren, nachdem ich gesagt hatte, dass ich endgültig die Trennung will. Es gibt nämlich keinen Diebstahl innerhalb der Ehe. Das hätte ich mir in meinen bösesten Träumen nicht ausgemalt. Geht also unbedingt, und leider, davon aus, dass der andere nicht unbedingt fair spielt. Ein trauriger Rat, aber ein sehr nötiger. «

Beratung und Unterstützung bei Schulden

Wenn eine Trennung ansteht oder wir andere Krisen bewältigen müssen, hat das in den allermeisten Fällen Auswirkungen auf die finanzielle Situation. Wie wir damit umgehen und auf welche Ressourcen wir zurückgreifen können, spielt eine große Rolle.

Vielen der im System versteckten Fallen, die wir in den ersten drei Kapiteln behandelt haben, können wir nur schwer ausweichen. Trotzdem haben wir eine wesentliche Stellschraube – sofern die existenzielle Basis stimmt: die Art und Weise, wie wir persönlich mit Geld umgehen. Ein Budget gut zu verwalten und einen Haushalt ressourcenschonend zu führen, sind Alltagskompetenzen, die wir lernen können.

Bei finanziellen Schwierigkeiten ist es wichtig, Ansprüche auf Familien- und Transferleistungen zu überprüfen. Verschiedene Studien zeigen, dass anspruchsberechtigte Menschen Leistungen wie Wohngeld, Unterhaltsvorschuss, Förderungen des Bildungs- und Teilhabepakets, Kinderzuschlag oder Grundsicherung häufig nicht beantragen.[178] Die Gründe dafür sind vielfältig. Viele fürchten sich davor, stigmatisiert zu werden. Oft ist gar nicht bekannt, welche Fördermöglichkeiten es gibt. Hinzu kommt der Respekt vor Behörden und die Angst, mit der Bürokratie überfordert zu sein. Leider ist sogar mit rechtswidrigen Auskünften der Jobcenter zu rechnen. Darauf hat das Deutsche Kinderhilfswerk hinsichtlich der Anträge zum Bildungs- und Teilhabepaket hingewiesen.[179]

Tipps für finanzielle Unterstützung

- Verschaffe dir auf dem Familienportal des Bundesfamilienministeriums eine Übersicht über Familienleistungen und informiere dich über deine Ansprüche.
- Für alle Familienformen gibt es finanzielle Leistungen, wie etwa den Entlastungsbetrag für Alleinerziehende.
- Hab keine Scheu, dir Hilfe mit den Antragsformularen zu holen und dich unterstützen zu lassen, zum Beispiel bei Familien- oder Alleinerziehenden-Beratungsstellen.
- Wenn du aufgrund von Einkommensausfällen oder Mehrausgaben vor finanziellen Problemen stehst, erkundige dich über die Möglichkeiten, Kinderzuschlag, Energiezuschlag und Wohngeld zu erhalten.
- Viele Kommunen geben Hilfestellung bei der Antragstellung, etwa für Leistungen des Bildungs- und Teilhabepakets.

Wenn es finanziell eng wird

Wenn dein Budget sehr angespannt ist oder du schon in Zahlungsschwierigkeiten steckst, schaue dich nach Möglichkeiten um, Ausgaben einzusparen. Links und weitere Informationen für finanziell schwierige Zeiten findest du im Serviceteil des Buchs. Hier eine kurze Übersicht:

- Priorisiere deine Zahlungsverpflichtungen, um deine Existenz zu sichern, und zahle Miete, Strom und Energie immer zuerst.
- Senke laufende Kosten und stoppe nicht lebensnotwendige Ausgaben. Überprüfe nicht genutzte Mitgliedschaften, Abos und Streamingdienste und kündige sie gegebenenfalls.
- Wenn du soziale Leistungen beziehst oder ein niedriges Einkommen hast, kannst du einen Stromspar-Check der Caritas durchführen lassen.
- Nutze Infoportale und Beratungsangebote der Verbraucherzentralen.
- Erkundige dich nach lokalen Angeboten zu »Lebensmittel retten«, Foodsharing oder der »Too Good To Go«-App.
- Ziehe Fachkräfte von Schuldner- und Budgetberatungsstellen zurate. Achte darauf, dass es nicht kommerzielle Anbieter sind.
- Die Caritas bietet eine Online-Beratung bei Schulden, auch anonym.
- Verzichte vorübergehend auf Kartenzahlung und verwende Bargeld. Dadurch behältst du einen besseren Überblick und vermeidest unnötige Ausgaben. Es ist uns nämlich unangenehm, Geld aus der Hand zu geben. Bei der Kartenzahlung entsteht im Gegensatz zur Barzahlung *kein* sogenannter »Zahlungsschmerz« (Pain of Paying).

Wenn es uns finanziell schlecht geht, ist es wichtig, dass wir uns frühzeitig an Fachkräfte wenden. Geeignet sind vor allem nicht kommerzielle Beratungsstellen wie die Budget- und Schuldnerberatung. Dort kann man sich auch vorbeugend informieren. Die Hürde, sich Hilfe von außen zu holen, ist allerdings sehr hoch und mit viel Scham verbunden. Nicht nur Geld ist ein Tabuthema, vielmehr noch sind Schulden tabuisiert. Viele Betroffene zögern lange und im Durchschnitt vergehen drei Jahre, bis sie diesen Schritt wagen.[180] Das ist kostbare Lebenszeit, die oft von zahllosen schlaflosen Nächten begleitet wird. Anhaltende Geldsorgen kommen meist nicht allein, sie können früher oder später körperlich und seelisch krank machen. Hilfreich kann sein, sich klarzumachen, dass die häufigsten Überschuldungsursachen strukturell bedingt sind: Arbeitslosigkeit, dauerhaft niedriges Einkommen, Krankheit und Trennung stehen seit vielen Jahren auf den vordersten Plätzen.[181]

Wird über Schulden nicht gern gesprochen, dann erst recht nicht über Schulden für andere oder Suchtproblematiken in Familien. Frauenberatungsstellen berichten regelmäßig von Überschuldungssituationen, in die Frauen durch Bürgschaftsverpflichtungen oder Suchterkrankungen des Ex-Partners geraten. Solche »Schulden für andere« sind ein frauenspezifisches Phänomen. Liebe kann blind machen, unseren Selbstschutz und unsere Selbstachtung außer Gefecht setzen. Darüber habe ich mit einer Bankfachwirtin gesprochen, die solche Situationen aus ihrem Berufsleben kennt, aber auch selbst davon betroffen war.

> Ursula hat finanzielle Gewalt erlebt und eine Bürgschaft für ihren geschiedenen Mann übernommen, für die sie nach der Trennung haften musste. Schon kurz nachdem sie ihn kennengelernt hatte, warnte eine Freundin, dass mit seinem finanziellen Verhalten etwas nicht stimme. Dass ihr Ex-Mann tatsächlich unter einer Spielsucht litt und wesentliche Teile des gemeinsamen Geldes in Spielhallen vernichtet wurden, wollte Ursula lange nicht wahrhaben.

Wie sie sich so unter Druck setzen lassen konnte? »Nach Gewaltandrohung, als wir schon ein gemeinsames Kind hatten, habe ich die Bürgschaft gegeben und einen weiteren Kredit aufgenommen. Die Bankangestellte legte die Bürgschaft bei uns im Esszimmer vor, mein Ex-Mann hatte ihr gesagt, dass alles geklärt sei. In kleineren Ortschaften ist es da schwierig, nicht das Gesicht zu verlieren.«

Nicht nur die Androhung von Gewalt, sondern auch die Nötigung zum Erteilen von Unterschriften fällt unter den Begriff »Finanzielle Gewalt«. Das Frauenhaus Oberhausen macht in einem Flyer zum Schutz vor finanzieller Gewalt auf die Gefahren von wirtschaftlicher Abhängigkeit aufmerksam: »Nicht selten vertrauen Frauen auf die Loyalität des Familienverbandes und geben nach und nach ihre finanzielle Selbstbestimmung ab.«[182]

Anzeichen von finanzieller Gewalt sind etwa die Weigerung, in bestimmte Unterlagen Einsicht zu gewähren, das Abfangen von wichtigen Briefen, das Vorenthalten des Familieneinkommens, das Verhindern der Aufnahme einer Berufstätigkeit oder die ungerechte Verteilung von finanziellen Überschüssen.

Die Dynamik von Beziehungsverflechtungen kann finanziell desaströs werden. Auch in meiner Studie zum Umgang mit Geld habe ich sie nachgezeichnet: Meine Interviewpartnerin Monika Pfennig hatte als alleinerziehende Mutter nach Eröffnung eines Vergleichsverfahrens eine Restschuld von 200.000 DM abzutragen.[183] Frauen beweisen oft großes Durchhaltevermögen und erfüllen die Kreditverpflichtungen – bis ihnen selbst die Luft zum Atmen fehlt.

Falls du aufgrund der Übernahme einer Bürgschaft für deinen Partner in finanzielle Schwierigkeiten geraten bist, kannst du dich an die »Initiative bürgschaftsgeschädigter Frauen« wenden.[184] Sie wurde 1999 als bundesweites Beratungsprojekt ins Leben gerufen, um die Hemmschwelle zu senken, sich in einer finanziellen Notlage, die aus Kreditbürgschaften entstanden ist, Unterstützung zu holen. Auch nicht kommerzielle Schuldnerberatungsstellen können weiterhelfen.

Zum Schluss dieses Kapitels gebe ich dir einige Tipps und Anregungen, um deine finanzielle Gesundheit zu stärken. Den Grundstock für gesunde Finanzen solltest du so früh wie möglich legen.

Sparen und Vermögensaufbau

Zu Beginn ist es überaus hilfreich, sich einen **Überblick über alle Verträge und Unterlagen** zu verschaffen. Den Kampf mit dem Papierkram schieben wir alle gern vor uns her. Wer hat sie nicht, die Schubladen, in denen erst einmal ein ordentlicher Papierstapel anwächst? Bis wir uns endlich wieder einen Ruck geben und uns darum kümmern. Gibt es sehr große Hürden und Vermeidungstendenzen beim Geld, etwa wenn sich Schulden angehäuft haben, kann es schwer sein, den ersten Schritt zu gehen. Fachkräfte aus Schuldnerberatungsstellen berichten immer wieder von den großen Plastiktüten voller Belege, Auszüge, Rechnungen und Mahnungen, mit denen Ratsuchende kommen, die in finanzielle Schwierigkeiten geraten sind. Sie haben irgendwann einfach resigniert und öffnen oft nicht einmal mehr die Post. Ansprechende Ordner helfen beim Sortieren. Ordnung ist zum Beispiel wichtig, damit Quittungen und Kassenbelege griffbereit sind, um Garantiefälle zu reklamieren oder um wertvolle Gutscheine nicht zu verlegen.

Auch sehen wir so auf einen Blick, welche Versicherungsverträge vorhanden sind und welche Kündigungsfristen eingehalten werden müssen, falls ein Wechsel angezeigt ist. Um Ausgaben zu senken, sollten von Zeit zu Zeit **Abos und Verträge** überprüft und gegebenenfalls die Tarife gewechselt oder gekündigt werden. Familien sind übrigens oft überversichert, während ihnen gleichzeitig die richtigen Versicherungsverträge fehlen. Das beste Beispiel sind Kinderunfallversicherungen, die Eltern gern verkauft werden. Häufige Ursachen für eine Invalidität junger Menschen sind aber Erkrankungen und Erbkrankheiten. Die Verbraucherzentrale schreibt: »So ist es etwa sehr viel wahrscheinlicher, dass der Nachwuchs durch Krankheiten invalide wird als durch einen Unfall.« Daher ist eine Kinderinvaliditätsversicherung viel sinnvoller und auch umfangreicher.[185]

Wenn wir ein solides Fundament für die eigenen Finanzen gelegt haben, können wir anschließend den mittel- und langfristigen Vermögensaufbau angehen. Dadurch lenken wir unsere Geldbiografie in die richtigen Bahnen, um uns unsere Privilegien von morgen zu erschaffen. **Mittelfristige Sparziele** haben einen überschaubaren Anlagehorizont von rund drei bis sieben Jahren. Mittelfristig wird etwa für eine Fortbildung, ein Zusatzstudium, eine lang ersehnte Reise, ein neues Auto oder eine neue Küche gespart. Dafür gilt es, sichere Geldanlagen auszuwählen, wie Tagesgeld, Festgeld oder Sparbriefe, und keine Risiken einzugehen, da die Anlagedauer möglicherweise nicht ausreicht, um Schwankungen auszugleichen.

Hingegen ist bei **langfristigen Sparzielen** die Zeit unser Freund. Langfristige Sparziele sind auf Zeiträume ab acht Jahren angelegt. Wir können kalkulierte Risiken, etwa über die Geldanlage am Aktienmarkt eingehen, weil ausreichend Zeit ist, um das Auf und Ab des Kapitalmarkts »auszusitzen«. Hierunter fällt das Sparen für die Ausbildung der Kinder und natürlich die private Altersvorsorge. Als Faustregel für die Altersvorsorge sollten mindestens zehn Prozent des Nettoeinkommens angespart werden. Eine Möglichkeit ist, sich über kostengünstige ETF-Sparpläne zum Aufbau eines Vermögensgrundstocks zu informieren und den Betrag wie beim Notgroschen gleich bei Zahlungseingang bzw. am Monatsanfang wegzulegen. Auch der Erwerb von Immobilieneigentum zählt zu den langfristigen Spar- und Vermögenszielen. Dafür ist ein gewisses Maß an Eigenkapital nötig, das wiederum mittelfristig angespart werden kann.

Für einen gesunden Umgang mit Geld ist es darüber hinaus wichtig, dass wir uns selbst mit großer Wertschätzung begegnen und unsere psychische Gesundheit stärken – etwa, indem wir unseren Emotionen Aufmerksamkeit schenken und ihnen Raum geben. Dies insbesondere, damit sie den verantwortungsbewussten Umgang mit

Geld nicht (unbeabsichtigt) unterlaufen. Viele von uns achten auf eine gesunde Lebensführung. Aber wie fit sind wir emotional und finanziell? Die Wechselwirkungen von Geld und Gesundheit sind nicht zu unterschätzen. Eine Studie der University of Essex fand heraus, dass mangelnde Finanzfertigkeiten das psychische Wohlbefinden beeinträchtigen. Finanzielle Kompetenz geht sowohl bei Männern als auch bei Frauen mit einem höheren Maß an psychischer Gesundheit einher. Umgekehrt kann fehlende Finanzkompetenz die negativen psychischen Auswirkungen kritischer Lebensereignisse noch verschlimmern.[186] Ein ausbalancierter, langfristig orientierter Umgang mit Geld, der weder zu sparsam noch übermäßig verschwenderisch ist und die Prinzipien der Vermögensanlage beherzigt, hat einen unschätzbaren Wert für unsere Lebensqualität und unseren weiteren Lebensverlauf. Daher ist es auch folgerichtig, dass du das Thema Geld in der Erziehung nicht ausklammerst, den Selbstwert und das Selbstvertrauen deines Kindes bzw. deiner Kinder stärkst, ein Bewusstsein für Schuldenfallen schaffst und eine reflektierte Haltung zu Geld und Konsum vorlebst. Wir können die Kinder nicht vor der Konsumgesellschaft »abschotten« oder bewahren, aber mit ihnen über die Folgen von Überkonsum, Budgetüberschreitungen, Verschuldung und materialistisch geprägten Einstellungen reden. In einer Metastudie der Hochschule Luzern verdeutlichen die Autorinnen, dass es vor allem von den Eltern vermittelte Werte und Normen sind, die den Umgang mit Geld prägen: »Ein gutes Finanzwissen wirkt erst dann schuldenpräventiv, wenn die Einstellung zu Geld und Konsum positiv beeinflusst werden kann.«[187]

Um mit gutem Beispiel voranzugehen, sollten wir unsere eigenen Verhaltensmuster und Einstellungen zum Geld kennen und hinterfragen. Denn wie sollen wir ein Vorbild für unsere Kinder sein, wenn wir diese nie selbst reflektiert haben? Darum geht es im nächsten Kapitel.

5 Ergründe deine Geldbiografie

Nicht im Kopf,
sondern im Herzen
liegt der Anfang.

Maxim Gorki[188]

Finanzielle Bildung ist eine notwendige Voraussetzung, um in einer ökonomisierten Welt zu bestehen. Dennoch hilft sie nur bedingt dabei, gut mit Geld umzugehen, denn das kognitive Wissen allein bringt uns nicht weiter. Sozialpsychologische und biografische Hintergründe werden in Angeboten zu Finanzbildung oft ausgeblendet. Sie zu kennen, ist aber entscheidend, um das eigene Geldverhalten besser zu verstehen. Oder auch das unserer Partner:innen und Kinder. Wenn uns bewusst ist, wie wir mit Geld umgehen und was wir damit verbinden, können wir unsere Handlungsspielräume vergrößern.

Die Biografieforschung weist uns dafür den Weg. Sie fragt danach, inwiefern Menschen sogenannte »Freiheitsgrade« verwirklichen können. Ob wir also unser Leben selbstbestimmt leben können und Gestaltungsspielräume haben, um unsere Ziele und Zukunftsentwürfe zu verwirklichen. Dabei werden gesellschaftliche Rahmenbedingungen analysiert, die dem Vorschub leisten oder entgegenstehen. Wenn wir einen biografischen Blick auf Geld einnehmen, gelangen wir direkt an die Schnittstelle von *Struktur- und Handlungsebene.* Was ist damit gemeint?

Wir leben nicht nur als selbstbestimmte Individuen, die in all ihren

Entscheidungen und Handlungen autonom und unabhängig von ihrer Umgebung sind und ihre persönlichen Vorhaben stets umsetzen können. Stattdessen ist unser Leben mit gesellschaftlichen und rechtlichen Rahmenbedingungen verwoben. Dennoch haben wir natürlich Entscheidungsfreiheit und ein gewisses Handlungsspektrum. Zwar können strukturell geprägte Barrieren das individuelle Handeln erschweren oder sogar unterlaufen – im Fall der Mütter etwa traditionelle Rollenbilder und überholte Steuergesetze –, doch sind wir als Individuen den Bedingungen nicht gänzlich ausgeliefert. Auch in eingeschränkten persönlichen Lebenslagen haben wir Wahlmöglichkeiten und bestimmte Spielräume in Bezug auf unsere Lebens- und Finanzentscheidungen.

Ob wir langfristige finanzielle Ziele verfolgen, Lebensentscheidungen vorausschauend treffen und uns gut absichern können, hängt mit unserer Geldbiografie zusammen. Im Folgenden schauen wir uns unsere Geldbiografie genauer an und alles, was damit zusammenhängt: Wie wir über Geld reden, Glaubenssätze, Geldeinstellungen, aber auch Geld als Bewältigungsstrategie, etwa um Unsicherheit oder Selbstwertkonflikten zu begegnen. Dabei verfolgen wir die Spuren unseres Lebens bis weit in die Vergangenheit. Oft fehlt uns genau diese Zeit für die Beschäftigung mit unserem *ganzen Leben.* Die Zeit für eine solche Standortbestimmung müssen wir uns aber ganz bewusst nehmen, sei es durch lange Gespräche mit guten Freund:innen, unserem Partner, unserer Partnerin oder auch das Tagebuchschreiben. Man nennt diese Auszeit Biografiearbeit. Biografische Arbeit ist eine Selbstcoaching-Methode, die uns mit uns selbst verbindet. Indem wir eine Bestandsaufnahme machen und zurückblicken auf das, was war, können wir dem, was kommt, eine Richtung vorgeben. Das berühmte Zitat Kierkegaards spielt darauf an: »Es ist ganz wahr, was die Philosophie sagt, daß das Leben rückwärts verstanden werden muß. Aber darüber vergißt man den andern Satz, daß vorwärts gelebt werden muß.«[189]

Wie reden wir über Geld?

Geld ist in Deutschland noch immer ein Tabuthema.[190] Tatsächlich wird öfter über politische Einstellungen, Krankheiten und den Tod als über Geld gesprochen.[191] Insbesondere über Einkommen und Vermögen wird gern Stillschweigen bewahrt.[192] Typische Aussagen sind:

»*Über Geld spricht man nicht.*«

»*Unsere Finanzen gehen niemanden etwas an*« oder auch

»*Ich weiß nicht genau, was mein Mann verdient*«.

Dabei wäre es für einen kompetenten Umgang mit Geld wichtig, für Transparenz zu sorgen. Etwa beim Thema Einkommen, sodass Gehälter verhältnismäßig verhandelt und Ziele sinnvoll gesteckt werden können. Selbst unter engen Freunden ist es nicht üblich, *detailliert* das eigene Einkommen und die persönliche Finanzsituation zu teilen. Mehr noch: Wir sind dem so sehr abgeneigt, dass das Ansprechen des Themas oft wie eine Überrumplung oder Unhöflichkeit ankommt. Auch will niemand in der unterlegenen Position sein und keiner will andere »ausstechen«, Begehrlichkeiten wecken oder sogar Neid auf sich ziehen.

Unser Umgang mit Geld sagt viel über uns selbst aus. Wenn wir aufmerksam sind, können wir täglich dabei zusehen, wie unsere Stimmungen vom Geld beeinflusst werden. Ein Beispiel: Die Kollegin hat sich eine hochwertige Tasche gegönnt und wir denken sofort, »sie verdient ja auch besser als ich«. Oder wir erfahren, dass jemand befördert wurde. Schon regt sich Unmut oder sogar Neid. »Neidisch sind nur die anderen«, so der treffende Titel eines Buchs von Rolf Haubl, der dieser Emotion aus verschiedenen Blickwinkeln auf die Spur kommt. Weil Neid sozial unerwünscht ist, schämen wir uns dafür. Denn eigentlich wollen wir großzügig sein und anderen Menschen ihre Erfahrungen und Erfolge gönnen. Umgekehrt können wir darüber nachdenken, wie es sich anfühlt, zu erfahren, wie wenig eine Pflegekraft in der Altenpflege verdient. Es verletzt unser Gerechtigkeitsempfinden, dass diese wichtige und systemrelevante Arbeit so schlecht bezahlt wird.

Dabei wird deutlich: Geld ist mehr als eine Währung und immer auch eng verknüpft mit Emotionen. So wird Vermögen und Reichtum oft mit Begriffen wie »materialistisch«, »rücksichtslos«, »egoistisch« oder »gierig« assoziiert, und es gibt unterschiedliche Bezugsgrößen, ab wann jemand als wohlhabend oder reich gilt.

In den USA ist es nicht unüblich, beim Small Talk zu fragen, was das Gegenüber beruflich macht *und* wie viel der andere verdient: »What do you do for a living?«, »How much do you make?«[193] Während dort selbstverständlich über Gehälter und die Preise neuer Anschaffungen gesprochen wird, ist Deutschland bekannt für seine »Neiddebatte«. Hierzulande kommt immer rasch der Eindruck auf, die anderen könnten es besser haben – und dafür sogar weniger getan haben. Man scheint sich gegenseitig nicht besonders viel zu gönnen. In Bangladesch gilt es als Zeichen von Respekt, bei Einladungen bewusst auf überschwänglichen Dank zu verzichten. Denn wer sich zu viel bedankt, schafft Distanz. Fühlt man sich unter Freunden, zeigt man seine Dankbarkeit darin, dass man sich – ohne zu fragen und sich zu bedanken – traut, sich selbst zu bedienen und alles selbst zu nehmen. In Schweden oder Norwegen ist es Usus, dass maximale Transparenz bei der Steuererklärung herrscht. Dadurch sind alle Gehälter öffentlich zugänglich und jeder kann die Einkünfte des Nachbarn einsehen. Eine merkwürdige Vorstellung für uns.

Ambivalenzen zum Geld lassen sich geschichtlich bis in die Antike zurückverfolgen und sind kulturell geprägt. Aristoteles belegte Verschwendung moralisch mit Schuld. Auch im Wort Verschuldung schwingt die Schuldfrage mit. Soziale Normen eines »guten« Umgangs mit Geld können auch in der christlichen Tugendethik nachgezeichnet werden. Hier gelten Geiz (Habgier), Maßlosigkeit (Völlerei) und Neid als drei der sieben Todsünden. Anders als im Konfuzianismus, der eine Reichtums-Tugend hervorgebracht hat.

Wie offen mit Geld umgegangen wird, hängt von vielen Faktoren ab. Neben kulturellen, familiären und persönlichen Werten zählen dazu auch der Bildungsstand und der wirtschaftliche Status von Personen. Auch akademische Fächerkulturen und Herkunftsmilieus können mit mehr oder weniger Transparenz beim Thema Geld einhergehen. Gerade bildungsbürgerliche Haushalte halten eher immaterielle Werte hoch und werten das Geld direkt oder indirekt ab. Der Soziologe Christoph Deutschmann kritisiert außerdem einen blinden Fleck in den Sozialwissenschaften. Ausgerechnet hier »wird die Macht des Geldes in und über die Gesellschaft in manchmal geradezu bizarrem Ausmaß ignoriert, verdrängt, heruntergespielt«.[194] Solche Vermeidungstendenzen und negative Einstellungen in Bezug auf Geld und Finanzdienstleistungen konnte ich mit Kolleginnen auch im Kontext der Familienberatung und Sozialen Arbeit zurückverfolgen.[195] Hier lauert eine große Falle. Denn so wichtig es ist, in der professionellen Familienbildung, etwa caritativen Einrichtungen, entlastende Freizeitangebote zur Verfügung zu stellen und etwas Schönes mit den Familien zu unternehmen, so essenziell kann es besonders für Familien mit geringen Einkommen sein, gute Tipps für die Budgetplanung oder vernünftige Kreditentscheidungen zu erhalten und die eigenen Rechte in Bezug auf finanzielle Familienleistungen zu kennen. Gerade in Zeiten zunehmender Krisen und steigender Inflation.

Reflexion:
Vermeidungshaltungen ade – Ziele definieren

Schreibe deine persönlichen und finanziellen Ziele auf. Das können ganz kurzfristige Ziele und Träume sein, aber auch solche, die du erst in ein paar Jahren realisieren willst. Und auch solche, die noch größere Zeitspannen umfassen, oder bei denen es um deine Lebenspläne geht. Halte sie schriftlich fest, damit du immer wieder darauf zurückkommen und sie verinnerlichen kannst.

- Welche großen Träume verfolgst du in deinem Leben? Was haben sie mit Geld zu tun?
- Was bedeutet finanzielle Selbstbestimmung für dich?
- Welche Schritte in Richtung deiner finanziellen Selbstbestimmung willst du als Nächstes gehen?
- Welche Ziele hast du für deine weitere Zukunft? Ist Geld dabei ein Hindernis?
- Wie könnte Geld und deine Geldeinstellung dir dabei helfen, deine langfristigen Ziele zu verwirklichen?

Wenn wir unsere persönlichen Ziele mit einem emotionalen Anker verknüpfen, erlangen sie noch einmal eine andere Bedeutung für uns. Zwei Beispiele: »Ich will meine Rentenlücke schließen« ist nicht so ein wirksames Ziel wie »Ich kümmere mich um meine Altersvorsorge, um meinen Kindern später nicht auf der Tasche zu liegen«. Der abstrakte Wunsch, »Ich will künftig mehr sparen«, löst in uns keine Emotion aus, für die es sich lohnt, loszugehen. Wenn wir aber weiterdenken und das Sparziel mit etwas verbinden, das uns lieb ist, haben wir eine ganz andere Motivation zum Sparen: »Ich sorge vor, um finanziell unabhängig zu sein« bzw. »Ich spare regelmäßig, um meinen Kindern eine gute Bildung zu ermöglichen«.

Halte dir immer vor Augen, dass Geld ein wirksamer Hebel für deine Selbstbestimmung ist. Eine gute finanzielle Absicherung macht für viele Frauen einen wesentlichen Teil ihrer Lebensqualität aus.

Welche Geldbotschaften wurden dir vermittelt?

Wie wir über Geld denken, welche Gefühle es bei uns auslöst und wie wir mit Geld umgehen, liegt in unserer Lebensgeschichte begründet. Wenn wir unsere Geldgeschichte entschlüsseln, um unsere Verhaltensweisen zu verstehen, schärfen wir automatisch den Blick für größere Zusammenhänge. Denn unsere Überzeugungen und Haltungen zum Geld sind tief mit Fragen unserer Persönlichkeit und Identität verknüpft.

Die Weichen für unseren Umgang mit Geld werden zu einem großen Teil im Elternhaus gestellt. Als kleine Kinder eignen wir uns gesellschaftliche Werte und Normen in unseren Familien an. Denn wir lernen »am Modell«, das heißt, indem wir unsere Eltern beobachten, sie nachahmen oder uns von ihnen abgrenzen. Dabei gibt es allerdings keine Kausalitäten, sondern lediglich Muster zu beobachten. Wenn unsere Eltern ihre Budgetgrenzen nicht eingehalten haben, kann es also entweder sein, dass wir umso mehr darauf achten, unsere Finanzen im Griff zu behalten – oder aber, dass wir das ungünstige Verhalten übernommen haben. Welche Geldeinstellungen wir ausbilden, ist individuell unterschiedlich, lässt sich aber zurückverfolgen. Später, im Erwachsenenalter, wird unser Geld- und Finanzverhalten auch von unserem Bildungsstand, der Berufswahl und unserer aktuellen Lebenssituation mitbeeinflusst. Genau aus diesem Zusammenspiel unserer Lebensgeschichte und unseres Umgangs mit Geld formt sich unsere Geldbiografie. Sie spiegelt unsere persönlichen Werte und Geldeinstellungen und drückt die Wechselwirkungen von Geld und Biografie aus.

Eine *Geld*biografie will eigentlich niemand so richtig haben. Denn wo bleiben da die persönlichen Ziele und Träume, die inneren Werte und der individuelle Lebensentwurf? Immer wieder begegnen mir Vermeidungsstrategien, Abwehrhaltungen und negative Glaubenssätze zu Geld, vor allem bei sehr idealistisch geprägten Menschen. Ich kann das gut verstehen und nachempfinden, natürlich gibt es wichtigere Dinge als Geld. Und doch liegt eine große Gefahr darin, Geld gering zu schätzen. Wir sollten nicht nur auf die negativen Auswüchse der kapitalistisch geprägten Marktwirtschaft schauen, sondern uns fragen: Wie können wir unsere Handlungsspielräume vergrößern, ohne dabei unsere ethischen Ansprüche über Bord zu werfen? Dazu müssen wir den Blick zurück auf unsere Lebensgeschichte richten.

Den meisten Eltern ist es wichtig, ihren Kindern eine gute Finanzerziehung mit auf den Weg zu geben. Aber nur wenige Eltern beobachten sich selbst und achten selbstkritisch darauf, welche Geldbotschaften und Geldeinstellungen sie weitergeben. Zugleich findet die Geldsozialisation nicht nur innerhalb der eigenen Familie statt, sondern steht unsere persönliche Geschichte in einem größeren Kontext. Gesellschaftlich und kulturell betrachtet, sind wir Kinder unserer Zeit *und* unserer Familiengeschichte. Auch die Geldgeschichte unserer Eltern ist wiederum geprägt von deren Erfahrungen mit Geld im Kontext der damaligen Zeit und gesellschaftlichen Verhältnisse. Das Zitat einer Coachee, deren Eltern in der Nachkriegszeit aufgewachsen sind, verdeutlicht die unterschiedlichen Ausgangsbedingungen, denen wir gegenüberstehen. Je nachdem, in welche Zeit, aber natürlich auch, in welche Familie wir hineingeboren sind: »Sie mussten mit *nichts* zufrieden sein.« Das hören wir häufig über Angehörige der Kriegs- und Nachkriegsgeneration.

Genau auf unsere Kindheit und Jugend zu schauen, lohnt sich vor allem dann, wenn wir unter bestimmten Verhaltensweisen im Umgang mit Geld leiden. Bei der Frage etwa, warum es Menschen so schwerfallen kann, sich etwas zu gönnen, kommen wir unweigerlich mit den Geldbiografien der Elterngeneration in Berührung. All die Träume und Ziele, die sie selbst nicht verwirklichen konnten, wirken in uns nach. Weil Werte und Einstellungen von der einen auf die andere Generation übertragen werden, übernehmen wir unbewusst »Aufträge« von den Eltern. Dazu muss beispielsweise der Wunsch, »mein Kind soll es später einmal besser haben als ich«, nicht einmal verbal ausgesprochen werden. Das »ungelebte Leben« der Eltern, ihre nicht realisierten Verwirklichungschancen werden auch indirekt zum Auftrag für die Kinder. Die Kriegs- und Nachkriegskinder mussten als Überlebensstrategie oft eine ungeheure Härte gegenüber sich selbst entwickeln und immer weiter funktionieren. »Meine Eltern haben immer gearbeitet, ich kannte das als Kind gar nicht, dass sie sich einfach mal ausruhen«, so eine andere Klientin. Das kann ich auch aus meiner eigenen Familie und unzähligen Beobachtungen bestätigen. Geld und Arbeit sind eng miteinander verknüpft. Die meisten von uns kennen den Spruch »Erst die Arbeit, dann das Vergnügen«. Ein Verständnis von Selbstfürsorge, ja sogar von Selbstsorge, wie wir es heute entwickelt haben, konnten ältere Generationen sich zeitlich und finanziell nicht erlauben. Und auch die nachfolgenden Generationen mussten oft erst lernen, sich selbst die Erlaubnis zu geben, die eigenen Grenzen anzuerkennen, eigene Bedürfnisse ernst zu nehmen und eine Haltung der Güte und Nachsicht sich selbst gegenüber zu entwickeln.

Beispiele für Geldbotschaften

- Bei uns wird gespart!
- Wir kaufen uns nichts auf Pump.
- Hast du was, bist du was.
- Man lebt nur einmal.
- Geld ist auch nicht alles.
- Erst die Arbeit, dann das Vergnügen.
- Man muss sich auch mal etwas gönnen.
- Von den Reichen kann man das Sparen lernen.
- Börse ist reine Spekulation.
- Teil dir dein Geld gut ein!
- Aktien sind nur etwas für Leute mit viel Geld.
- Das können wir uns nicht leisten.

Unsere Geldsozialisation wird nicht nur von unserer Familie, sondern auch vom gesellschaftlich-kulturellen Umfeld mitgeprägt. Nach und nach bilden sich unsere Geldeinstellungen und unser Umgang mit Geld heraus. Zu den eigenen Erfahrungen zählt das »Learning by doing« durch Erfolge, Fehler, Irrtum und Korrektur. In die Gelderziehung fließen auch Sprüche und Botschaften zum Geld ein. Sicher kommen dir einige dieser Geldbotschaften bekannt vor.

Geldbotschaften werden von Generation zu Generation weitergegeben. Viele haben sogar eine Familientradition. Hast du dich schon einmal mit deiner Geldgeschichte beschäftigt?

Reflexion:
Ein Blick zurück auf deine Gelderziehung

Mache eine Bestandsaufnahme deiner Geldbiografie, am besten schriftlich. Achte beim Schreiben besonders auf Ereignisse, die dich emotional berühren. Frage dich:

- Was sind deine ersten Erinnerungen an Geld?
- Welche Rolle spielte Geld in deinem Elternhaus?
- Welche Geldbotschaften und Geldsprüche hast du zu Hause gehört?
- Haben dir deine Eltern den Umgang mit Geld aktiv beigebracht?
- Hattet ihr Geldsorgen?
- Auch was ambivalent blieb oder nicht gesagt wurde, kann dich beeinflusst haben.
- Hast du Taschengeld erhalten?
- Wurdest du zum Sparen angehalten?

Glaubenssätze über Geld

Zu unserer Geldbiografie gehören Glaubenssätze, die wir aus Geldbotschaften und eigenen Erfahrungen verinnerlicht haben. Manche davon sind negativ und können uns im Weg stehen. Wenn du ein gutes Verhältnis zu Geld entwickeln willst, ist es gewinnbringend, deine eigene *innere Logik* zu verstehen. Dazu müssen wir unsere Glaubenssätze aufdecken und unsere Werte kennen, die wir mit Geld verbinden. Es kann nämlich sein, dass unsere persönliche Logik in Bezug auf Geld ökonomisch »unvernünftig« ist und wir uns auf lange Sicht durch unser Verhalten finanziell schaden. Klar ist: Wenn jemand sein Geld stets mit beiden Händen ausgibt und nicht an morgen denkt, wird kaum Absicherung und auch keine Vorsorge getroffen werden.

Oft verrät uns unsere eigene Ausdrucksweise, wie wir über Geld denken: Bedeutet Sparen für dich in erster Linie *Verzicht*? Oder ist es dir wichtig, in deine Zukunft *zu investieren*? Betrachtest du Ausgaben für deine Persönlichkeitsentwicklung als Kosten oder als Investitionen? Wenn wir denken, ein Haushaltsbuch führen *zu müssen*, um endlich Ordnung in die Finanzen zu bringen, muss der Leidensdruck schon sehr groß sein, um die Motivation dazu aufzubringen. Hingegen ist es ein viel attraktiveres Ziel, das Familienbudget auf Erfolgskurs zu bringen, um unserem Traum vom guten Leben näherzukommen. Übernehmen wir in der Familie eher negative Haltungen zum Geld, kann das einen kompetenten Umgang mit Geld bis ins hohe Erwachsenenalter hinein erschweren. Geld wird dann sprichwörtlich zum »roten Tuch« und von sich weggeschoben, auch unbewusst. Das kann durch viele oder sehr hohe Ausgaben sein, durch Verleihen und Verlieren von Geld, oder auch dadurch, dass es schwerfällt, das eigene Gehalt oder Honorar gut zu verhandeln.

Wie können wir mit problematischen Glaubenssätzen umgehen? Zunächst einmal ist es grundlegend, sie zu kennen. Im Kasten findest du einige negative Geldglaubenssätze, die sich im schlimmsten Fall wie eine Selbstsabotage auf dich, dein Geld und somit auch auf dein ganzes Leben auswirken können.

Beispiele für negative Geldglaubenssätze

- Geld ist die Wurzel allen Übels.
- Ich kann einfach nicht gut mit Geld umgehen.
- Geld ist mir nicht so wichtig.
- Ich habe keine Zeit, mich mit Finanzen zu beschäftigen.
- Geld ist zum Ausgeben da.
- Reiche Menschen sind unsympathisch.
- Geld verdirbt den Charakter.
- Ich habe nie genug Geld.
- Geld macht nicht glücklich.
- Über Geld spricht man nicht.
- Geld bringt nur Verantwortung mit sich.
- Ich komme nie an das große Geld.

Wenn du dich mit einem oder mehreren dieser Glaubenssätze identifizierst, ist es wichtig zu ergründen, woher sie kommen. Zum einen kann es sein, dass du sie unhinterfragt zu Hause übernommen hast. Es kann aber auch sein, dass du diese Überzeugungen durch negative Erfahrungen mit Geld selbst entwickelt hast. Daher ist Selbstbeobachtung immer der erste Schritt, um uns auf die Schliche zu kommen. Dazu geben unsere Emotionen gute Anhaltspunkte. Beispielsweise ist Menschen, die äußerst sparsam sind, Verschwendung oft zuwider. Sie können diese regelrecht »hassen« und sehr wütend werden, wenn sie das Gefühl haben, ihr Geld werde gerade sprichwörtlich zum Fenster hinausgeworfen – womöglich noch von anderen. Das gilt umgekehrt bei sehr großzügigen Menschen, die regelrechte Abneigungen entwickeln, wenn sie das Gefühl haben, jemand sei geizig und enthalte ihnen möglicherweise etwas vor. Beobachte also deine Gefühle in Bezug auf Geld und versuche, ihrem Ursprung nachzugehen.

Eine zweite Spur, um unsere Geldglaubenssätze zu erkennen und besser zu verstehen, ist das Aufspüren von Abwehrmechanismen. Interessant ist, dass wir uns ambivalente oder negative Geldeinstellungen oft selbst nicht eingestehen. Für unsere Psyche ist es einfacher, Konflikte zu verdrängen und abzuwehren. Wir merken das bei der Selbstbeobachtung, wenn wir ein Verhalten oder schlechte Charaktereigenschaften an anderen Personen als störend empfinden oder ablehnen. Durch die Projektion auf andere, sehen wir das unerwünschte Verhalten beim anderen, vermeiden es aber, uns dem eigenen inneren Konflikt zu stellen. Wenn wir uns nicht die Erlaubnis geben, uns selbst und Geld wertzuschätzen, wird es schwierig, eine gelassene Geldeinstellung zu entwickeln. Um uns nicht eingestehen zu müssen, dass viel Geld das Leben sehr angenehm machen kann, gehen wir einen mentalen Umweg und finden reiche Menschen unsympathisch. Oder wir brandmarken einen großzügigen Umgang mit Geld als verschwenderisch. Wir könnten stattdessen aber auch beeindruckt sein, wie sehr diese Person die Fülle des Lebens genießen kann.

Grundsätzlich geht es darum, mit sich selbst ins Reine zu kommen und den negativen Glaubenssätzen eine positive Botschaft entgegenzusetzen. Das bedeutet nicht, eine rosarote Brille aufzusetzen und sich unangenehme Dinge schönzureden. Es geht dabei auch um neurophysiologische Vorgänge im Gehirn, die wir bis zu einem gewissen Grad aktiv beeinflussen können. Wir sind nicht nur Opfer unserer Umstände. Denkspuren sind wie viel befahrene Autobahnen. Wir müssen lernen, neue Blickwinkel einzunehmen, und den ausbaufähigen Seitenstraßen Beachtung schenken – um uns selbst den Weg freizuschaufeln. Worauf wir unsere Aufmerksamkeit richten, das wächst, so eine Grundregel der kognitiven Verhaltenstherapie.

Wenn wir unsere Haltungen Schritt für Schritt ändern und neue Denkweisen ins Leben integrieren, entwickeln wir mit der Zeit neue

Verhaltensmuster und machen diese zum »neuen Normal« unseres Lebens. Uns negative, selbstzerstörerische Gedanken »zu verbieten«, kann eine bewusste Entscheidung sein, die wir jeden Tag aufs Neue einüben und wiederum an uns selbst überprüfen können. Das betrifft natürlich nicht nur die Einstellungen zum Geld, sondern es handelt sich um allgemeine Erkenntnisse aus der Resilienzforschung. Falls du negative Glaubenssätze zum Geld bei dir wahrnimmst, versuche, ihnen mit einer neuen Betrachtungsweise zu begegnen. Positive Geldglaubenssätze öffnen deinen Horizont hin zu einem neuen Geldbewusstsein und entspannten Umgang mit Geld.

Beispiele für positive Geldglaubenssätze

- Finanzkompetenz ist Lebenskompetenz.
- Ich kann gut mit Geld umgehen.
- Geld schenkt viele Freiheiten.
- Finanzielle Selbstbestimmung ist Lebensqualität.
- Geld kann viel Gutes bewirken.
- Mit Geld gestalte ich mein Leben.
- Ein guter Umgang mit Geld bedeutet Selbstfürsorge.
- Wer reich werden will, muss investieren.
- Mein Wertpapierdepot eröffnet mir Möglichkeiten.
- Geld ist Wertschätzung.
- Ich kann meine finanzielle Zukunft positiv beeinflussen.
- Morgen beginnt heute.

Bist du zufrieden mit deinem Umgang mit Geld? Deine Werte, die mit Geld zusammenhängen, sind nicht starr. Du kannst sie nach und nach verändern. Das ist allerdings ein längerer Prozess und geschieht nicht von heute auf morgen. Wichtig ist nur, dass du anfängst.

Experiment mit dir selbst: Glaubenssätze aufspüren

In einfachen Experimenten kannst du dich selbst beobachten, was Geld mit dir macht. Wenn du eher sparsam geprägt bist, versuche doch mal einen Tag lang, über die Stränge zu schlagen. Du wirst sehen, dass es dir nicht so leichtfällt und du automatisch denkst: »Das kann ich doch jetzt nicht machen«, »Das ist doch unnötig« oder »Das schöne Geld«. Umgekehrt kann es für dich, wenn du sehr großzügig und freigiebig bist, extrem schwierig sein, dich etwas mehr einzuschränken – und sei es nur ein paar Tage lang. Auch hier setzen Abwehrmechanismen ein, die als hartnäckige Stimme im Hinterkopf mitreden: »Heute kann ich das Experiment nicht machen, der Tag war so anstrengend«, »Wenigstens eine kleine Belohnung muss drin sein«, »Das macht ja sonst alles keinen Spaß«.

Wenn du sehr großzügig mit Geld umgehst, magst du vielleicht den damit verbundenen Freiheitsgewinn und das Lebendigkeitsgefühl. Der Wunsch, diese Pole stärker zu leben, kann, muss aber nicht aus Entbehrungen resultieren. Dennoch herrscht das Gefühl vor, endlich auch den eigenen Anteil am Kuchen zu wollen: »Man lebt nur einmal«, »Ich will mein Leben genießen« oder »Ich will jetzt leben, wer weiß schon, was später ist«, sind oft vorherrschende Gedanken. Wenn Geld für dich stark mit Lebendigkeit verknüpft ist, suche nach Möglichkeiten, dich frei und lebendig zu fühlen, ohne dafür groß Geld auszugeben. Das eingesparte Geld kannst du für deinen langfristigen Vermögensaufbau einsetzen. Hier kommt mitunter paradoxes Verhalten zum Vorschein. Es gibt nämlich Menschen, die zwar Geld zurücklegen und auch längerfristig sparen können. Sobald sie allerdings einen gewissen Betrag auf dem Konto haben, finden sie vielfältige Gründe, warum sie dieses Geld gerade jetzt dringend benötigen. Beim Vermögensaufbau spielt daher auch Disziplin eine sehr große Rolle.

Am Gegenpol, dem eher sparsamen, zurückhaltenden Umgang mit Geld, steht oft ein ausgeprägter Wunsch nach Kontrolle und Sicherheit. Hier kann es sein, dass existenzielle Ängste durchlebt wurden, die nicht unbedingt mit Geld zu tun haben müssen. Diese Menschen haben eine große Freude daran, Geld *nicht* auszugeben, etwas einzusparen oder ein Schnäppchen gemacht zu haben. Bei ihnen kann es sein, dass sie Phasen von Ohnmacht, Hilflosigkeit und Unsicherheit erlebt haben, die nun mit einer verstärkten Kontrolle über Geld in Schach gehalten werden. Das Gefühl eines Kontrollverlustes möchten sie nun unter allen Umständen vermeiden. Leider sind die Grenzen zur übertriebenen Sparsamkeit bzw. zum Geiz fließend, was dazu führen kann, sich kaum etwas zu gönnen bzw. gönnen zu können. Menschen mit dieser Ausprägung besitzen vielleicht mit Anfang fünfzig noch Möbel aus der Ausbildungs- und Studienzeit und erlegen sich viele Einschränkungen auf, was sie rein rechnerisch nicht bräuchten. Sie müssen sich aber die innere Erlaubnis dazu erschließen: »Das ist jetzt mal gut, es hat seinen Dienst geleistet, man darf sich auch etwas Neues gönnen.«

Wenn Geld für dich stark mit Sicherheit verknüpft ist, kannst du dich fragen, wie du dich ohne Geld sicher fühlen kannst und Sicherheit in dir selbst schaffst. Ein sehr hohes Sicherheitsbedürfnis steht mitunter der Geldanlage im Weg, da es für diese Menschen schwierig sein kann, kontrollierte Risiken einzugehen.

Diese Fragen können dir helfen, deine Prägung besser zu verstehen:

- Was bedeutet Geld für dich?
- Welche Erfahrungen hast du mit Geld gemacht?
- Falls sie dich bedrücken, ist jetzt ein guter Moment, um dich dem Geld wieder anzunähern.

- Beobachte dich selbst, wie du mit Geld umgehst. Bist du gern großzügig, eher sparsam oder pflegst du einen ausgewogenen Umgang mit Geld?
- Zeichne deine Geldbiografie als Kurve: Beginne mit Gelderfahrungen in der Kindheit, zeichne die Linie bis heute und imaginiere sie in die Zukunft. Wo willst du später einmal finanziell stehen?

Geld und Selbstwert

Das Interessante an den Geldbotschaften und Geldeinstellungen ist, dass sie widersprüchliche Bedeutungen transportieren können. Zum Beispiel, wenn die Eltern darauf pochen, sparsam zu sein, und behaupten, »Das können wir uns wirklich nicht leisten«, zugleich aber selbst über die Stränge schlagen. Oder wenn eine Person, die ihr Konto bereits sehr weit überzogen hat, immer wieder Geld in Konsum steckt, obwohl sie *weiß*, dass sie eigentlich keinen finanziellen Spielraum mehr hat. Sie findet aber ständig neue Gründe, Einfälle und Ausreden, um diese oder jene Dinge unbedingt zu kaufen. Zugleich machen ihr diese Einkäufe ein schlechtes Gewissen. Das Gehirn ist erfinderisch und löst Unstimmigkeiten auf elegante Weise: Wenn ungelöste Lebensprobleme keinen Raum bekommen, finden sie Umwege, sich ein Ventil zu verschaffen.

Wenn Menschen Probleme haben, sich ihr Budget stimmig einzuteilen, ist oft mangelnder Selbstwert im Spiel. Auch kann es eine Diskrepanz zwischen Finanzwissen und Finanzverhalten geben. Um dies zu veranschaulichen, möchte ich gerne das Beispiel meiner Interviewpartnerin Claudia vorstellen.

> Die studierte Volkswirtin hatte in einem Konzern jahrelang Personalverantwortung inne. In dieser Funktion verwaltete sie stattliche Budgets, was ihr ausgesprochen gut gelang: »Ich habe die Bud-

gets im Griff gehabt, das ist richtig gut gelaufen. Also im Geschäft gut.« Im privaten Bereich hingegen kam Claudia über viele Jahre mehr schlecht als recht mit ihrem Geld zurecht. Die Finanzen waren oft am Anschlag.

Sie pflegte einen sehr großzügigen und freigiebigen Geldstil und achtete nicht auf Budgetgrenzen. Zwar räumte sie ein zu *wissen,* dass ihr persönlicher Umgang mit Geld sie womöglich in eine ausweglose Lage manövriert, hielt aber dennoch daran fest: »Ich weiß, dass ich über meine Verhältnisse lebe. Also ich weiß genau, woran ich bin.«[196]

Als Diplom-Ökonomin muss ihr niemand die Zusammenhänge von Soll und Haben, Einnahmen und Ausgaben, Ertrag und Risiko oder Zinseszins und Inflationsausgleich erklären. Auf der Verhaltensebene sieht es jedoch anders aus. Claudia hat aufgrund ihrer persönlichen Geschichte eine Bewältigungsstrategie entwickelt, die innere psychische Verletzungen in Schach hält. Solche »Copingstrategien« helfen uns, Ängste, Stress, belastende Situationen oder traumatische Ereignisse zu bewältigen. Seit dem Jugendalter versuchte sie, mit dem Erwerb schöner Dinge innere Stabilität herzustellen und ihren Selbstwert zu erhöhen. Passend dazu war die vorherrschende und gelebte Geldbotschaft in ihrem Elternhaus: »Hast du was, bist du was.« Wir alle kennen dieses Sprichwort. Die Eltern hatten ein Faible für schicke Autos und zeigten ihren Wohlstand gern nach außen, etwa indem sie größere Feierlichkeiten ausrichteten. Konsum bildete für Claudia eine Möglichkeit, ihren Selbstwert zumindest äußerlich aufzubessern.

Der Psychologe, Sozialpsychologe und Lehranalytiker Rolf Haubl hat den Zusammenhang von Geld und Selbstwert aus soziologischer und psychoanalytischer Sicht herausgearbeitet.[197] Ein bestechendes Zitat fasst seine Forschungen präzise zusammen: »In der Art und Weise, wie wir mit Geld umgehen, kommt unsere Persönlichkeit mit allen unbewältigten lebensgeschichtlichen Traumata und Konflikten zum

Ausdruck.«[198] Diese weitreichende Interpretation meines Doktorvaters hat sich in meiner Forschung und Arbeit immer wieder bestätigt. Du kannst dir den Umgang mit Geld wie eine Krücke vorstellen, die dir hilft, Stabilität und Sicherheit im Leben zu bewahren. Allerdings mit ganz unterschiedlichen finanziellen Folgen – was vor allem bei einem großzügigen Umgang mit Geld langfristig zu Problemen führen kann.

Unsere Bewältigungsstrategien können, wie im Fall von Claudia, völlig querliegen zu dem, was wir im Allgemeinen mit einem »vernünftigen« Umgang mit Geld verbinden. Obwohl ihr klar war, dass sie regelmäßig mehr Geld ausgab, als ihr zur Verfügung stand, und das irgendwann zu Problemen führen würde, konnte und wollte sie sich nicht einschränken und ihr Ausgabeverhalten ändern. Haubl zufolge hat Geld die Bedeutung, unsere Ängste zu bändigen oder uns »mit den erwünschten selbstwertdienlichen psychischen Ressourcen auszustatten«[199]. Claudia unterstrich mit ihrer Großzügigkeit und dem gehobenen Lebensstil ihren sozialen Status. Zugleich besänftigte sie damit traumatisierende Erlebnisse ihrer Kindheit. Denn es schmerzte zutiefst, hier noch einmal genauer hinzuschauen, vor allem *hinzufühlen*.

Wenn wir – auch unbewusst – das Gefühl haben, in der Kindheit materiell oder emotional zu kurz gekommen zu sein, und etwa Liebe, Wohlwollen und Sicherheit vermisst haben, kann sich eine Gegenhaltung entwickeln. Unser Empfinden kann, muss aber nicht den objektiven Tatsachen entsprechen. Schon zwischen Geschwistern gibt es oft große Unterschiede, wie ein und dieselbe Kindheit und verschiedene Ereignisse emotional verarbeitet wurden. Manchmal sind es nur Nuancen der erhaltenen oder vorenthaltenen Wertschätzung der Eltern, die einen Unterschied machen. Sicher hast du schon in nächster Umgebung beobachtet, dass Konsum eine demonstrative und auch eine kompensatorische Funktion haben kann. Wir kennen es alle von kleinen und größeren Trostkäufen, und eine positive Wirkung des Konsums auf das Wohlbefinden ist auch wissenschaftlich belegt.

Fehlt der innere Kompass in Bezug auf Geld, hilft es wenig, einer Person zu sagen, »schränke dich mal ein bisschen mehr ein, du siehst doch, wie du immer weiter in die roten Zahlen rutschst«. Wenn wir die Krücke, also den freigiebigen, großzügigen Umgang mit Geld wegnehmen, ändert das nichts an den möglichen verdrängten Problembereichen der Menschen. Natürlich wird dadurch die innere Wunde der Person nicht beseitigt. Wir müssen die blinden Flecken unserer Lebensgeschichte ergründen. Es kann sein, dass wir das nicht allein schaffen. Sei behutsam und achtsam mit dir selbst und hole dir professionelle therapeutische Unterstützung, falls du das Gefühl hast, beim Geld vor unlösbaren Problemen zu stehen.

Auch eine blinde Abkehr von der Sparsamkeit der Eltern kann unerwünschte finanzielle Folgen nach sich ziehen. Angenommen, in der Familie musste sehr aufs Geld geschaut werden, damit die Eltern über die Runden kommen. Dann kann sich in uns ein Gefühl breitmachen, dass wir immer nur Abstriche machen mussten. Hier könnte ein großzügiger Umgang mit Geld einen Gegenpol bilden und uns ein Gefühl von Lebendigkeit und Freiheit verheißen. Dies setzt aber voraus, dass die entsprechenden finanziellen Mittel dazu vorhanden sind. Bei meiner Interviewpartnerin Leyla war das durch eine ungewollte Schwangerschaft nicht länger der Fall.

Leyla ist gelernte Bäckereifachverkäuferin und war zum Interviewzeitpunkt arbeitslos. Als alleinerziehende Mutter eines Kindes kämpfte sie mit der schlechten Infrastruktur für Kinderbetreuung im ländlichen Umfeld. Die Bäckereien nahmen keine Rücksicht auf ihre persönliche Situation und sie konnte die Arbeitszeiten in den frühen Morgenstunden nicht leisten, da sie niemanden für die Betreuung ihres Sohnes hatte. Gezwungenermaßen ging sie in den ALG-II-Bezug. Ihren freigiebigen Umgang mit Geld konnte sie aber nicht unmittelbar anpassen. Auch schleppte sie noch einige Verbindlichkeiten in Form von Versandhausschulden mit sich herum, die sie bereits als 18-Jährige eingegangen war. Sie stammte aus einer Familie mit vielen Geschwistern und musste als Kind auf vieles verzichten. Als sie volljährig wurde, wollte sie endlich zu anderen Gleichaltrigen in ihrem Umfeld aufschließen, die sich scheinbar mühelos alles leisten konnten. »Und als ich dann achtzehn war, da habe ich gesagt, mir gehört die Welt. Damals habe ich halt viele Verträge abgeschlossen.«[200] Zwar lebte sie immer etwas über ihre Verhältnisse, hätte ihre Lage aber womöglich wieder in den Griff bekommen, wäre sie nicht ungewollt schwanger geworden. Die Mutterschaft, Arbeitslosigkeit und die Abhängigkeit vom Transfersystem bedeuteten große Einschnitte für Leyla.

Konsum bedeutet auch soziale Teilhabe. Für Leyla gehörte es zu ihren Vorstellungen einer guten Mutterrolle, ihrem Sohn etwas bieten zu können. Auf keinen Fall wollte sie, dass er sich so einschränken muss, wie sie es einst getan hatte. Dieser Wunsch überlagerte ihre ökonomische Vernunft, die mahnte, sich das Geld besser einzuteilen. In solchen Fällen reicht es nicht, mit einem Haushaltsbuch zu lernen, die eigene Finanzplanung zu verbessern. Das ist natürlich ein wichtiger Schritt auf dem Weg hin zu einem ausgewogenen Umgang mit Geld. Gleichzeitig ist es aber auch notwendig, den geleisteten Verzicht zu würdigen und Selbstbilder und Wertvorstellungen zu reflektieren. Wie du siehst, kommen wir immer wieder zurück auf die Forderung nach finanzieller Bildung. Sie ist eine wichtige Voraussetzung, um fundierte Finanzentscheidungen treffen zu können. Aber sie muss durch sozioökonomische Inhalte ergänzt werden, um die Lebenswirklichkeiten der Menschen zu berücksichtigen.

Leyla blieb mit ihrer Schwangerschaft ganz allein, da der Kontakt zu ihren Eltern und auch zum Vater des Kindes abgebrochen war. Hätte sie auf ein gutes Netzwerk bauen können, wäre es für sie viel einfacher gewesen, ihre Berufstätigkeit und finanzielle Eigenständigkeit aufrechtzuerhalten – selbst mit einem großzügigen Geldstil. Ihr Beispiel bestätigt die Zahlen des Überschuldungsreports, die das institut für finanzdienstleistungen Hamburg (iff) jährlich neu ermittelt. Knapp die Hälfte der Gründe, die von einer Ver- in die Überschuldung führen, liegen in Ereignissen, »die von der betroffenen Person selbst nicht oder kaum beeinflusst werden können«, so die Autorinnen Sally Peters und Hanne Roggemann.[201] Darunter fallen in erster Linie Arbeitslosigkeit, Einkommensarmut, Krankheit oder Scheidung bzw. Trennung. Aber auch eine gescheiterte Selbstständigkeit und die Geburt eines Kindes können Ursachen für Überschuldung sein. Weitere Gründe liegen in vermeidbarem Verhalten, das heißt, wir können darauf Einfluss nehmen, etwa auf unser Konsumverhalten, die Haushaltsführung oder eine fehlende finanzielle Allgemeinbildung. In Leylas Fall kamen mehrere Faktoren zusammen, aber die ungewollte Arbeitslosigkeit infolge ihrer Mutterschaft, gekoppelt mit den Erwartungen an ihre Mutterrolle gaben den Anlass, dass sie in ernstere Zahlungsschwierigkeiten geriet. Gerade wenn finanzielle Verpflichtungen bestehen, können sich sowieso schon schwierige Situationen zuspitzen und zu Abwärtsspiralen werden.

Wichtig zu wissen ist, dass die innere Überzeugung und das Gefühl von Fülle und Sicherheit nicht in erster Linie von unserem Kontostand abhängen, sondern innere Entwicklung voraussetzen. Dennoch gibt es hier in Bezug auf weniger privilegierte Gruppen einen großen Haken: Wenn die finanziellen Spielräume stets sehr eng und eingeschränkt sind, stellt sich das Gehirn vorsichtshalber auf die Knappheit und Entbehrung ein. Es wird dann auch im Nachhinein, wenn wieder mehr finanzielle Ressourcen zur Verfügung stehen, auf die gewohnten und bewährten Verhaltensweisen zurückgreifen. Diese Selbstbeschränkung kennen alle, die sich eine Zeit lang finanziell sehr nach der Decke strecken mussten. Es dauert dann eine ganze Weile, um ein höheres finanzielles Level zu verinnerlichen – manche müssen sich regelrecht dazu »zwingen«, Dinge anders anzugehen. Es kann allerdings auch sein, dass Budgetgrenzen in einer inneren Haltung des »Jetzt erst recht« oder »Ich habe nichts zu verlieren«, dauerhaft verletzt werden. Dennoch ist es absolut zynisch, unterprivilegierte Lagen zu individualisieren und dagegen mit Verhaltenstipps oder »reiner Denkarbeit« angehen zu wollen. Die finanzielle Existenz muss gesichert sein. Ständig mit Knappheit umzugehen, ist sehr belastend und anstrengend, auch nagt die Situation am Selbstwert. Die existenzielle Bedrohung macht Angst, löst Unsicherheit aus und führt zu neuronalen Veränderungen im Belohnungszentrum des Gehirns, das weiß man aus der Trauma-Forschung. Dabei kann die Fähigkeit, einen langfristigen Fokus *einnehmen zu können*, in Mitleidenschaft gezogen werden. Um aus einer unterprivilegierten Lage herauszukommen, braucht es gesicherte Teilhabe und vor allem eine neue Perspektive. Beides sind wichtige Voraussetzungen, um dem Tunnelblick zu entkommen und neue Hoffnung zu schöpfen, die wiederum Auftrieb zu konkreten Handlungsschritten gibt.

Reflexion: Geld und Selbstwert

Wenn du eher diffuse Vorbehalte dem Geld gegenüber hast oder dich das Thema Finanzen einfach nicht richtig interessiert, möchte ich dich bestärken, dir einen entspannten Blick darauf zu erlauben und einen zukunftsorientierten Bogen zu schlagen. Es ist ein Zeichen von Wertschätzung dir selbst gegenüber, wenn du dich gerne um dein Geld kümmerst. Das zahlt auch auf dein Konto für Selbstfürsorge ein, denn du übernimmst Verantwortung für dein Leben und investierst in deine Ziele und Wünsche.

Es ist verständlich, dass wir versuchen, unerwünschten Gefühlen aus dem Weg zu gehen. Auf die Dauer schaden Beschönigen und Verdrängen jedoch der seelischen Gesundheit, selbstverständlich auch in Bezug auf Geld. Hingegen stärkst du automatisch deine Selbstwirksamkeit, wenn du Kontrolle über deine Finanzen hast.

Der ehrliche, ungeschönte Blick auf unser Geldverhalten und unsere Geldgeschichte kann unangenehm sein. Wollen wir unsere Geldeinstellung verändern, kommen wir aber nicht darum herum. Wir können nicht einfach nur einen Schalter im

Kopf umlegen, sondern es erfordert innere Arbeit, sich selbst und seine persönlichen Werte weiterzuentwickeln. Dazu braucht es auch Mut, die eigenen inneren »Baustellen« und Anteile des ungelebten Lebens anzuschauen. In der Psychologie und in der Persönlichkeitsentwicklung nennt man das *Schattenarbeit*.

Hier ein paar Fragen, die dich leiten können:

- Hast du deine Finanzen im Griff und einen guten Überblick?
- Oder fehlt dir der finanzielle Kompass und du vermeidest es, genau hinzusehen?
- Wie sehr ist dein Wohlbefinden von Statussymbolen abhängig? Stützt du deinen Selbstwert durch Geld?
- Kennst du Frustkäufe aus eigener Erfahrung? Halten sie sich für dich im Rahmen, oder hast du das Gefühl, sie nicht im Griff zu haben?
- Fällt es dir schwer, deine Budgetgrenzen einzuhalten, weil du dich belohnen möchtest? Wie könntest du dir etwas Gutes tun, ohne dein Budget zu belasten?
- Kannst du deine soziale Teilhabe ausreichend sichern? Falls nicht, welche Möglichkeiten gibt es, dies zu verändern?
- Ein positives Selbstbild zählt zu den psychischen Grundbedürfnissen. Bist du zufrieden mit dir selbst?
- Lote deinen Selbstwert aus: Kannst du dir selbst Anerkennung schenken und dich wertschätzen?
- Stärke dich innerlich mithilfe der Biografiearbeit.

Achtung: Falls du viel seelisches Leid mit dir herumträgst, kann es ratsam sein, dir professionelle Unterstützung zu holen. Zum Beispiel in einer Beratungsstelle für Frauen und Familien oder durch therapeutische Hilfe. Sei achtsam mit dir selbst und gib dir Zeit, denn Heilung geschieht nicht über Nacht.

6

Nicht nur Arbeit bringt Geld! Investieren für die finanzielle Selbstbestimmung

Eine private Altersvorsorge aufzubauen, ist mittlerweile ein wichtiger Baustein jeder Geld- und Vermögensbiografie. Die steigenden Lebenshaltungskosten und das absehbar sinkende Rentenniveau legen das nahe. Mütter halten in der Rushhour des Lebens aber sehr viele Bälle in der Luft. Es kostet vielleicht zunächst einmal Überwindung, sich zu alldem auch noch mit Geld und Finanzdienstleistungen auseinanderzusetzen. Fehlendes finanzielles Selbstvertrauen ist nach der schon zitierten Studie »Fearless Women« einer der wichtigsten Gründe, warum Frauen die langfristige Finanzplanung aufschieben. Weitere sind mangelndes Vertrauen in den Finanzsektor oder auch eine marktkritische Einstellung. Eine Interviewpartnerin meiner Studie »Geld und Lebensgeschichte«, Alma, investiert vor allem in konservative oder genossenschaftliche Anlageformen. Ihre Systemkritik ließ sie in einem abwertenden Nebensatz anklingen: »Ich hab' das ganz bewusst nicht in irgendwelchen *Aktien* angelegt.«[202] Wir werden uns auch das Thema Nachhaltigkeit näher anschauen und sehen, dass wir unsere Werte nicht aufgeben müssen, wenn wir an der Börse investieren. Ist der Anfang einmal gemacht, lassen die Erfolgserlebnisse nicht lange auf sich warten, denn die Grundprinzipien von Finanzplanung und Geldanlage sind nicht schwer zu verstehen. Niemand muss dafür überteuerte Kurse absolvieren. Wer sich die Inhalte

Schritt für Schritt selbst aneignet, wird feststellen, dass die Motivation immer mehr steigt.

Auch in diesem Kapitel geht es mir wieder darum, zwei Dinge miteinander zu verknüpfen: Finanzwissen über die Börse und die Art und Weise, wie wir über Geld und den Finanzmarkt denken. Denn die wenigsten von uns hatten das Glück, zu Hause die Geldbotschaft »Spare und lerne anlegen!« gehört zu haben. Die Deutschen sind eher skeptisch gegenüber der Kapitalanlage am Aktienmarkt. Darin spiegelt sich auch mangelnde finanzielle Bildung, über die ich schon gesprochen habe und die viele systemische Komponenten hat. Deutsche sparen zwar gern, investieren aber wenig und zeigen sich risikoscheu. Besonders Frauen geben an, dass ihnen Sicherheit in Sachen Geld und Anlegen wichtig ist. Die langjährigen Nullzinsen haben jedoch zu einer schleichenden Enteignung und negativen Realzinsen auf den Sparkonten geführt.

Bevor es also losgeht mit dem Vermögensaufbau, müssen wir die gängigsten Glaubenssätze zum Geld und zur Geldanlage an der Börse aufdröseln. Viele davon sind falsch. Es nutzt uns wenig, das Einmaleins des Anlegens zu kennen, wenn wir uns nicht mit unserer persönlichen Risikobereitschaft und unserem Sicherheitsbedürfnis auseinandergesetzt haben. Falls die Angst, Verluste zu machen und Geld zu verlieren, sehr ausgeprägt ist, gibt es einen Konflikt zwischen Wissen und Verhalten. Natürlich ist es wichtig, die Grundlagen der langfristigen Vermögensanlage am Kapitalmarkt zu verstehen – an der Stellschraube unserer Geldeinstellungen zu drehen, kann aber ebenfalls von Bedeutung sein.

Immerhin sieht das Deutsche Aktieninstitut inzwischen eine Kehrtwende bei der jüngeren Bevölkerung und sprach 2021 gar von einem »Jugendboom an der Börse«[203]. Auch unsere Veranstaltungen zum Thema Frauen & Finanzen, die im Nachklang der Finanzkrise im Jahr 2008 noch zögerlich angenommen wurden, sind inzwischen gut besucht – gerade durch die Möglichkeiten, die eigenen Finanzen nachhaltig auszurichten. Allerdings müssen wir im Blick haben, dass wir auch mit einer noch so geschickten Anlagestrategie das Lebenserwerbseinkommen, das Frauen und Müttern durch die Übernahme von Sorgearbeit entgeht, nicht ausgleichen können. Vor allem, wenn wir die geringeren Ansprüche an die Rentenversicherung miteinbeziehen. Das Gleiche gilt für die nicht realisierten beruflichen Chancen. Investieren ist also kein Allheilmittel gegen die zuvor beschriebenen Gender Gaps – zumal die Ungleichheiten zwischen den Geschlechtern auch eine Ursache dafür sind, dass Frauen für die Kapitalanlage weniger Geld bleibt. Aber es ist ein wichtiges Element, um uns besser abzusichern und eine angemessene Altersversorgung aufzubauen. Und viel mehr noch geht es doch darum, unser Bewusstsein für die »ermächtigenden Dimensionen« des Geldes zu schärfen und unsere Finanzen selbstbestimmt in die Hand zu nehmen. Durch einen bewussten und klugen Umgang mit Geld und Finanzdienstleistungen erleben wir uns als selbstwirksam.

Börsenmythen und Glaubenssätze, die Frauen von der Geldanlage abhalten

In einer Untersuchung der Initiative finanz-heldinnen der Commerzbank schätzten 86 Prozent der Frauen ihre Kenntnisse über Wertpapiere als gering oder nicht vorhanden ein.[204] Auch bei den männlichen Studienteilnehmern gaben 64,6 Prozent an, über keine oder wenig Kenntnisse zu Aktien und Wertpapieren zu verfügen. Wenn wir in einer Niedrigzinsphase nach Abzug von Inflation überhaupt eine Rendite erzielen wollen, führt jedoch kaum ein Weg an der Geldanlage am Kapitalmarkt vorbei. Die Förderung der Aktienkultur über eine staatliche ökonomische Bildung ist also mehr als angezeigt – vor allem, um unbegründete Vorbehalte aus dem Weg zu räumen und Zugang zu einer strategischen Finanzplanung zu schaffen.

Wir können damit beginnen, uns gängige Glaubenssätze bewusst zu machen, die auch in der vernachlässigten Finanzbildung begründet sind. Um die Börsenanlage ranken sich viele Mythen. Es bestehen Vorbehalte, Fehleinschätzungen und Unsicherheiten und wir sollten verhaltensökonomische Fallen wie Verlustaversion, Selbstüberschätzung, Übertreibung oder »Herdenverhalten« kennen. Schauen wir uns zuerst die Glaubenssätze an, die der Geldanlage im Weg stehen können. Hier sind einige Beispiele:

Mythen und Überzeugungen, die Frauen vom Anlegen abhalten

- An der Börse kann man nur verlieren.
- Aktien sind reine Spekulation.
- An der Börse zu investieren, ist sehr gefährlich.
- Wertpapiere sind nur etwas für Reiche.
- Die Börse lohnt sich nur für größere Beträge.
- Für die Geldanlage an der Börse brauchst du sehr viel Wissen und Knowhow.
- Ich stehe dem Kapitalismus skeptisch gegenüber.
- Mir fehlt die Zeit, um an der Börse zu investieren.
- Börse ist nur etwas für Experten.
- Die Börse ist ein Spielkasino.
- Aktien sind nur etwas für Zocker.

Im Kapitel zur Geldbiografie wurde deutlich, dass Geld mehr ist als eine reine Recheneinheit, ein Wertaufbewahrungsmittel, oder eine bloße Tauschfunktion hat, wie es die klassische Ökonomie immer noch lehrt. Stattdessen greift Geld über in unsere Emotionen. Dieser Umstand ist besonders bei der Geldanlage an der Börse von großer Bedeutung. Haben wir keine Kontrolle über Gefühle wie Angst oder Gier, kann uns das sehr viel Geld kosten.

Immer wieder sehen wir Kursschwankungen an den Aktien-, Anleihe- und Rohstoffmärkten. Sie werden als Volatilität bezeichnet. In gewissem Maß ist es natürlich, dass die Kurse, deren Preise durch Angebot und Nachfrage entstehen, einem Auf und Ab unterliegen. Größere Kursausschläge beruhen oft auf unvorhergesehenen Ereignissen und Überraschungen, die die Erwartungen der Investor:innen beeinträchtigen. Die Volatilität gilt als eine Kennzahl für das bestehende Risiko. Wenn sich die Zukunftsaussichten von Volkswirtschaften und/oder Unternehmen verschlechtern, erhöhen sich die Risiken an den Märkten. Dann kann es sein, dass sich Investor:innen und Anleger:innen aus den entsprechenden Ländern zurückziehen und ihre Aktien der betreffenden Unternehmen verkaufen. Tun das viele gleichzeitig, kommt es zu sinkenden Kursen. Sind die Investor:innen hingegen von guten Ausblicken überzeugt und lassen gute Unternehmenskennzahlen auf ordentliche Gewinne schließen, werden Aktien stärker nachgefragt und die Kurse steigen – es sei denn, diese Erwartungen waren bereits im Kurs »eingepreist«, also schon länger bekannt. Wer sich neu mit der Geldanlage am Kapitalmarkt beschäftigt, ist von den Kursschwankungen zunächst vielleicht verunsichert. Die Schwankungen sind aber nicht mit einem Verlust gleichzusetzen. Ein Verlust entsteht nur, wenn wir Wertpapiere zu einem niedrigeren Kurs verkaufen, als wir sie gekauft haben.

Die Deutschen haben nach wie vor große Vorbehalte gegenüber der Geldanlage an der Börse und scheuen die Risiken des Aktienmarkts. Personen, die keine Aktien besitzen, nennen als Grund dafür an erster Stelle die Angst vor einem hohen Verlust durch eine ökonomische Katastrophe. Als weitere Gründe, um nicht anzulegen, geben die Befragten an, ihnen fehle das Wissen und sie würden selbst bei kleinen Verlusten nervös werden. Außerdem antworten sie, ihr Vermögen sei zu klein, sie hätten kein Vertrauen in die Aktienmärkte sowie Angst vor Betrug und Aktiencrashs.[205] Bei übergroßer Angst werden wir den Kursschwankungen nicht standhalten können und denken: »Es geht immer weiter nach unten, ich will nicht noch mehr Geld verlieren.« Dadurch steigt das Risiko, zum falschen Zeitpunkt zu verkaufen und *wirklich* einen Verlust zu realisieren, das wäre die verhaltensökonomische Falle »overreaction«, also der Übertreibung. Sie wirkt übrigens auch in die andere Richtung, wenn positive (Unternehmens-) Nachrichten überbewertet werden, was schließlich in »Herdenverhalten« münden kann. Hier wäre die Angst, einen guten Gewinn zu verpassen, handlungsleitend.

Wer Schwankungen »aussitzt«, also Aktien nicht gleich verkauft, macht lediglich einen »Buchverlust«, das heißt, niedrige Einstandskurse (= Kaufkurse) werden im Depotkonto rot ausgewiesen. Ein Wertpapierdepot ist ein Konto, auf dem Wertpapieraufträge abgewickelt und die Wertpapierbestände verbucht werden, etwa Aktien, Anleihen und Investmentfonds. Wer zum ersten Mal online rote Zahlen auf dem eigenen Depotauszug sieht, kann das als beängstigend empfinden. »Mein schönes Geld«, »Das hart verdiente Geld geht den Bach hinunter«, »Die Kurse erholen sich nie wieder«, »Hätte ich doch nur die Finger von der Börse gelassen«, sind geläufige Gedanken und Ängste, die Anleger:innen in solchen Situationen verspüren, selbst wenn kein tatsächlicher Verlust (durch Verkauf) realisiert wurde. Immer wieder kommen verhaltensökonomische Aspekte ins Spiel, denn wir wären gerne rationaler, als wir tatsächlich sind.

Zugegebenermaßen macht es einen Unterschied, ob ich Kursverluste nur vom Hörensagen kenne oder rot eingefärbt im eigenen Depotauszug sehe. Niemand verliert gerne Geld. Es kann aufs Gemüt schlagen, wenn die Börsenkurse in den Keller rauschen – und unser Depotwert mit dazu. Selbst hartgesottene Expert:innen sind nicht immer frei von Emotionen, wenn es an der Börse einmal richtig kracht. Doch ein ausgemachter Crash kommt gar nicht so oft vor. Je nach Anlass des Kurseinbruchs erholen sich die Kurse über kurz oder lang in der Regel wieder. Das war jedenfalls bisher immer nur eine Frage der Zeit. Das Wichtigste in solchen Fällen ist es, Ruhe zu bewahren und Panikreaktionen zu vermeiden. Wer sehr nervös wird, sollte sich einen Blick ins eigene Depotkonto selbst verbieten, denn es bringt überhaupt nichts, ständig die Kurse zu checken. Und schlaue Anleger:innen nutzen diese Kursrückgänge sogar, um neu zu investieren.

Was kannst du tun, wenn du feststellst, dass du voreingenommen bist oder eine innere Ablehnung gegenüber der Geldanlage an der Börse hast? Ganz einfach: Beschäftige dich mehr mit dem Thema und stärke dein finanzielles Selbstvertrauen! Natürlich hoffe ich, dass du mir nach der Lektüre dieses Buches zustimmst und einräumst, dass Geld ein viel lebendigeres Thema ist, als du vielleicht dachtest. Und du keine Angst vor dem Anlegen haben musst. Es gibt kein Geheim- oder Spezialwissen bei der Geldanlage. Eine Studie der Frankfurt School of Finance & Management im Auftrag der Deutschen Börse hat herausgefunden, dass die Mehrheit derjenigen, die nicht an der Börse aktiv sind, eine verzerrte Vorstellung davon hat, welches Wissen denn tatsächlich gebraucht wird, um am Aktienmarkt teilzunehmen. »Viele wissen nicht, dass man vieles nicht wissen muss«, so Michael Grote, Mitautor der Studie.[206]

Anlegen lernen

Wenn ich die Teilnehmerinnen meiner Workshops frage, auf welche Kriterien sie bei der Geldanlage Wert legen, sind die häufigsten Antworten: Sicherheit, gute Rendite, jederzeit verfügen können, geringe Kosten, Verständlichkeit des Produkts und Nachhaltigkeit. Beim langfristigen Vermögensaufbau mit Aktien und Investmentfonds ist es nicht das Ziel, mit wenig Einsatz reich zu werden, um schnelle Kursgewinne zu realisieren. Das wäre Spekulation. Auch nicht, möglichst früh »ausgesorgt« zu haben, also sich nicht mehr um den Lebensunterhalt sorgen zu müssen. Stattdessen geht es darum, abhängig von unserer Risikoeinstellung, unseren Anlagezielen und unserem Anlagehorizont – also der gewünschten Zeitdauer der Vermögensanlagen – eine Anlagestrategie zu entwickeln, mit der wir auch weiterhin gut schlafen können und die unsere finanzielle Situation nachhaltig stabilisiert.

Wir können in verschiedene Anlageklassen investieren. Die wichtigsten sind Aktien, Anleihen und Immobilien. Zu den Vermögenswerten zählen aber auch Geldguthaben und Rohstoffe, wie etwa Gold und Silber sowie Sachwerte, beispielsweise Kunst. Die Börse ist eine Art virtueller Marktplatz, auf dem Wertpapiere verschiedener Unternehmen ge- und verkauft, also gehandelt werden. Das deutsche Aktieninstitut ermittelt seit vielen Jahren die Aktionärszahlen in der Bevölkerung. Wenngleich der Trend inzwischen deutlich nach oben zeigt, bleibt die Aktienkultur in Deutschland ausbaufähig. Rund jeder Sechste legt in Aktien, Aktienfonds oder aktienbasierten ETFs an, das waren 2021 knapp 17 Prozent der Bevölkerung, insgesamt also 12,1 Millionen Menschen in Deutschland. Dem Aktieninstitut zufolge ist dies der dritthöchste Stand seit Beginn der Erhebungen im Jahr 1997. Ein Drittel der Anlegenden ist weiblich.[207] Die Angst, Fehler zu machen, ist berechtigt und begründet. So ist etwa ein »heißer Tipp von guten Freunden« in der Tat keine Anlagestrategie. Besser ist es, sich eine solide Finanzbildung anzueignen, um bewusste Anlageentscheidungen zu treffen.

Der größte Fehler bei der Geldanlage und unserer Altersvorsorge ist es allerdings, *nichts zu tun*. Denn der Faktor Zeit spielt uns in die Hände und ist wichtiger als die Jagd nach der besten Rendite. Für Frauen ist es vor allem wichtig, das eigene finanzielle Selbstvertrauen zu stärken. Ihre Wissenslücken sind kleiner als angenommen und auch kleiner, als sie es von sich selbst vermuten. Ihr Finanzwissen auszubauen, kann für Frauen ein echter Game-Changer für die Zukunftssicherung sein. Mit einer soliden Finanz- und Vermögensplanung erleben wir uns als selbstwirksam, rücken gegebenenfalls die Machtverhältnisse in unserer Partnerschaft gerade und vertrauen schließlich unseren finanziellen Fähigkeiten immer mehr.

Der größte Fehler bei der Geldanlage und deiner Altersvorsorge ist es, nichts zu tun. Wenn du frühzeitig startest, spielt dir der Faktor Zeit in die Hände. Er ist wichtiger als die Suche nach der bestmöglichen Rendite.

Um die Prinzipien des Kapitalmarkts tiefer zu ergründen, ist es wichtig zu wissen, warum es überhaupt Aktien und Anleihen gibt. Unternehmen *refinanzieren* sich am Kapitalmarkt, das heißt, sie beschaffen sich Geld, beispielsweise um alte Verbindlichkeiten zurückzuzahlen oder neue Investitionen zu tätigen. Dazu können sie entweder Aktien oder Anleihen emittieren, also »auf den Markt« bringen. Während wir beim Kauf von Aktien Miteigentümer:innen eines Unternehmens werden, werden wir beim Anleihekauf quasi zu Kreditgeber:innen, leihen also dem Unternehmen Geld, das es etwa für neue Maschinen benötigt. Anleihen sind Wertpapiere mit einem festen oder variablen Zinssatz und einer festgelegten Laufzeit. Deswegen unterliegen sie den Schwankungen an der Börse nicht im gleichen Maß wie Aktien. Das Risiko als Anleger:in ist begrenzt.

Die Kursentwicklung von Aktien, Anleihen und weiteren Vermögensanlagen ist am sogenannten Chart ablesbar. Der Chart bildet die Kurse verschiedener Beobachtungszeiträume grafisch ab, etwa innerhalb eines Tages, Monats, Jahres oder auch über fünf und zehn Jahre. Ein Aktienindex bildet die Kursentwicklung ausgewählter Aktien ab. Ein Index repräsentiert also einen Teilmarkt, und auch hier werden Charts erstellt, die eine Vergangenheitsbetrachtung ermöglichen. Der bedeutendste deutsche Aktienindex ist der DAX. Auf ihn wird in den Nachrichten rekurriert, wenn über die Bewegung »des Marktes« gesprochen wird. Der deutsche Aktienindex misst die Wertentwicklung der 40 größten und liquidesten Unternehmen des deutschen Aktienmarktes. Alle großen Börsen der Welt haben einen Leitindex. An der New York Stock Exchange (der Wall Street) ist es der Dow-Jones-Index, in Tokyo der Nikkei Index, in Hongkong der Hang Seng

Index. Weiterhin gibt es Indizes auf kleinere und mittlere Unternehmen, auf bestimmte Unternehmenssparten und Branchen, wie Technologie- oder Pharmaaktienindizes sowie Länder- und Weltindizes. Der bekannte Weltaktienindex MSCI World bildet die Wertentwicklung der Aktien von rund 1.600 börsengehandelten Unternehmen aus 23 Industrieländern ab. Mit einer Anlage, die sich an diesem Index orientiert, kannst du deine Risiken streuen. Wie wir gleich noch sehen werden, ist das Wissen um die Risikostreuung elementar für die Börsenanlage.

Ein wichtiger Grundsatz, der beim Geld immer anwendbar ist, lautet in der Kurzversion: »There is no free lunch« – es gibt nichts umsonst bzw. kein Ertrag ohne Risiko.[208] Dieser Leitsatz ist im »magischen Dreieck der Geldanlage« treffend abgebildet. Was hat es damit auf sich?

Was ist mit dem Risiko? Das magische Dreieck der Geldanlage

Das magische Dreieck der Geldanlage besteht aus den drei widerstreitenden Ecken Sicherheit, Rendite und Liquidität. Ein wichtiger Leitsatz ist, dass eine hohe Rendite, also ein hoher Ertrag der Anlageform, mit einem erhöhten Risiko einhergeht. Er ist auch ein Indikator für überzogene Renditeversprechen, die uns immer hellhörig machen sollten. Hat also beispielsweise eine Anleihe einen Zins, der über dem gängigen Marktniveau liegt, wird das sogenannte Bonitätsrisiko des emittierenden Unternehmens höher sein. Im Fall einer Pleite des Unternehmens kann unser angelegtes Geld also weg sein. Die Unternehmenskennzahlen werden durch Ratingagenturen bewertet, sie vergeben ein »Rating«, an dem wir uns orientieren können.

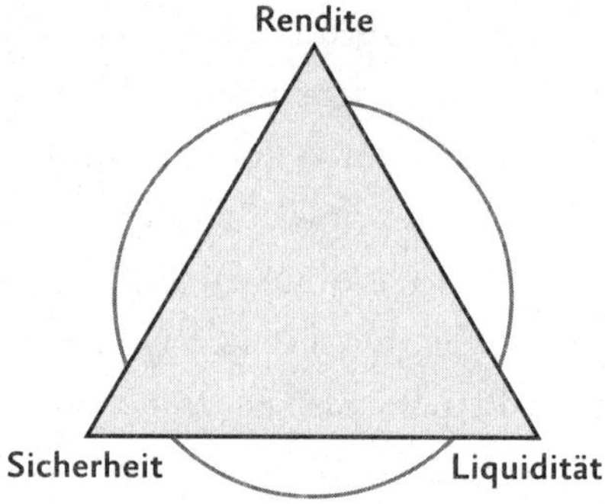

Umgekehrt müssen wir allerdings berücksichtigen, dass ein (zu) hohes Sicherheitsbedürfnis Renditechancen kostet und sogar unser Kapital angreifen kann. Für viele Frauen hat das Thema Sicherheit jedoch einen hohen Wert. Verschiedene Studien zeigen, dass sie nicht nur im persönlichen Verhältnis zum Geld, sondern auch bei der Einschätzung ihrer Risikobereitschaft in Bezug auf Geldanlagen darauf setzen – auch in der langjährigen Niedrigzinsphase.[209] Die Börse erscheint ihnen als ein Buch mit sieben Siegeln und die Angst vor Verlusten steht im Raum. In der Untersuchung der finanz-heldinnen gaben 65,5 Prozent der Frauen im Gegensatz zu 49,8 Prozent der Männer an, dass es ihnen wichtig sei, ihr Geld so sicher wie möglich anzulegen, um keine Verluste zu machen.[210] Das hängt allerdings nicht allein mit einer konservativeren Risikoeinstellung von Frauen zusammen, sondern vor allem damit, dass sie über weniger Geld verfügen.

Das Sparkonto gilt allgemein als sichere Form der Geldverwahrung: Es birgt auf den ersten Blick kein Risiko, zumal Geldeinlagen mit dem Einlagensicherungsfonds deutscher Banken bis zu 100.000 Euro abgesichert sind. Dennoch ist das Sparkonto *allein* in Niedrigzinsphasen keine risikofreie Anlage, wenn es nicht durch renditestärkere Anlageformen *ergänzt wird*. Langfristig gesehen, schadet eine zinslose Anlage unserem finanziellen Wohlbefinden. Wir realisieren einerseits keinen oder nur einen homöopathischen Ertrag und die

Inflation greift unsere Ersparnisse an, sodass wir unter dem Strich einen Verlust erzielen. Üblicherweise unterliegen ertragreichere Anlageformen höheren Schwankungen. Bewegt sich das allgemeine Zinsniveau allerdings auf einem höheren Level und werden für festverzinsliche Wertpapiere (= Anleihen) attraktive Zinsen bezahlt, ist hier das Risiko der Geldanlage in der Regel geringer – vorausgesetzt der Emittent verfügt über eine gute Bonität und die Anleihen werden bis zum Ende der Laufzeit gehalten und nicht vorzeitig verkauft.

Je früher wir mit privater Vorsorge beginnen, desto eher können wir vom Zinseszinseffekt profitieren. Dieser führt beim langfristigen Sparen und Anlegen zu überproportionalen Wertsteigerungen. Das gilt auch in Zeiten von Niedrig- und Minizinsen, nur unter anderen Voraussetzungen. Hier müssen entweder höhere Sparbeträge eingesetzt werden, um überhaupt einen Inflationsausgleich zu erzielen, oder risikoreichere Anlageformen gewählt werden. Die Kunst ist es, überlegte, aber nicht zu hohe Risiken einzugehen, um langfristig von der wirtschaftlichen Entwicklung der Gesellschaft und damit auch von der Entwicklung der Aktienmärkte zu profitieren. Die Finanztip Stiftung hat ermittelt, dass der Zinseszinseffekt einer langfristigen Geldanlage deutlich unterschätzt wird.[211]

Liquidität, die dritte Ecke des Dreiecks, bezieht den Wunsch ein, kurzfristig über das eigene Geld verfügen zu können, also flüssig zu sein. Dieses Bedürfnis steht im Konflikt mit dem eben genannten Grundsatz, einen langfristigen Anlagehorizont anzustreben. Schwankungen am Aktienmarkt lassen sich nämlich viel leichter verkraften, wenn wir über längere Zeiträume anlegen und die Risiken mit einer breiten Streuung diversifizieren. Die Risikostreuung (Diversifikation) ist einer der wichtigsten Grundsätze der Geldanlage.

Was gibt es bei der Risikostreuung zu beachten? Es gilt, einerseits nach Laufzeiten, Anlageklassen, Branchen, Ländern und Kontinenten zu streuen, um die Risiken der Anlageformen zu minimieren. Dabei dürfen sichere Komponenten der Geldanlage, wie Tages- und Festgeld oder festverzinsliche Wertpapiere, im Depot bzw. Portfolio nicht fehlen. Andererseits ist es vor allem bei der Aktienanlage wichtig, auch *innerhalb* dieser Anlageklasse zu streuen. Sonst entsteht ein sogenanntes Klumpenrisiko. Das heißt, wenn wir beispielsweise nur Belegschaftsaktien unseres Arbeitgebers im Depot halten, weil wir diese zum Vorzugspreis erwerben konnten und das Unternehmen natürlich auch von innen gut kennen, ist es dennoch nicht ratsam, alles auf diese eine Karte zu setzen. Denn: Falls der Arbeitgeber Insolvenz anmelden müsste, ist nicht nur unser Arbeitsplatz in Gefahr, sondern auch unsere Aktienanlage. Gleiches gilt, wenn wir nur in solche Unternehmen investieren, die wir kennen, worin sich der *Homebias* spiegelt: Der Heimatmarkt wird übergewichtet.

Wir können Risiken auch minimieren, indem wir Anlageklassen gebündelt über *Investmentfonds* kaufen. Ein Investmentfonds bündelt unterschiedliche Wertpapiere. Er wird von einem professionellen Fondsmanagement verwaltet, das darüber entscheidet, welche Wertpapiere ge- und verkauft werden. Für Anleger:innen bedeutet das: Statt zehn einzelne Aktien oder Anleihen, die wir in unser Depot kaufen können, erwerben wir mit dem Kauf eines Investmentfonds Anteile von vielen verschiedenen Aktien, Anleihen, Rohstoffen, Immobilien – in Form von Aktienfonds, Rentenfonds, Rohstofffonds, Immobilienfonds, gemischten Fonds oder auch Geldmarktfonds (das sind Fonds, die in Wertpapiere mit sehr kurzer Laufzeit investieren). Anleihen werden übrigens auch Rentenwerte, Schuldverschreibungen bzw. Rententitel genannt. Mit der Altersrente hat der Begriff allerdings nichts zu tun. Der Vorteil von Investmentfonds liegt auf der Hand: Sie bieten die Möglichkeit, das Risiko der Geldanlage breit zu streuen und in unterschiedlichste Wertpapiere zu investieren. Was es hierbei jedoch zu beachten gilt: Das professionelle Management der Fonds ist mit Kosten verbunden. Eine günstigere Variante sind börsengehandelte Indexfonds, kurz ETFs, Exchange Traded Funds. Sie bilden einfach einen entsprechenden Index nach, man spricht auch vom passiven Investieren – weil kein aktives Fondsmanagement benötigt wird. Daher sind sie günstiger.

Es gibt ein weiteres Dreieck, das uns bei der Geldanlage eine Richtung weist: Das *DAX-Rendite-Dreieck* des Deutschen Aktieninstituts. Es zeigt die Chancen der langfristigen Geldanlage eindeutig auf und verdeutlicht: Je länger das Kapital am Finanzmarkt breit gestreut investiert wird, desto geringer das Verlustrisiko.[212] Das Renditedreieck beruht auf Berechnungen langer Zeitreihen. Ab einem bestimmten Anlagehorizont wurden keine Verluste mehr erzielt. Darauf verweist auch die Frankfurt School in der angeführten Studie: »Folgt man den Daten des Deutschen Aktieninstituts, so ist es seit 1969 kein einziges Mal vorgekommen, dass eine Anlage in den DAX® mit einem Anlagehorizont von mindestens 13 Jahren vor Kosten einen Verlust erzielt hat.«[213] Warum das so ist? Weil die Aktienkurse die langfristigen Entwicklungen von Unternehmen und Gesellschaften widerspiegeln. Ein weiterer Grund, früh zu starten und einen langen Atem und Disziplin bei der Geldanlage mitzubringen.

Tipp:
Strategien für Einsteiger:innen

Wenn du zum ersten Mal an der Börse Geld anlegen willst, werden verschiedene Einstiegsstrategien empfohlen, zum Beispiel ein Drittel Tagesgeld – das bis 100.000 Euro über die Einlagensicherung abgesichert ist –, ein Drittel Aktienfonds und ein Drittel Anleihen oder Anleihefonds (= Rentenfonds). Das Wichtigste ist immer, das Risiko so breit wie möglich zu streuen. Finanztest empfiehlt das *Pantoffel-Portfolio*. Es hat seinen Namen, weil es als bequem und krisenfest gilt. Der erste Bestandteil ist ein Aktien-ETF auf den Weltindex, in den du die Hälfte deiner Anlagesumme investierst, der zweite Bestandteil ein Tagesgeldkonto oder ein Mix aus Tagesgeld und Festgeld für die restliche Hälfte deines Geldes. Ganz ähnlich funktioniert die *50:50 Strategie*, das heißt ein Aktien- sowie ein Anleiheanteil von jeweils 50 Prozent. Rendite wird also mit Sicherheit kombiniert. Dadurch verminderst du die Risiken der Aktienanlage und stabilisierst dein Depotkonto mit einer relativ sicheren Anlageform. Den Aktienanteil kannst du mithilfe von Investmentfonds breit streuen. Sowohl Aktien als auch Anleihen können in der Regel jederzeit an der Börse gehandelt und somit verkauft werden, aber hier sind, wie schon angesprochen, Kursschwankungen einzukalkulieren. Falls du an dein Geld kommen musst, kannst du die Anleihen auch vor der Endfälligkeit am Anleihemarkt verkaufen. Der Rückzahlungskurs ist dann allerdings vom jeweiligen Zinsniveau abhängig. Ist das allgemeine Zinsniveau inzwischen gestiegen und gibt es bereits neue Anleihen mit höheren Zinsen, solltest du sie nicht vor dem Ende der Laufzeit verkaufen, weil dann der Kurs in der Regel unter dem festgelegten Rückzahlungskurs liegen wird. Denn die Nachfrage nach deiner Anleihe mit dem nun unattraktiven Zins wird geringer sein. Deswegen ist immer erst der Finanzpuffer aufzubauen, damit du gewisse Spielräume für unvorhergesehene Ausgaben hast.

Die Geldanlage in festverzinsliche Wertpapiere beginnt mit den langsam steigenden Zinsen gerade wieder interessant zu werden. Im historisch lang anhaltenden Niedrigzinsniveau war es nicht lukrativ, Anleihen zu kaufen, da sie keine Zinsen abwarfen. Es gibt übrigens auch Anleihen, die von Staaten, also zum Beispiel der Bundesrepublik Deutschland herausgegeben werden, sogenannte Staatsanleihen. Hier ist das Ausfallrisiko begrenzt. Hundertprozentige Sicherheit gibt es bei der Geldanlage allerdings nicht, das zeigen Staatsschuldenkrisen immer wieder. Und selbst die als sehr sicher geltenden Immobilien und mit ihnen die Immobilienfonds sind im Zuge der Finanzkrise von 2008/2009 eingebrochen.

Flexibel und zeitsparend: Einzahlpläne

Viele denken, wenn sie anlegen lernen, müssten sie sich stets und ständig mit dem Kapitalmarkt und ihren Anlageentscheidungen beschäftigen. Doch das ist überhaupt nicht nötig. Um erfolgreich Geld anzulegen, müssen wir nicht täglich oder wöchentlich die Kurse an den Wertpapierbörsen verfolgen. Im Gegenteil, eine langfristige Anlagestrategie bedeutet ja gerade, dass wir nicht ständig *traden*, also Wertpapiere kaufen und verkaufen. Denn jede Transaktion kostet Gebühren. Hierzu gibt es einen passenden Börsenspruch: »Hin und her macht Taschen leer«, das heißt, bei jedem neuen Kauf und Verkauf fallen Provisionen an, die unsere Rendite schmälern.

Um den zeitlichen Aufwand weiter zu reduzieren, sind Einzahlpläne recht praktisch. Wenn wir unser Geld regelmäßig in Investmentfondsanteile anlegen, können wir Kursschwankungen ausnutzen und vom »Durchschnittskosteneffekt« (= Cost-Average-Effekt) profitieren. Das bedeutet, dass wir bei höheren Kursen weniger Fondsanteile und bei niedrigeren Kursen mehr von ihnen kaufen. Einzahlpläne sind auch eine gute Strategie, wenn wir wenig Geld zum Anlegen haben – und entkräften die Fehlannahme, die Börse sei nur etwas für wohlhabende Menschen oder größere Anlagebeträge. Aktien- und Investmentfondssparpläne können schon ab einer Summe von zehn Euro monatlich angespart werden. Dazu wird ein Dauerauftrag eingerichtet und die Anlage erfolgt automatisiert. Das spart Zeit und auch Nerven. Denn den absolut richtigen Zeitpunkt zur Geldanlage zu treffen, gelingt auch Fondsmanager:innen und anderen Profis kaum. Du kannst den Sparplan monatlich einrichten, was ich empfehle, weil du das Thema dann einfach aus dem Kopf hast. Es besteht aber auch die Möglichkeit, den Sparplan nur alle drei, sechs oder zwölf Monate auszuführen. Außerdem sind wir absolut flexibel und können sowohl die Fonds, in die wir ansparen, jederzeit ändern, als auch die Sparsumme. Wir können die Sparrate auch aussetzen und den Einzahlplan ruhen lassen. Nur verkaufen sollten wir die Anteile nicht, sondern sie für das mentale Konto Altersvorsorge abspeichern.

Wer seine Finanzstrategien einmal festgelegt hat und sich Investmentsparpläne als Dauerauftrag eingerichtet hat, muss nicht oft nachjustieren, sondern einfach nur Ausdauer mitbringen. Genau deshalb sind Frauen übrigens die besseren Anlegerinnen: Sie sind vor Selbstüberschätzung geschützt und froh, wenn sie die Prozesse automatisieren können. Wenn wir einen monatlichen Einzahlplan für einen Indexfonds einrichten, schlagen wir gleich mehrere Börsenmythen mit einer Klappe: Die Anlagesummen sind gering, wir verringern die Risiken der Geldanlage, weil wir breit streuen, und wir müssen uns nur ganz am Anfang darum kümmern – Risikobereitschaft abstecken, Anlageziele festlegen, Anlageformen verstehen, Wertpapierdepot eröffnen, Sparplan einrichten. Vor allem können wir mit ETF-Sparplänen die Kosten gering halten.

Natürlich ist es bei der Geldanlage auch wichtig, auf Kosten und Nebenkosten der Finanzprodukte und Finanzdienstleistungen zu achten. Diese können sehr hoch sein und sich addieren: Provisionen, Transaktionskosten (Ordergebühren), Depotgebühren, Verwaltungs- und Managementkosten, um die wichtigsten zu nennen. Produkte mit hohen Kosten schmälern die Gewinnchancen. Der Verhaltensökonom Hartmut Walz nennt dieses Phänomen die »Homöopathie der privaten Geldanlage«. Gemeint ist, dass am Ende nach Abzug von Kosten, Steuern und Inflation keine oder nur minimale Renditen bei Anlageprodukten herauskommen. Ein Beispiel sind Finanzprodukte mit eingebauter Rückzahlungsgarantie. Vor allem sicherheitsorientierte Anleger:innen wollen sich gerne rückversichern, was zwar verständlich, aber nicht immer ratsam ist. Denn natürlich geben die Banken und Versicherungen diese Garantien nicht ohne Gegenleistung. Denke an die »Es-gibt-nichts-umsonst-Regel«. Die dadurch höheren Kosten verringern den Ertrag des Produkts. Ein Preisvergleich

10 Tipps zur Geldanlage

1. Starte so früh wie möglich mit dem Vermögensaufbau und profitiere vom Zinseszinseffekt bzw. den langfristigen Entwicklungen am Kapitalmarkt.
2. Lege mithilfe deines Ertrags-/Risikoprofils deine Anlageziele und eine langfristige Anlagestrategie fest.
3. Sei dir bewusst, dass hohe Renditeerwartungen grundsätzlich mit höheren Risiken verbunden sind.
4. Streue die Risiken, indem du sie auf mehrere Anlageklassen verteilst und Investmentfonds nutzt.
5. Minimiere die Kosten der Geldanlage mit passiven Investmentfonds wie börsengehandelten Indexfonds (ETFs).
6. Mit einem Wertpapier-Sparplan kannst du zeitsparend regelmäßig anlegen und vom Durchschnittskosteneffekt profitieren.
7. Rechne mit deinem irrationalen Verhalten und lasse Emotionen bei der Geldanlage außen vor.
8. Investiere nur in das, was du verstanden hast.
9. »Heiße Tipps« sind keine Anlagestrategie, sie bergen das Risiko des Totalverlusts deiner Geldanlage.
10. Deine Helfer bei der Geldanlage: Geduld, Disziplin und Zeit.

ist immer ratsam. Das Problem ist, dass die Produktinformationen, in denen auch Kosten ausgewiesen werden müssen, oft schwer verständlich sind. Auch in Bezug auf die Wahl der Bank bzw. des Brokers bestehen große Unterschiede bei Kosten und Service. Während die Kosten bei Onlinebrokern und Neobrokern (die meist rein über eine App funktionieren) relativ gering sind, gibt es hier keinerlei Beratung, das heißt, Anleger:innen müssen sich alle Informationen selbst zusammensuchen. Mithilfe seriöser Informationsquellen ist das aber machbar. Hingegen sind Depot- und Orderkosten bei einer stationären Bank in der Regel teurer, dafür gibt es einen Beratungssupport. Onlinebanken oder auch das klassische Onlinebanking sind meist ein Kompromiss.

Nachhaltig investieren

Viele Menschen möchten kein schlechtes Gewissen bei der Geldanlage haben. Sie würden beispielsweise nie Aktien von Unternehmen kaufen, die Umweltschäden verursachen oder Kriegswaffen herstellen. Für die, die sich für nachhaltige Geldanlagen interessieren, kommt zum magischen Dreieck ein weiterer Faktor dazu. Aus dem Anlagedreieck wird dann ein Anlageviereck. Die gute Nachricht ist: Nachhaltige Finanzprodukte müssen uns keine Rendite kosten. Die Renditen von ESG-Geldanlagen sind nicht per se schlechter, im Gegenteil. Die drei Kürzel stehen für einen umfassenden Nachhaltigkeitsansatz: E= Environment, S= Social, G= Governance. Immer mehr Anleger:innen und Investor:innen achten bei der Auswahl von Finanzprodukten, etwa Investmentfonds, darauf. Es geht darum, soziale, ökologische und ethische Kriterien bei der Geldanlage zu berücksichtigen und solche Unternehmen herauszufiltern, die obendrein der guten Unternehmensführung (governance) Rechnung tragen. Dadurch erhöht sich der Druck auf Unternehmen und Staaten, ihrer Verantwortung gegenüber Gesellschaft und Umwelt im erforderlichen Maß nachzukommen.

Seit August 2022 sind Banken und Finanzdienstleister verpflichtet, unsere Nachhaltigkeitspräferenzen abzufragen. Einen positiven Einfluss auf das Wirtschaftssystem nehmen zu können, ist vielen Anleger:innen wichtig. Dennoch: Ob uns das kollektiv gelingen wird, steht noch offen. Denn einerseits können wir mit unserem Geld sozial-ökologische Veränderungen unterstützen, andererseits dürfen wir die Zielsetzungen nachhaltiger Geldanlage nicht überstrapazieren. Es ist, wie der Experte für Sustainable Finance, Christian Klein, einmal pointiert anmerkte, nicht die Aufgabe eines Kapitalmarkts, die Welt zu retten. »Nachhaltigkeit« wird auch als PR-Methode eingesetzt: Unternehmen versuchen, ihr Image damit aufzupolieren, und stellen sich besser dar, als sie es sind – kurz, es wird »green washing« und »social washing« betrieben.

Weil Nachhaltigkeit verschieden interpretiert wird, hat die Europäische Union einen Kriterienkatalog entwickelt, an dem Investor:innen und Anleger:innen sich bei der nachhaltigen Geldanlage orientieren können. Wir sollten also immer versuchen, uns nicht blenden zu lassen. Gerade im Bereich Green Finance müssen wir oft zweimal hinschauen, um wirklich herauszufinden, wie grün das Produkt ist. Der kleinste gemeinsame Nenner der Nachhaltigkeit ist es, mit der Geldanlage keinen Schaden anzurichten. Das wäre sozusagen eine »hellgrüne Ausrichtung« der Anlagestrategie und Finanzprodukte. Je mehr Anleger:innen grüne und nachhaltige Themen jedoch am Herzen liegen, desto eher ist es ihnen wichtig, mit ihrer Anlage auch wirklich einen Impact zu schaffen, eine Wirkung zu erzielen. Auch hierfür gibt es Finanzprodukte, sie sind dann quasi »dunkelgrün«. Allerdings gibt es ein Risiko zu beachten: Je nachhaltiger unsere Anlageziele sind, desto eher kommen Finanzprodukte und Anlagemöglichkeiten infrage, die höhere Risiken bergen, wie etwa geschlossene Fonds. Der Unterschied zu offenen Investmentfonds ist, dass geschlossene Fonds in ein ausgewähltes Projekt investieren, etwa einen Windkraftpark. Kommt das federführende Unternehmen mit dem Projekt ins Hintertreffen, kann es sein, dass sogar eine Nachschusspflicht der Anlegenden eintritt. Sie müssen also frisches Geld einbringen, um dem Unternehmen neue Liquidität zukommen zu lassen. Es mehren sich kritische Stimmen, dass die Risikoeinstellung den Nachhaltigkeitspräferenzen untergeordnet wird und Kund:innen geschlossene Fonds oder Nachrangdarlehen erwerben, ohne die Risiken dieser Anlageformen genau zu überblicken. Als Faustformel kann gelten: Je direkter die Nachhaltigkeitswirkung der Geldanlage ist, umso höher ist aufgrund der Produktkategorien das Risiko. Zumindest bislang. Denn der Markt für nachhaltige Geldanlagen, *sustainable finance,* wächst stark und ist in großer Bewegung. Möglicherweise werden in Zukunft die Standards allgemein steigen und es wird neue Finanzprodukte geben, die risikoärmer sind.

Brauchen Frauen besondere Finanzprodukte?

Inzwischen greifen die Medien das Thema Geld häufiger auf. Zahlreiche neue Initiativen, Finanz-Apps und FinTechs sind auf den Markt gekommen und bringen Finanzinnovationen voran. Auch die Szene der Finanzblogger:innen ist nicht zuletzt dafür angetreten, den Mythos des Geheimwissens zu widerlegen.

Doch längst nicht alle profitieren davon. Die Bestsellerautorin und Redaktionsleiterin von *Brigitte BE GREEN*, Alexandra Zykunov, schrieb dazu treffend: »Für so viele Frauen greifen die allzeitbekannten ›Finanztipps‹ nicht«, beispielsweise zu Gehaltsverhandlungen. Sie sieht die Gefahr, dass plakative Tipps »bei einem Großteil derjenigen Frauen, die weniger Privilegien haben, genau das Gegenteil (bewirken). Nämlich, dass sie sich nicht nur nicht empowert fühlen, sondern nicht abgeholt, geshamed und nicht gesehen.«[214] Damit spricht Zykunov einen wichtigen Punkt an, nämlich die Vernachlässigung struktureller Aspekte, die etwa über Gleichstellungsbildung vermittelt werden könnten. Auch drängen in die Lücke, die der Staat bei der finanziellen Bildung bislang lässt, unzählige Angebote. In den letzten Jahren ist dazu ein regelrechter Markt entstanden. Finanzbildungsangebote für weniger privilegierte oder sogar vulnerable Gruppen sind in der Tat ein blinder Fleck in der Branche. Warum das so ist? Ganz einfach, es lässt sich kaum Geld damit verdienen. Frauen waren lange eine vernachlässigte und wenig attraktive Zielgruppe der Finanzindustrie, weil sie über weniger Geld verfügten. Die neuen Angebote richten sich überwiegend an gut ausgebildete und akademisch gebildete Frauen – diese können sich nicht nur die

Bildungsangebote leisten, sondern gleichzeitig auch die entsprechenden Finanzprodukte.

Unter dem Schlagwort »Rosa Finanzen« wird derzeit viel darüber diskutiert, ob wir eine andere Ansprache oder sogar spezielle Finanzprodukte brauchen, um den spezifischen Bedürfnissen von Frauen und weiblichen Lebenslagen gerecht zu werden. Als Wertpapierberaterin hatte ich schon Mitte der Neunzigerjahre sehr wohlhabende Kundinnen, die am Aktienmarkt aktiv waren und risikobewusst investierten. Diese Frauen waren in der Regel beruflich erfolgreich oder legten geerbtes Geld an. Schauen wir auf das stark verminderte Lebenserwerbseinkommen von Müttern, ist ganz klar, dass gerade sie keine allzu hohen Risiken eingehen möchten und können. Doch gerade aufgrund unserer finanziellen Benachteiligung sollten wir keine Chancen verpassen, unsere Finanzen langfristig gut aufzustellen. Dazu benötigen wir keine auf Frauen zugeschnittenen Finanzprodukte, sondern eine verständliche und unvoreingenommene Ansprache. Es sollte selbstverständlich sein, Kundinnen auf Augenhöhe zu begegnen und sie nicht von oben herab zu behandeln. Genau das erleben Frauen aber immer wieder und fühlen sich nicht ernst genommen.

Ebenfalls aufschlussreich ist ein Blick auf die Geschlechterethik im Finanzdienstleistungssektor. Die Finanzwirtschaft und männliche Finanzberater täten gut daran, ihren Bias zu reflektieren und ihr Frauenbild geradezurücken. Eine Kooperationspartnerin hat mich gerade auf ein Arbeitsbuch zum Thema Frauen & Finanzen ihrer Hausbank hingewiesen. Es soll Frauen an die Hand nehmen, ihre Finanzen strategisch zu planen. Die Aufmachung erinnert auf den ersten Blick an ein Arbeitsheft für Kinder und Jugendliche. Es zieht sich tatsächlich auf vielen Seiten eine Zeichentrickfigur mit Ähnlichkeit zum »Grüffelo« durch das Workbook. Welches Frauenbild transportiert diese Broschüre? Was ist im Marketing dieser Bank los? Gibt es dort wirklich niemanden, dem aufgefallen wäre, in welcher herablassenden Art Frauen hier angesprochen werden? Das ist erschreckend und traurig zugleich. Auch Pinkstinks, denen ich die Broschüre gezeigt habe, sieht die stereotype Darstellung kritisch: »Es wäre in der Gegenprobe undenkbar, dass ein Finanzheft, welches sich an Männer richtet, mit niedlichen Monstern und rosa Schnörkeln gestaltet wird. Daher bleibt bei der Aufmachung der Eindruck, als würden Frauen einfach für deutlich weniger kompetent und ›ernsthaft‹ gehalten in Bezug auf Finanzfragen.«[215]

Das Fachvokabular der Finanzwirtschaft schreckt ab und klingt nicht besonders spannend. Es bleibt auf einer abstrakten Ebene. Eine Lebensverlaufsperspektive wird selten eingenommen. Immerhin werden in der Finanzberatung inzwischen verhaltensökonomische Faktoren mitgedacht, etwa »typische Anlegerfallen«. Gerade öffnen sich auch die ersten Anbieter für Aspekte des Finanzcoachings. Allerdings muss ich dich warnen, darauf zu achten, dass es sich auch hier um einen Marketing- und Verkaufstrick handeln könnte. Dazu im nächsten Abschnitt mehr.

Wie unterscheide ich gute von schlechten Finanzbildungsangeboten?

Es ist gar nicht so leicht, gute und schlechte Finanzbildungsangebote auseinanderzuhalten. Sie unterscheiden sich in den Formaten, Geschäftsmodellen, der fachlichen und inhaltlichen Qualität. Auch hier sind Interessenkonflikte oder eine versteckte Agenda nicht immer auszuschließen, etwa wenn das Bildungsangebot nur vorgeschoben wird und als Türöffner für den Verkauf von Finanzprodukten dient. Das ist leider immer öfter der Fall. Aus Bildungsprojekten werden so Mogelpackungen. Für dich ist es wichtig herauszufinden, ob bzw. welche Qualitätsstandards angelegt werden und wie die verschiedenen Geschäftsmodelle hinter den Angeboten funktionieren. Hier gibt es große Unterschiede. Angefangen vom Einsatz von Affiliate-Links, über Werbepartnerschaften, kostenpflichtige Online-Kurse, Coachings und Mentoring-Programme bis hin zum angegliederten

Finanzvertrieb gibt es verschiedene Wege, wie sich Plattformen, Initiativen, Finanz-Influencerinnen und Bildungsangebote finanzieren. Leider fehlt es oft an einer transparenten Übersicht und werden Kooperationen verschleiert. Wir müssen schon sehr genau hinschauen, um solche Verflechtungen zu erkennen.

Darüber hinaus ist weder Finanzcoaching noch Finanzmentoring ein geschützter Begriff und es bestehen große Unterschiede hinsichtlich der Seriosität und Qualität der Angebote. Die Finanzpsychologin Monika Müller ist eine der wenigen, die Qualitätsstandards setzt. Sie bietet seit vielen Jahren eine standardisierte Ausbildung zum zertifizierten Finanzcoach an.[216] Um Klarheit über das Angebot zu erhalten, solltest du immer versuchen, das dahinterstehende Geschäftsmodell zu ergründen und zu verstehen. Wenn zum Beispiel ein Coaching mit einem Robo-Advisor (= automatisierte Geldanlage über einen Algorithmus) im Hintergrund arbeitet, ist das Coaching nicht mehr unabhängig. Es wird dann nicht geschaut, welche Möglichkeiten der Geldanlage für dich als Kundin am besten sind, sondern wie eine möglichst hohe Anlagesumme in den Robo-Advisor gelenkt werden kann. Andere Bildungs- und Coaching-Angebote kooperieren mit Strukturvertrieben des Finanzdienstleistungssektors, ohne dies zu kennzeichnen. Stattdessen wird auf der Website damit geworben, »vertrauensvoll mit unabhängigen Expertinnen« zusammenzuarbeiten.

Auch ich selbst habe mehrere Hüte auf und bin mit verschiedenen Logos unterwegs. Wichtig ist immer, dass Transparenz herrscht und Kooperationen offen kommuniziert werden. Inzwischen haben wir allerdings schon perfide Geschäftsmodelle gesehen, die nur vordergründig als Bildungsangebot auftreten und bei denen es in erster Linie darum geht, Finanzprodukte zu vertreiben. Eine neue Initiative der Bürgerbewegung »Finanzwende«[217] ist gerade dabei, speziellen Angeboten, die für Frauen entwickelt wurden, auf den Grund zu gehen.

Finanzbildung, Finanzcoaching, Finanzmentoring: Welche Unterschiede gibt es?

- **Finanzbildung für Erwachsene:** Es bestehen kaum Standards in Bezug auf Fachwissen und Didaktik. Die Angebote werden selten evaluiert, es findet so gut wie keine Qualitätskontrolle statt. Achte auf eine transparente Darstellung des Geschäftsmodells und den beruflichen Status der Anbietenden.
- **Finanzcoaching:** Der Begriff ist nicht geschützt, es gibt große Qualitätsunterschiede der Anbietenden, achte auch hier auf ihren beruflichen Hintergrund. Selbst Finanzdienstleister, deren Ziel es in erster Linie ist, Finanzprodukte zu verkaufen, ködern inzwischen mit dem Coachingbegriff.
- **Finanzmentoring:** Das Verfahren wird gern für Gruppenprozesse genutzt und dient der Skalierung von Angeboten. Der Begriff ist ebenfalls nicht geschützt, die Unterschiede in Bezug auf Niveau, Seriosität und Qualität sind groß.

Die Geschäftsmodelle hinter den vielfältigen Angeboten unterscheiden sich sehr stark, bis hin zu (verschleiertem) angegliedertem Finanzproduktverkauf.

Fehlanreize der provisionsbasierten Beratung

Wir haben in Deutschland eine sogenannte provisionsbasierte Finanzvermittlung. Das heißt, die Beratungsgespräche bei Banken, Versicherungen, Finanzvermittlern und weiteren Finanzdienstleistern sind kostenfrei. Dennoch sind sie nicht umsonst, sondern Kund:innen zahlen Provisionen, wenn sie Finanzprodukte kaufen. Die Anbieter erhalten unterschiedlich hohe Provisionen von kooperierenden

Partnern wie etwa Kapitalanlagegesellschaften. Das führt dazu, dass der Kundschaft eher Produkte, die einen höheren Provisionsertrag abwerfen, angeboten werden.

Finanzdienstleister haben viel Vertrauen verspielt, was gerade im Nachgang der Finanzkrise und beim Verkauf von Riesterverträgen offensichtlich wurde. Denn es wurden nicht diejenigen Produkte verkauft, die dir als Kundin die besten Renditen bringen, sondern solche, die den Anbietern die höchsten Provisionseinnahmen bescheren. Kritische Stimmen behaupten daher, es gebe keine Finanzberatende, sondern nur Finanzprodukteverkäufer:innen. Wie bereits bei den unterschiedlichen Geschäftsmodellen von Finanzbildungsangeboten angesprochen, sollten wir auch bei Beratungsgesprächen mit Banken, Versicherungen und sogenannten »unabhängigen« Finanzberatenden immer im Hinterkopf behalten, welches Geschäftsmodell zugrunde liegt. Der Finanzdienstleistungssektor in Deutschland ist so aufgestellt, dass es faktisch keine unabhängige Beratung gibt. Denn auch Beratende, die nicht bei Banken oder Versicherungen angestellt sind und sich deswegen »unabhängig« nennen, müssen Provisionen generieren. Meist sind sie nicht von einer bestimmten Bank oder Versicherung abhängig, sondern können eine breite Palette von Finanzprodukten anbieten – erhalten aber kein oder nur ein sehr geringes Festgehalt. Bei Strukturvertrieben gilt oft ein internes Anreizprogramm und diejenigen, die die höchsten Provisionen erzielen, erhalten einen Bonus bzw. Benefit. Dadurch stacheln sich Produktverkäufer:innen gegenseitig an und das Kundeninteresse kann in den Hintergrund treten.

Hingegen beziehen die Beratenden von Banken und Versicherungen ein Festgehalt, unterliegen allerdings einem harten Wettbewerbsdruck. Banken wird gern vorgehalten, dass sie ihre »Hausprodukte« verkaufen möchten, also zum Beispiel Investmentfonds der hauseigenen Investmentfondsgesellschaft oder Versicherungen von kooperierenden Partnern. Bei Versicherungen war das schon immer der Fall, schien aber nicht so sehr gestört zu haben. Wenn ich in ein bestimmtes Autohaus gehe, erwarte ich auch nicht, dass mir Autos der Konkurrenz schmackhaft gemacht werden. Banken haben ihren Kund:innen allerdings lange Finanzprodukte mit gutem Preis-Leistungs-Verhältnis, wie zum Beispiel börsengehandelte Indexfonds (ETFs), vorenthalten. Es hieß dann etwa, »dieses Produkt bieten wir nicht an, das müssen sie selbst über den Markt erwerben«. Mit der großen Erfolgsgeschichte der ETFs kommen die Banken aber inzwischen nicht mehr umhin, ihrer Kundschaft dieses attraktive Finanzprodukt anzubieten.

Vielleicht kennst du den treffenden Satz: »Frage nie deinen Friseur, ob du einen neuen Haarschnitt brauchst.« Der Verhaltensökonom Hartmut Walz hat ihn einmal auf einer Veranstaltung zum Besten gegeben. Immer wieder warnt er davor, ein LEO zu sein – ein leicht erreichbares Opfer. Es ist beispielsweise keine gute Idee, mit allen Geldangelegenheiten zum Versicherungsmakler des Vertrauens zu gehen. Das scheint ein Relikt aus der Vergangenheit und mag vielleicht praktisch erscheinen, kann uns aber teuer zu stehen kommen. Walz und Bosetti haben in ihrem Ratgeber »Beraten statt Verraten« über dreißig verschiedene Berufsbezeichnungen im Bereich Finanzdienstleistungen aufgelistet.[218] Leider sind nur knapp die Hälfte aller Begriffe gesetzlich geschützt, sodass sich viele Finanzvermittler Berater nennen und Produktverkäufer inzwischen sogar das Label Finanzcoach nutzen. Weniger interessengeleitet ist die »unabhängige Honorar-Anlagenberatung« oder die »Honorar-Finanzanlagenberatung«, bei der Kund:innen ein Honorar für die Beratungsleistung zahlen. Beide Begriffe sind gesetzlich geschützt. Der Begriff »unabhängige Honorarberatung« ist es hingegen nicht.

Natürlich passieren Fehler und gibt es Falsch- bzw. Fehlberatung. Ich könnte auch nicht für alle ehemaligen Kolleg:innen die Hand ins Feuer legen. Es macht aber ebenso wenig Sinn, überall nur schwarze Schafe zu vermuten. Viele Beratende besitzen ethische Integrität. Provisionen und Einnahmen zu generieren, kann marktwirtschaftlich orientierten Unternehmen nicht per se vorgehalten werden. Wenn wir in einen Elektronikfachhandel gehen, werden uns keine Kaufprovisionen ausgewiesen, bei der Geldanlage hingegen schon. Wir kennen die Margen von Autohändlern oder des Elektronikmarktes nicht, können aber durch eigene Preisvergleiche zumindest herausfinden, ob die Preise sich im Rahmen bewegen. Das ist bei Bank- und Versicherungsprodukten in der Tat nicht so einfach. Die Vertragsbedingungen sind oft sehr komplex und der Teufel steckt im Detail. Denn wer achtet beispielsweise beim Abschluss einer Rentenversicherung darauf, wie hoch die sogenannte Rentengarantiezeit ist? Gemeint ist damit die Zeitspanne, für die nach dem Ableben des Versicherungsnehmers der Rentenbetrag an Hinterbliebene weitergezahlt wird. Sie beträgt meist fünf, zehn oder fünfzehn Jahre, was im Fall der Fälle natürlich einen großen Unterschied macht.

Ein Punkt ist mir noch wichtig: Wenn Kundinnen männlichen Finanzberatern gegenübersitzen, kann zum Wissensvorsprung der Berater noch Alltagssexismus kommen, also eine auf Stereotypen beruhende Diskriminierung aufgrund des Geschlechts. Wissensdefizite können dich nicht nur einschüchtern und entmutigen, sondern viel Geld kosten. Nämlich dann, wenn die Kundin nicht erkennt, dass ihr provisionsträchtige Finanzprodukte angeboten werden, zu denen es möglicherweise eine kostengünstigere Alternative gibt. Einschränkend muss ich hier leider anführen, dass dir das auch bei Finanzberater*innen* passieren kann.

Wenn wir uns einmal mit den Prinzipien des Finanzproduktevertriebs vertraut gemacht haben, werden wir viel leichter erkennen, wer mit welcher Absicht berät. Im Gegensatz zu angelsächsischen Ländern, wo die Honorarberatung weit verbreitet ist – unter anderem weil in einigen Ländern ein Provisionsverbot besteht –, liegt der Marktanteil der honorarfinanzierten Beratung in Deutschland nur bei rund 1 Prozent.[219] Auch in den Niederlanden besteht ein Provisionsverbot für Finanzdienstleistungen, was die Fehlanreize deutlich minimiert. Nach diesem Prinzip funktioniert auch die Beratung bei Verbraucherzentralen, die ich empfehlen kann. Kund:innen zahlen

Geschäftsmodelle der Finanzberatung

- **Anlage- und Finanzberatung bei Banken, Beratung bei Versicherungen:** Kostenfreie Beratung, Provisionsanreiz beim Produktverkauf, Gewinnerzielungsdruck
- **Sogenannte »unabhängige Finanzberatung« über Makler, Finanzdienstleister, Strukturvertriebe:** Kostenfreie Beratung, hoher Provisionsanreiz beim Produktverkauf, da geringes oder kein Festgehalt, interne Anreizstrukturen, um mehr Provisionen zu generieren
- **(»Echte«) Honorar-Finanzanlagenberatung:** Kostenpflichtige, nicht provisionsgestützte Beratung, keinerlei Produktverkauf
- **Unabhängige Honorar-Anlagenberatung:** Kostenpflichtige Beratung und Produktverkauf, Rückvergütung der Provisionen der Produktanbieter an die Kund:innen.

ein festgelegtes Honorar und es werden keine Finanzprodukte verkauft. Auch die Onlineauftritte der Verbraucherzentralen sind gut recherchiert und bieten für die verschiedensten Geld- und Finanzangelegenheiten einen profunden, kostenfreien Überblick.

Es ist sinnvoll und zielführend, die eigene finanzielle Bildung zu verbessern, um die Komplexität des Finanzmarkts und von Finanzentscheidungen zu verstehen. Nichtsdestoweniger brauchen wir einen starken Verbraucherschutz und eine staatliche Marktbeobachtung, vor allem, um verletzliche Verbrauchergruppen zu schützen.

Zuletzt möchte ich noch die irrationale Suche nach dem *höchstmöglichen Ertrag der Geldanlage* ansprechen, in übersteigerter Form auch Gier genannt. Jahrzehntelang kam es vor, dass Beratungsgespräche mit Fachterminologie gespickt waren, um die Deutungshoheit zu behalten. Das Ausnutzen von Machtasymmetrien hat zu einem großen

Vertrauensverlust in der Bevölkerung geführt. Dazu haben auch neue, hochkomplexe, verschachtelt konstruierte Finanzprodukte ihren Teil beigetragen. Nicht immer haben sie gehalten, was sie versprachen. Im Gegenteil. Dennoch ist hier einschränkend anzumerken, dass auch Anlegende mit ihrem Hunger nach Rendite eine Eigenverantwortung haben, wenn sie hochspekulative Finanzprodukte kaufen. Nicht immer sind ihnen die Risiken gänzlich bewusst, oder sie blenden sie aus in der Hoffnung, einen wirklich guten Deal zu machen. Hier kommen die verhaltensökonomischen Fallen »übertriebener Optimismus« und auch »Selbstüberschätzung« ins Spiel. Die nach der Finanzkrise implementierten Informations- und Dokumentationspflichten von Beratungsgesprächen sollen verhindern, dass Anlegende in Unwissenheit handeln und Finanzprodukte kaufen, die nicht zu ihnen passen. Auch kommt es immer wieder zu spektakulären Betrugsfällen, wie etwa dem Krypto-Betrug mit OneCoin.

Wer sich nicht die Finger verbrennen will, für den sind Standardprodukte wie Aktienfonds, börsengehandelte Indexfonds, festverzinsliche Anleihen (ein attraktives Zinsniveau vorausgesetzt) oder offene Immobilienfonds völlig ausreichend, um einen Kapitalstock aufzubauen. Versprechen Beratende hohe Renditen, die über dem üblichen Marktzins liegen, kaufen Kund:innen die erhöhte Renditechance mit einem höheren Risiko ein.

Tipps zum Vermögensaufbau mit Aktien- und ETF-Sparplänen

Du kannst dich heute sehr gut bei soliden Portalen wie Verbraucherzentralen, Stiftung Warentest/Finanztest, ZDF WISO oder der Stiftung Finanztip über Geldanlage und Altersvorsorge informieren. Sie bieten qualitativ hochwertige und verlässliche Informationsquellen. Im Vorfeld von Beratungsgesprächen solltest du dich immer bereits selbst schlau machen, um diese auf Augenhöhe führen zu können. Dazu gibt es von den Verbraucherzentralen eine »Checkliste für die Geldanlageberatung«, die du dir herunterladen kannst (siehe Links im Anhang, S. 234).

Um Verlustrisiken zu begrenzen, solltest du breit streuen, das heißt in verschiedenen Anlageklassen anlegen und auch innerhalb der Anlageklassen streuen. Dies gelingt am einfachsten mit Investmentfonds und am kostengünstigsten mit börsengehandelten Indexfonds. Das Geld ist für den langfristigen Vermögensaufbau, das heißt, du brauchst einen langen Anlagehorizont. Am besten, du »verbuchst« das Geld innerlich sofort für den Aufbau deiner privaten Altersvorsorge. So umgehst du die Fallstricke des menschlichen Verhaltens und bist nicht so schnell in Versuchung, das Geld anzutasten, falls finanzielle Engpässe entstehen.

Börsengehandelte Indexfonds (ETFs) sind eine kostengünstige Anlageproduktklasse. Da kein professionelles Fondsmanagement benötigt wird, reduzieren sich die Kosten. Der Fonds bildet einfach nur den zugrunde liegenden Index ab, kein Management muss große Analysen anstellen, um den Fonds neu zu gewichten.

Wenn du deinen Vermögensaufbau automatisierst, sparst du dir viel Zeit und auch Grübelei, wann denn der richtige Ein- oder Ausstiegszeitpunkt für die Geldanlage wäre.

Ein guter Start für deine Vermögensbildung sind aktienbasierte ETF-Sparpläne. Sofern die Zinsen weiter steigen, kommen auch wieder festverzinsliche Wertpapiere infrage. Einzahlpläne für Wertpapiersparen eignen sich auch gut für die Geldanlage und das Ausbildungssparen von Kindern. Ihr könnt ein Wertpapierdepot auf den Namen eures Kindes eröffnen und Sparpläne einrichten.

Die wichtigsten Fazits noch einmal im Überblick:

- Beschäftige dich mit dem Thema Geldanlage und stärke dein finanzielles Selbstvertrauen.
- Nichts zu tun, kann dich viel Geld kosten. Die Zeit, die du dir für Finanzthemen nimmst, ist eine Investition in deine Zukunft.
- Beleuchte deine Risikoeinstellung: Wie sicherheitsbewusst bist du? Wie viel Ertragschancen willst du ausnutzen und wie viel Risiko bist du bereit, dafür zu tragen?
- Überprüfe deine Sparziele mit einem Zinseszinsrechner bzw. einem Sparplanrechner.
- Um Wertpapiere zu kaufen, benötigst du ein Wertpapierdepot. Vergleiche die Kosten für die Depotführung sowie die Kosten für die Aufgabe von Wertpapieraufträgen (Order).
- Geld, das du in Aktien, Aktienfonds oder aktienbasierte ETFs investierst, sollte mindestens acht, besser noch zehn Jahre angelegt bleiben. Dadurch kannst du den Schwankungen an den Börsen gelassen gegenüberstehen, denn du brauchst das Geld viele Jahre nicht.
- Wähle breit gestreute Investmentfonds oder börsengehandelte Indexfonds und richte Einzahlpläne ein, um die Anlage zu automatisieren.
- Nutze staatliche Förderungen wie Vermögenswirksame Leistungen und die Betriebliche Altersvorsorge.
- Beziehe Kosten, Inflation und Steuern in deine Finanzstrategie ein. Sie schmälern unsere Erträge.
- Ein schönes Finanzpolster stärkt deine Verhandlungsmacht.

Aufblühen statt ausbrennen

Das Außergewöhnliche geschieht nicht auf glattem, gewöhnlichem Wege.

Johann Wolfgang von Goethe[220]

Niemand sollte einen Nachteil davon haben, Kinder großzuziehen oder sich um Ältere zu kümmern. Dem berühmten Zitat von Descartes »Ich denke, also bin ich« hat die Initiative Equal Care Day im Rahmen einer Veranstaltung ein »Ich sorge, also bin ich« zur Seite gestellt. Im Gesellschaftssystem muss genügend Raum für die Sorgearbeit sein. »Das Recht auf Haus- und Sorgearbeit *und* auf Erwerbsarbeit ohne Überforderung muss ohne Unterschied des Geschlechts für alle gleichermaßen gelten«[221], betont Elke Hannack, stellvertretende Bundesvorsitzende des Deutschen Gewerkschaftsbundes.

Viele von uns wollen Zeit für die Familie, den Beruf, Beziehungen, sich selbst und gegebenenfalls gesellschaftliches Engagement. Damit sehen wir uns im magischen Dreieck des guten Lebens einem Konflikt zwischen widerstrebenden Zielen gegenüber: Zeit, Geld und Sinn – analog zum magischen Dreieck der Geldanlage, das Sicherheit, Rendite und Liquidität in einen Spannungsbogen stellt und in Kapitel 6 zur Sprache kam. Familienarbeit und Ehrenämter sind das beste Beispiel – sehr sinnstiftend, aber leider nicht bezahlt. Erwerbsarbeit kann sinnstiftend und finanziell lukrativ sein, aber selten in geringer Teilzeit. Familie und Erwerbsarbeit zusammenzubringen, führt (hoffentlich) zu Sinn und Geld, kostet uns aber Zeitwohlstand. Wir können uns fragen: Welche Art von Wohlstand ist uns wichtig?

Beziehungswohlstand? Kreativitätswohlstand? Dies sind Begriffe von Vivien Dittmar. Sie hat das lesenswerte Buch »Echter Wohlstand« geschrieben. Auch ökologischen und spirituellen Wohlstand nennt sie als Dimensionen.[222]

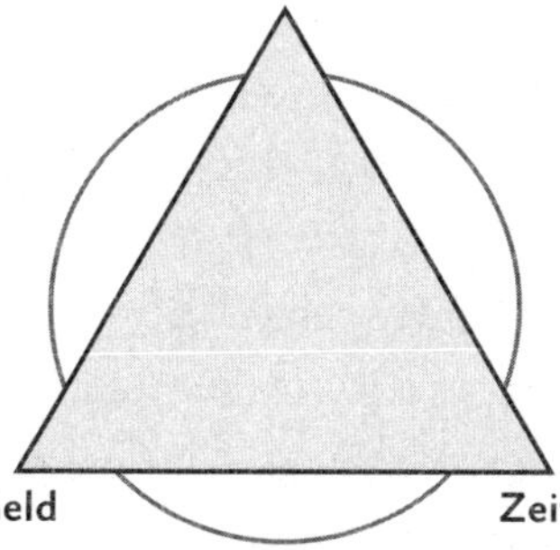

Wer den Wohlstand erhalten wolle, der müsse auch bereit sein, mehr zu arbeiten und sich ein bisschen mehr anzustrengen. So oder ähnlich lauten die reflexartigen Begründungen aus Wirtschaft und Politik. Von dort kommen Vorschläge, den Fachkräftemangel aufzufangen, indem die Wochenarbeitszeit auf 42 Stunden erhöht wird. Der Arbeitsbegriff, der dahintersteht, ist verengt und wirft grundlegende Fragen auf, da die Qualität der Arbeit nicht zur Debatte gestellt wird. Bereits heute trägt die Präsenzkultur in deutschen Unternehmen nicht zwangsläufig zu einer erhöhten Produktivität bei, sondern setzt die Beschäftigten unter Druck. Die Krankenkassen verzeichnen einen deutlichen Anstieg an depressiven Störungen, sie gehören zu den häufigsten psychischen Erkrankungen. Der französische Soziologe Alain Ehrenberg rekonstruiert das Krankheitsbild der Depression als »Pathologie eines verantwortlichen Individuums«. In seiner lesenswerten Studie »Das erschöpfte Selbst« beschreibt er das Spannungsfeld zwischen der »Leidenschaft, man selbst zu sein« und der schmalen Grenze zur Selbstausbeutung.[223] Schon seit vielen Jahren ist ein substanzieller Anteil der Fehltage in Unternehmen auf psychische Erkrankungen zurückzuführen. Dies insbesondere als Folge von zunehmender Arbeitsverdichtung und Stress. Gemäß einer Untersuchung der DAK nahm die Zahl der Fehltage aufgrund psychischer Erkrankungen von 2010 bis 2020 um 56 Prozent zu und ist »seit Jahren sehr auffällig«[224]. Sie sind auch der häufigste Grund für Erwerbsminderungsrenten.[225] Trotz des zunehmenden Fachkräftemangels orientiert sich der Arbeitsmarkt am Idealbild von immer verfügbaren Mitarbeitenden, die ihre privaten Bedürfnisse beruflichen Interessen stets unterordnen. »In Schweden bringt man sich selbst mit zur Arbeit«, so Wiebke Ankersen von der AllBright Stiftung in einem Interview mit der Wirtschaftswoche.[226] Bei uns scheint es fast so, als müsse das menschliche Sein draußen bleiben.

Die reproduktive Arbeit, Kinder großzuziehen, wird mit einem ungesunden Arbeitsbegriff stets weiter ins Abseits gedrängt, die weiblichen Ressourcen Zeit und Geld werden ausgebeutet. Müttern wird die Anerkennung verweigert, sie werden benutzt, missachtet und selbst ehrenamtliche Tätigkeiten werden abgewertet. Die Forderung nach einer – auch monetär aufgewerteten – Fürsorgearbeit wird mit despektierlichen Labels wie der »Herdprämie« ins Lächerliche gezogen. Wie Franziska Schutzbach herausstreicht, führen die systematische Abwertung und fehlende Anerkennung bei Frauen zu »Kränkung, Wut und zu einem andauernden unterschwelligen Stress, Höchstleistungen zu erbringen und sich beweisen zu müssen«[227]. Wenn dann Krisen auftreten, zahlen die Mütter einen hohen Preis. Das habe ich an meiner Freundin Anja erlebt, die nach ihrer Ausbildung früh Mutter geworden war.

> Ein schwerer Schicksalsschlag machte Anja zu einer sehr jungen Witwe und die Töchter im Alter von vier und sechs Jahren zu Halbwaisen. Finanziell war sie gut versorgt, sie erhielt eine Lebensversicherung ausbezahlt und das Haus war bereits schuldenfrei. Ihr verstorbener Mann war selbstständig und erfolgreich gewesen. Dennoch hatte sie jahrelang das Gefühl, den Kopf gerade so über Wasser halten zu können. Sie setzte sprichwörtlich alles

daran, ihren Mädchen eine schöne Kindheit zu bieten. Sie hatte sich zum Auftrag gemacht, den schrecklichen Unfalltod des Vaters auszubalancieren, und ordnete dieser Aufgabe alles andere unter. Um für ihre Kinder da zu sein und sie emotional aufzufangen, stellte sie eigene berufliche und persönliche Pläne all die Jahre konsequent zurück. Ihren neuen Mann lernte sie früh kennen, die Mädchen wuchsen mit ihm wie mit einem eigenen Vater auf, er adoptierte sie schließlich. Von außen betrachtet, lief bei Anja alles bestens.

Anja liebte ihre Kinder über alles, dennoch litt sie darunter, dass sie sich beruflich nicht weiterentwickelt hatte und finanziell stehen geblieben war. Mutterschaft im Nachhinein abzulehnen, ist ein gesellschaftliches Tabuthema. Anja sprach es bei einem Abendessen einmal an: »Im nächsten Leben würde ich keine Kinder mehr bekommen.« Ich habe sie nach vielen Jahren noch einmal danach gefragt und heute sieht es anders aus. Nachdem sie fast zwanzig Jahre lang zu Hause für die Familie da war, hat Anja sich wie Phönix aus der Asche eine Berufsbiografie aufgebaut. Sie arbeitet inzwischen als Psychotherapeutin und ist ausgebildete Verkehrspädagogin.[228]

Auch ohne schwere Schicksalsschläge wie bei Anja können Frauen ihre Entscheidung zur Mutterschaft (phasenweise) bereuen. Familientherapeut:innen stehen die unrealistischen Anforderungen an Familien täglich vor Augen. Ökonomische Interessen über alles andere zu stellen, hat unabsehbare gesellschaftliche und wirtschaftliche Folgewirkungen. »*Familien gesund zu erhalten, dient auch der Wirtschaft und ist Prävention im besten Sinne*«, so das Fazit einer Familien- und Trauma-Therapeutin, die anonym bleiben möchte. Wenn Familienmodelle »praktisch nur mit sehr hohen Verschleißerscheinungen lebbar sind«, bleiben Eltern in einer ausweglosen Drucksituation gefangen. Arbeitsausfälle und Krankheitstage, erhöhte Scheidungsraten, der Anstieg psychischer Erkrankungen, Aufenthalte in Reha-Kliniken, vermehrte Erwerbsunfähigkeit und Frühverrentung – auch hier greifen individuelle und strukturelle Ebenen ineinander. Gleichzeitig zulasten der Menschen und der Sozialsysteme.

Mütter zahlen für die Übernahme von Fürsorgearbeit einen hohen Preis – finanziell, beruflich und auch gesundheitlich. Fassen wir zusammen: Was muss passieren, damit das besser wird?

Wollen wir ein neues, transformatives Denken über Wirtschaft und Gesellschaft in den Mittelpunkt stellen, kommen wir um die **Aufwertung der Care-Arbeit** nicht herum. Private Care-Arbeit muss einen Wert bekommen und ins Bruttoinlandsprodukt aufgenommen werden.

Die Initiative Equal Care Day hat in ihrem »Equal Care Manifest« festgehalten, wie Gesellschaft, Wirtschaft und Politik so neu zu gestalten wären, dass Fürsorge ins Zentrum rückt und unser Leben nicht länger dem Primat der Ökonomie untergeordnet wird.[229] Wenn wir einen Ausweg aus der Carekrise finden wollen, müssen wir unbequemen Wahrheiten ins Gesicht schauen. Eine alternde Gesellschaft kann sich keinen Exodus der Beschäftigten im Gesundheits- und Pflegesektor leisten. Denn dieser wirkt erneut in die Familien zurück – eine große Belastungssituation für pflegende Angehörige. Dass betriebswirtschaftliche Prinzipien nicht unmittelbar auf Versorgungsbeziehungen angewendet werden können, zeigt sich im Gesundheitswesen sehr deutlich.

Die Kosten der privaten Care-Arbeit wiederum werden zulasten der ökonomischen Situation von Frauen und Kindern externalisiert. Diese Kosten müssen wir beziffern, die erwerbsarbeitszentrierte Familienpolitik hinterfragen, eine Care-Abgabe der Unternehmen diskutieren und strukturelle Ausbeutung von Müttern und Familien als solche benennen. Fürsorge, sich kümmern, Sorgen, Care – die unbezahlte Arbeit als Grundlage menschlichen Miteinanders und allen Wirtschaftens verdient Wertschätzung und finanzielle Anerkennung.

Die Soziologin Karin Jurczyk hat mit Kolleg:innen ein »Optionszeitenmodell« entwickelt, um starre Erwerbsverläufe mithilfe eines Care-Budgets aufzubrechen.[230] Auch Schnerring und Verlan von der

Initiative Equal Care Day schlagen ein sogenanntes **»Care-Konto«** vor, dessen Soll- und Habenseite die empfangenen und gegebenen Sorgetätigkeiten gegenüberstellt. Das Care-Konto verhindert, dass Sorgearbeit ins Unsichtbare gedrängt und dadurch automatisch abgewertet wird. »Es geht um Ausgleich und die Bereitschaft, Care-Arbeit als gesamtgesellschaftliche Aufgabe zu betrachten.«[231] Dadurch könnte auch die Übernahme ehrenamtlicher Tätigkeiten, zum Beispiel im Elternbeirat des Kindergartens, im Besuchsdienst des Pflegeheims oder als Lesepatin in der Schule, aufgewogen werden.

Eine Familienpolitik, die auf Erwerbsarbeit zentriert ist, kann also allenfalls die halbe Lösung auf dem Weg zu einer geschlechtergerechten Gesellschaft sein. Anders als in der Wirtschaft gibt es im Bereich der Care-Arbeit keine potenziell unendlichen Möglichkeiten der Produktivitätssteigerung. **Für Sorgearbeit benötigen Familien vor allem Zeit** – und definitiv keine längeren Arbeitstage. Familien mit Kindern wünschen sich oft nichts sehnlicher als Zeit. Wenn es ihr Haushaltsbudget zulässt, sind sie bereit, dafür auf Geld zu verzichten. Mütter und Väter brauchen zeitliche Souveränität: Zeit für die Familie, berufliches Vorankommen, Freunde, Hobbys und Ehrenämter. Einfach einmal freie Zeit zu haben, sollte keine ferne Utopie für Fürsorgeleistende bleiben. Leistungsentlastete Zeit. Wann haben wir die wirklich? Um Zeit bereitzustellen, ist unter anderem eine neue Definition von Vollzeit für Eltern nötig, wie die Familienarbeitszeit von 32 Wochenstunden. Das Wahlrecht auf Arbeitszeit und Arbeitsort muss festgeschrieben werden.

Es hilft uns auch als Individuen und in Partnerschaften, die wertschöpfende Bedeutung der reproduktiven Tätigkeiten für die Gesellschaft wertzuschätzen. Unsere Vorstellungen von Mütterlichkeit von Care-Arbeit zu entkoppeln und Vätern nicht nur mehr Sorgekompetenzen zuzugestehen, sondern diese auch von ihnen einzufordern. **Ein guter Anfang ist also, aktive Vaterschaft zu unterstützen.** Väter übernehmen eine unverzichtbare Rolle im Familienleben und -alltag. Es ist in ihrem eigenen Interesse, ihre Partnerin mit der

Care-Arbeit nicht im Stich zu lassen, sondern diese als ihre eigene Verantwortlichkeit zu begreifen. Die zwei linken Hände, mit denen Männer sich mitunter versuchen, aus dem Carebereich zurückzuziehen, werden unter dem Begriff »strategische Inkompetenz« diskutiert. Die englische Bezeichnung »weaponized incompetence« ist allerdings präziser. Denn immer, wenn eine Person sich darauf beruft, bestimmte Dinge nicht so gut erledigen zu können, wälzt sie solche Tätigkeiten auf jemand anderen ab – keine guten Voraussetzungen für eine faire Rollenverteilung in Partnerschaften.

Sollen Mütter nicht ausbrennen und im Alter arm sein, gelingt die Vereinbarkeit nur Hand in Hand mit paritätischer Elternzeit und fair geteilter Care-Arbeit, qualitativ hochwertiger Kinderbetreuung, fürsorglichen Arbeitgebenden, modernen gesellschaftlichen Rahmenbedingungen, neuen Geschlechterrollen. Wer dazu noch mit der Unterstützung von Großeltern oder Leihgroßeltern rechnen darf, kann sich glücklich schätzen.

Auch in den Sozialsystemen muss der Beitrag von Familien angemessen gewürdigt werden. Die Berufung der Verhaltensökonomin Ulrike Malmendier und des Wirtschaftswissenschaftlers Martin Werding in den Sachverständigenrat zur Begutachtung der gesamtwirtschaftlichen Entwicklung sind Hoffnungszeichen. Werding machte in seiner Studie für die Bertelsmann Stiftung verschiedene Vorschläge, wie die finanzielle Situation von Familien verbessert werden könnte. Er schlägt unter anderem **familiengerechte Beiträge in der Rentenversicherung** oder eine sogenannte **»Kinderrente«** vor. Denn Absenkungen des Rentenniveaus treffen alle Versicherten gleich. Eltern wie Kinderlose müssen in ihrer aktiven Berufsphase entsprechend mehr private Vorsorge für ihr Alter treffen. Dass ihre Spielräume dafür verschieden groß sind, muss stärker berücksichtigt werden. Die Gender Gaps dürfen sich nicht in der Rentenlücke zuspitzen. Die Ampelkoalition hat den Fokus auf die Ausweitung der Erwerbsarbeit von Müttern aber beibehalten – ohne die strukturbedingten negativen Erwerbsanreize zur Diskussion zu stellen, geschweige denn die strukturelle Diskriminierung von Fürsorgeleistenden auf dem Arbeitsmarkt aktiv anzugehen.

Elternschaft als Bonus anzuerkennen und nicht als Makel, wirkt vor dem Hintergrund der Studienergebnisse zur Elterndiskriminierung fast noch revolutionär. Joachim Lask und Ralph Kriechbaum haben bereits 2017 in ihrem Buch »Gute Eltern sind bessere Mitarbeiter« dafür geworben. Der Wirtschafts- und Familienpsychologe Lask und der Professor für Betriebswirtschaftslehre Kriechbaum verstehen das Familienleben als informellen Lernort. Die in Familien gelebten Werte wie Dialogbereitschaft, Respekt und Verantwortung führen zu Fähigkeiten, die rollenübergreifend als Ressourcen zum Unternehmenserfolg beitragen. Umgekehrt sollten wir Eltern uns diese elterlichen Kompetenzen vor Augen führen und sie selbstbewusst als Asset verbuchen.[232] Volker Baisch schlug kürzlich auf LinkedIn vor, die Elternzeit als Kompetenz analog zu einem Auslandseinsatz anzurechnen. Denn auch hier ist die Lernkurve sehr steil. Eltern eignen sich in kürzester Zeit viele hilfreiche Fähigkeiten an, die im heutigen Unternehmensumfeld von großer Bedeutung sind, wie Flexibilität und Resilienz. Der Fachkräftemangel könnte endlich einen Unterschied machen und kinderfeindliche Unternehmenskulturen aufbrechen. Arbeitgebende, die weiterhin auf Lebensläufe ohne Lücken und Umwege setzen, werden das Nachsehen haben. Nicht nur im MINT-Bereich (Mathematik, Informatik, Naturwissenschaft und Technik) werden händeringend Fachkräfte gesucht, sondern auch im Handwerk, in der Industrie, im Gesundheitswesen, bei Erzieher:innen, Lehrkräften und in der Sozialen Arbeit.

Um Elterndiskriminierung abzubauen, ist ein **Wertewandel in Unternehmen und Organisationen** unabdingbar. Denn noch immer gilt: Unternehmen kommen ihrer sozialen Verantwortung, gute Voraussetzungen für Vereinbarkeit und Diversität zu schaffen, nicht in erforderlichem Maß nach. Männliche Führungskräfte, die Elternzeit nehmen, sind nach wie vor selten – was auch damit zusammenhängt, dass sie, wie Mütter, noch immer Diskriminierung am Arbeitsmarkt befürchten müssen. Die Politik sollte weitere Anreize setzen, damit Väter länger Elternzeit nehmen. Denn der Anteil der Väter, die länger als zwei Monate nehmen, stagniert. Und in einer gemeinsamen Elternzeit wird der Sorgealltag nicht unbedingt präsent.

Spricht man aktive Politikerinnen und Politiker auf die Situation der unvollendeten Geschlechtergleichstellung an, erhält man oft die Antwort, dies sei nur eine Generationenfrage. Statt weiter darauf zu warten, dass jüngere Generationen mit gelebten neuen Familienmodellen auch strukturelle Veränderungen anschieben, gilt es aber, bereits jetzt alle mitzunehmen. Um die ökonomische Benachteiligung von Müttern einzuebnen, sind **finanzielle Bildung und die Verbreitung von Gleichstellungswissen** wichtige Stellschrauben. Beide Themen müssen institutionalisiert in den Schulunterricht integriert werden, um junge Menschen vor Fallen zu schützen. Wir machen einen Führerschein, aber keinen Finanzführerschein, und wenn wir Kinder bekommen oder heiraten, stehen uns die weitreichenden finanziellen Folgen nicht deutlich genug vor Augen. Dass Jugendliche und junge Erwachsene sich dieses Wissen und diese Handlungskompetenzen selbst über die Sozialen Medien aneignen müssen – und dadurch erneut in Betrugsfallen wie Gewinnspielbetrug oder Schneeballsysteme geraten, gerade vulnerable Gruppen – dürfen wir nicht dulden. Dabei darf der Kanon dessen, was zur ökonomischen und finanziellen Bildung zählt, nicht zu eng gefasst werden. Die Reflexion von Ungleichheit, Überkonsum, Selbst- und Rollenbildern, Elterndiskriminierung und Kehrseiten unseres Konsumverhaltens sollte nicht dem Elternhaus überlassen werden, sondern an schulischen Lernorten stattfinden. Wie sonst können wir weniger privilegierte junge Menschen für die ermächtigenden Dimensionen des Geldes sensibilisieren, die es bei allen strukturellen Problemen ja auch gibt?

Soziale Innovation hin zu fairen gesellschaftlichen Strukturen geschieht nicht von heute auf morgen, sondern erfordert einen langen Atem. Gerade Geschlechternormen und soziale Rollen verändern sich nur sehr langsam. Eine Gleichstellungsbeauftragte, die kurz vor dem Ruhestand steht, räumte kürzlich in einem Austausch ein, dass ihre Hoffnungen nicht alle erfüllt wurden: »Als wir damals unser erstes Kind bekamen, dachten wir, bei uns läuft das alles anders, wir machen es besser, wir schaffen die Vereinbarkeit. Leider wurden wir eines Besseren belehrt. Natürlich hat sich in den letzten dreißig Jahren enorm viel getan, aber ich sehe es bei meinen erwachsenen Töchtern, die Hürden sind immer noch da.« Auch Helma Sick sprach die unendlich langsam mahlenden Mühlen in einem Interview an: »In den Siebzigerjahren haben wir Frauen schon gefordert: Abschaffung des Ehegattensplittings, gleicher Lohn für gleiche Arbeit, mehr Kindergartenplätze mit höherer Qualität.«[233]

Angesichts der langsamen Fortschritte bei der Gleichstellung von Frauen beschleicht mich manchmal Resignation und Müdigkeit. Es ist einfach zermürbend zu sehen, dass immer wieder so viele junge Mütter in ihren einzelnen Familien versuchen, Probleme zu lösen, die das ganze System betreffen. Von einem solchen »Vergeblichkeitsgefühl« berichten nicht nur Frauenbeauftragte, Aktivistinnen oder Beschäftigte im Diversity-Management, sondern auch Menschen, die sich für den Klimaschutz einsetzen. Auch hier gibt es etliche, die den Bereich verlassen, weil die mangelnde Umsetzbarkeit sie ausbrennen lässt.

Die gute Nachricht ist aber: Wir befinden uns mitten in einem Wandel. Auch wenn wir nicht aufhören dürfen, auf strukturelle Probleme auch weiter strukturelle Antworten einzufordern, entdecken immer mehr Frauen die strategische und langfristige Bedeutung von Geld für sich und werfen negative Geldglaubenssätze über Bord. Ein zielführender Schritt für ihr ganzes weiteres Leben, aber auch für ihre Lieben. Es ist ein gutes Gefühl, die eigene finanzielle Selbstbestimmung zu stärken, den Kindern einen verantwortungsbewussten Umgang mit Geld auf den Weg zu geben, sein Alter abgesichert zu wissen und keine Angst haben zu müssen, jemandem finanziell zur Last zu fallen.

Wie bleiben wir also als Mütter finanziell selbstbestimmt? Finanzielle Kompetenz ist ein essenzieller Baustein unserer Lebensführung. Ein kluger Umgang mit Geld und Finanzdienstleistungen erleichtert den Alltag ungemein, sichert uns ab und stärkt unsere Selbstwirksamkeit. Finanzielle und psychische Resilienz gehen Hand in Hand. Ich hoffe, mein Buch hat dir Impulse gegeben, um deine Geldgesundheit zu stärken und deine Geldbiografie in die Hand zu nehmen. Hat dir Lust darauf gemacht, dich aktiv mit Finanzfragen zu beschäftigen. Hat dich ermutigt, dir die Zeit zu nehmen, darüber nachzudenken, welche Werte dich leiten. Und dich zu fragen, wie du in zwanzig Jahren zurückblickend über dich und dein Leben denken willst. Mache dir die emanzipatorische Wirkung des Geldes immer wieder bewusst, um den Gender Gaps zu trotzen.

Ein ganzheitlicher Blick auf Geld und Finanzen hilft dabei, unsere finanzielle Zukunft zu gestalten und unsere Lebensziele zu verwirklichen. Mitunter auch, die eigene soziale Herkunft hinter sich zu lassen. Den alten Spruch »Schuster, bleib bei deinen Leisten«, kannst du getrost aus deinem Kopf streichen – er hält uns unnötig klein. Die soziale Herkunft kann ein Katapult oder ein Hemmschuh sein. Die Kunst auf individueller Ebene ist es, sich neue Perspektiven zu erschließen, ohne sich dabei selbst zu überfordern. Damit meine ich nicht die stetige Selbstoptimierung, sondern das Wachsen im eigenen Rhythmus. Es wird nie alles glatt und nach Plan laufen. Um neue Aufgaben wirklich dauerhaft umzusetzen, helfen Zwischenziele. Auch eine Mentorin oder ein Mentor, etwa über Netzwerke wie »Arbeiterkind«, »Aufsteiger«, »Netzwerk Chancen« oder »Speed Up, Buddy« können einen großen Unterschied machen. Lass dich ein Stück deines Weges begleiten! Sie haben vielleicht bereits ähnliche Hürden überwunden und können gute Tipps für nächste Schritte geben. Auch kann es sich als wertvoll erweisen, persönliche Ziele in einen größeren Kontext einzubetten und sich mit Mitstreiterinnen zu solidarisieren. Gemeinsam an einem Strang zu ziehen, macht nicht nur mehr Spaß, sondern oft entstehen größere Netzwerke und ergeben sich Synergieeffekte.

Mir ist gleichzeitig bewusst, dass wir aufpassen müssen, uns durch hoch gesteckte Ziele nicht selbst zu überfordern. Sie dürfen gerne ambitioniert, aber nicht unrealistisch sein. Denn wann ist genug wirklich genug? Der gesellschaftliche Anspruch, sich selbst zu verwirklichen, ist die freiheitliche Seite der Moderne. Was passiert aber, wenn wir uns weigern, unseren Lebenslauf stets weiter zu optimieren und zu vervollkommnen? Das Perfide an der neoliberal geprägten Selbstoptimierung ist es, dass wir den Druck, der ehemals von außen – den Eltern, vom Arbeitgeber, der Gesellschaft – kam, nun selbst verinnerlicht haben und es scheinbar keine natürliche Sättigung von Ansprüchen gibt: »The sky is the limit«.

Dass auch Selfcare mehr und mehr kommerzialisiert wird, entlarvt die Mechanismen neoliberaler Anforderungen. Franziska Schutzbach wirft in ihrem viel beachteten Buch die Frage auf, warum wir überhaupt all die neuen Angebote für Selfcare benötigen. Sie setzt die strukturelle Überforderung, der wir in modernen, kapitalistisch organisierten Gesellschaften ausgesetzt sind, in einen Geschlechterkontext und leitet anschaulich her, warum Frauen mehr als Männer Gefahr laufen, auszubrennen: »Mütter sollen kompensieren, was die Gesellschaft vernachlässigt, sie sind die Sozialpuffer einer ökonomisierten Leistungsgesellschaft.«[234]

Wir als Eltern müssen schauen, wie wir unsere Kräfte so einteilen, dass ein harmonisches Familienleben keine ferne Utopie bleibt. Für unseren Energiehaushalt ist es enorm wichtig, dass wir immer wieder innehalten und überprüfen, *welche Erwartungen* wir eigentlich erfüllen. Wichtig ist es auch, dass wir unsere Grenzen kennen und wissen, wie wir der Alltagsüberforderung entgegenwirken können. Wir tun uns selbst und den Kindern den größten Gefallen, wenn wir unsere persönlichen Ressourcen realistisch einschätzen. Wenn es uns gut geht, geht es auch den Kindern gut. Es hat nichts mit Egoismus zu tun, die eigenen Grenzen zu vertreten.

Wir kennen es alle, dass der Tag viel zu wenige Stunden hat und wir unser Leben phasenweise »zwischen Tür und Angel« führen. Wir sind schon froh, wenn wir regelmäßig zum Sport kommen oder ab und zu eine Freundin treffen können. Das war bei mir zumindest so. Lange Zeit lebte ich nur im Modus des Funktionierens. Selbst als die Kinder größer wurden und ich mehr Freiräume hatte, wurde es nicht besser, da ich dann meine beruflichen »Lücken« glätten musste. Hast du Zeit für biografische Arbeit? Oder sinkst du abends auch erschöpft auf die Couch und schläfst ein, noch bevor du ins Bett gehen kannst? »Muße ist die Zustimmung zum Sein«, sagt der Benediktinermönch und Führungskräftetrainer Anselm Grün.[235] Gerade in belastenden Situationen sind Freiräume sehr wichtig. Wir sollten uns selbst Zeit schenken, um dem roten Faden in unserem Leben nachzuspüren. Wollen wir aufblühen statt ausbrennen, ist das etwas, was wir unmittelbar tun können.

An sich selbst zu glauben, bei Widerständen nicht gleich aufzugeben und die eigenen Ziele langfristig im Blick zu behalten, sind wertvolle Geschenke für ein erfülltes Leben, die wir nicht nur uns selbst machen, sondern auch unseren Kindern mit auf den Weg geben können. Wir leben stets implizite und explizite Werte und Rollenmuster vor. Die Spiegel-Bestsellerautorin und spirituelle Trainerin Laura Malina Seiler fasste das auf Instagram zusammen: »Das größte Geschenk, das wir als Eltern unseren Kindern machen können, ist das vorzuleben, was wir uns für sie wünschen.«[236] Im Leben gut für sich sorgen zu können, ist von unschätzbarem Wert. Um unsere und die Finanzkompetenz unseres Kindes zu stärken, ist es fruchtbar, unser Glücklichsein selbst in die Hand zu nehmen und unsere biografischen Ressourcen und Problemlösungspotenziale zu entfalten. Was ist damit gemeint? Biografische Ressourcen sind alle Unterstützungsressourcen, auf die du in deinem Leben zählen kannst, nicht nur materiell, sondern auch ideell. Hier kommen wir zu den Wertentscheidungen unseres Lebens zurück. Wo machen wir Abstriche? Beim Geld, beim Sinn, bei der Zeit? Wir kommen kaum aus dem magischen Dreieck der widerstrebenden Ziele heraus. Es hilft aber, bewusste Entscheidungen zu treffen, damit wir nicht das Gefühl haben müssen, gelebt zu werden, sondern die Zügel selbst in der Hand behalten. Frage dich immer wieder, was das gute Leben *für dich* ausmacht.

Viele von uns spüren die Sehnsucht nach gerechten, sozialen und ökologisch weitsichtigen gesellschaftlichen und politischen Rahmenbedingungen. Beispielsweise stellt kaum mehr jemand die Notwendigkeit des Mindestlohns infrage, wird die Quotenregelung für Frauen in Führungspositionen nicht mehr reflexartig abgelehnt und ließ die Flutkatastrophe des Sommers 2021 Leugner des Klimawandels verstummen. Nicht nur junge Menschen sehnen einen sozialökologischen Richtungswechsel und weniger Ungleichheit herbei. Die große Nachfrage nach Ratgebern zum Entrümpeln und Downsizen wirft ein Schlaglicht auf die Absurdität des Überkonsums. Die eigenen Ansprüche zu reflektieren, vielleicht auch zu relativieren oder sogar herunterzuschrauben, ist ein Schritt in die innere Unabhängigkeit. Mit unseren Konsum- und Anlageentscheidungen können wir dem Geld eine Richtung vorgeben und Einfluss auf positive sozial-ökologische Entwicklungen nehmen. Auch wenn dieser nur begrenzt ist, wäre es im Umkehrschluss fatal, die Auswirkungen unseres persönlichen Handelns nicht mitzudenken und keine Ambitionen für eine lebenswerte Zukunft zu verfolgen – persönlich wie gesellschaftlich. Das Engagement für ein gemeinsames Ziel kann zu einer Quelle der eigenen Kräfte werden. Gerade wenn wir uns angesichts der Ungerechtigkeiten ohnmächtig oder sogar gelähmt fühlen, können konkrete Schritte neuen Mut schenken und dem Alltag einen tieferen Sinn verleihen.

Bleib deinen Träumen auf der Spur! Lass uns zusammen für eine gerechtere Welt eintreten! Denn mit Margaret Mead gesprochen: »Zweifle nie daran, dass eine kleine Gruppe überlegter, engagierter Menschen die Welt verändern kann. Tatsächlich ist es das Einzige, das sie jemals verändert hat.«[237]

Anhang

Dank

Mütter investieren in die Zukunft der Gesellschaft und stemmen einen Großteil der unbezahlten Care-Arbeit – zulasten ihrer eigenen wertvollen Ressourcen. Mütter, Beschäftigte in Care-Berufen und pflegende Angehörige sind das Rückgrat des Generationenvertrags und des Gesundheitssystems. Sie haben nicht nur Wertschätzung, sondern monetäre Anerkennung verdient. Ich hoffe, mein Plädoyer für ein neues Geldbewusstsein, die Gestaltung der Geldbiografien und die gleichzeitige Veränderung der strukturellen Rahmenbedingungen hat eure Leidenschaft entfacht, auf der Suche nach fürsorglichen Zukunftsentwürfen zu bleiben und für diese einzustehen.

Mein herzlicher Dank gilt meinen Seminarteilnehmerinnen und Klientinnen für ihr Vertrauen, ihre Offenheit und ihren Mut, neue Wege zu beschreiten. Die Einblicke in ihre Erfahrungen und Geldbiografien sind immer wieder ein reicher Fundus für das Entwickeln neuer Module, Projekte, Forschungsfragen und das Aufspüren von Stellschrauben. Ebenfalls danke ich meinen Kooperationspartnerinnen sowie den Expert:innen und Interviewpartner:innen dieses Buchs herzlich für ihre Expertise und ertragreichen Beiträge. Denn wir wollen strukturbedingte Fallen nicht nur umgehen, sondern verändern.

Herzlich danken möchte ich auch meinen beiden Lektorinnen. Annegret Augustin vom Kösel-Verlag hatte die Idee zu diesem Buch und hat sich mit großer Leidenschaft dafür eingesetzt, dass es entstehen konnte. Sie hat unser Projekt unermüdlich vorangebracht, mich sehr wertschätzend und vertrauensvoll durch den Schreibprozess begleitet und mir viele hilfreiche Anregungen zur Struktur gegeben. Dr. Daniela Gasteiger hat mir sehr einfühlsam wertvolle Anregungen zum Lesefluss gegeben und dem Text Klarheit und Lesefreundlichkeit geschenkt. Mit beiden am Buch zu arbeiten, hat mir viel Freude bereitet und mich auch persönlich sehr bereichert. Am Ende ist wirklich ein Ratgeber herausgekommen und ich konnte meinen wissenschaftlichen Schreibstil etwas hinter mir lassen. Für mich als Arbeiterkind war das ein Sprung ins kalte Wasser und ich danke beiden herzlich für die Ermutigung.

Ganz besonders möchte ich mich bei meinem Mann Volker und unseren Kindern bedanken. Mit der Zeit und über die Jahre haben wir immer besser gelernt, unsere Familie als ein gemeinsames Team zu sehen, unsere Werte gegenseitig zu akzeptieren, zusammenzuhalten und es uns schön zu machen. Ganz herzlichen Dank für euren Humor, die vielen Freiräume, die wir uns gegenseitig schenken, euer Verständnis für innere und äußere Abwesenheiten und all eure tatkräftige Unterstützung und Liebesdienste! Dass wir unsere Träume gemeinsam synchronisieren und unsere Abenteuer zusammen leben, erfüllt mich mit tiefer Freude und Dankbarkeit.

Ein sehr herzliches Dankeschön geht auch an Ariane nach Mexiko. Seit Anfang 2022 bereichert sie mein Team. Ohne ihre kreative Unterstützung, ihre Freude und Verbundenheit hätte ich nicht so beruhigt ins Schreiben abtauchen können. Bei den letzten Überarbeitungen für das Manuskript war sie mir eine große und wertvolle Stütze und hat mir viele wichtige Denkanstöße, auch interkultureller Art gegeben. Unsere Zusammenarbeit über die Ozeane hinweg bereichert meine Arbeit sehr.

Ganz herzlich danken möchte ich meinen Freundinnen und allen Schwesterseelen. Ihre Großherzigkeit und Wärme, beeindruckende Stärke und Mut, die gegenseitige Anerkennung und das tiefe Verständnis machen mein Leben bunt und geben mir immer wieder Auftrieb, meinen Weg weiterzugehen. Last but not least ein Hoch auf die modernen Väter in meinem Umfeld. Sie geben ihr Bestes, um partnerschaftliche Rollenverteilung in ihren Beziehungen zu leben, und gehen für unsere Töchter und Söhne als Care-Vorbilder voran. Dass sie dafür auch selbst beruflich zurückstecken, ist noch immer keine Selbstverständlichkeit.

ABC der Finanzbildung und finanziellen Gleichstellung

Anlagehorizont
Kurz-, mittel- und langfristige Anlagedauer bei der Geldanlage

Anlagestrategie
Konzept und strukturierte Vorgehensweise bei der Geldanlage auf Basis der persönlichen Risikobereitschaft unter Berücksichtigung des Anlagehorizonts und der Risikostreuung

Biografische Ressourcen
Ökonomisches, soziales, kulturelles und biografisches Kapital

Budgetplanung
Gegenüberstellung von Einnahmen und Ausgaben zur Planung des verfügbaren Monatsbudgets

Care
Bezahlte und unbezahlte Tätigkeiten der Betreuung, Pflege, Sorge, Fürsorge, des Haushalts, des Ehrenamts und Hilfen für andere Haushalte

Demonstrativer Konsum
Status- und Geltungskonsum

Dissonanz
Als unangenehm empfundener Gefühlszustand, wenn das Verhalten nicht zu den eigenen Erwartungen oder Wertvorstellungen passt

Equal Care Day
Internationaler Aktionstag für die Aufwertung und gleiche Verteilung von Sorgearbeit

Equal Pay Day
Internationaler Aktionstag für die Entgeltgleichheit zwischen Frauen und Männern

Financial Load
(Emotionale) Belastung durch finanzielle Verantwortung für andere, spiegelbildlich zum Mental Load

Finanzdienstleistungen
Angebot an Produkten und Dienstleistungen von Kreditinstituten, Versicherungen, Bausparkassen, Fondsgesellschaften, Kreditkartenorganisationen und anderen Finanzdienstleistern

Finanzielle Gewalt
Missbräuchliche Beschränkung der finanziellen Autonomie und finanziellen Rechte von Frauen

Finanzielle Gleichstellung
Eliminierung bestehender finanzieller Risiken für Frauen im Familien-, Steuer- und Sozialrecht; Durchsetzung von Lohngerechtigkeit

Finanzielle Grundbildung
Grundlegende, lebenspraktische Anforderungen im Umgang mit Geld

Finanzielle Resilienz
Ressourcen, um finanzielle Rückschläge abzufedern und auf finanzielle Krisen zu reagieren

Finanzielles Wohlbefinden
Indikator zur Messung der individuellen finanziellen Zufriedenheit und der Passungsfähigkeit der Finanzsituation

Finanziell risikoreiches Verhalten
Verhalten, das die Wahrscheinlichkeit erhöht, in eine Verschuldungs- oder Überschuldungssituation zu geraten

Finanzkompetenz
Bewusstsein für grundlegende wirtschaftliche Konzepte, die das wirtschaftliche Wohl während des Lebens und im Alter bestimmen

Finanzprodukte
Kredite, Spar-, Vorsorge- und Anlageprodukte (Sparbriefe, Sparpläne, Aktien, festverzinsliche Wertpapiere, Investmentfonds etc.), Versicherungen, Bausparprodukte u. a.

Finanzwissen
Wissen über finanzielle Angelegenheiten wie Einnahmen, Ausgaben, Sparen, Verschuldung, Girokonto, bargeldloser Zahlungsverkehr, Versicherungen, Investitionen

Geldbiografie
Aus der Lebensgeschichte resultierende Handlungsmuster und Bearbeitungsstrategien des Umgangs mit Geld, die unsere Werte spiegeln und den sozio-ökonomischen Status langfristig beeinflussen

Geldbotschaften
Im Verlauf der Sozialisation vermittelte Normen, Werthaltungen und Handlungsanweisungen zu Geld

Geldsozialisation
Prozess der Aneignung geldbezogener Werte, Normen, Handlungsmuster und Verhaltensweisen, durch den wir in das Wirtschaftssystem hineinwachsen

Gender Bias
Verzerrte Wahrnehmung durch geschlechtsspezifische (unbewusste) Vorurteile und Stereotype

Gender Gaps
Monetäre, zeitliche oder weitere Geschlechterlücken, die die unvollendete Gleichstellung von Frauen und Männern dokumentieren

Homo oeconomicus
In der Wirtschaftswissenschaft postuliertes Modell eines rational handelnden Akteurs, der stets seinen Nutzen maximiert

Investmentfonds
Verschiedene Wertpapiere, Rohstoffe, Immobilien oder Geldmarktpapiere, die in einem Sondervermögen gebündelt und breit gestreut werden. Aktiv gemanagte Fonds benötigen ein Fondsmanagement und sind kosten-

intensiver als passiv gemanagte Fonds, die lediglich einen Index abbilden, wie börsengehandelte Indexfonds (ETFs)

Klumpenrisiko
Zu enger Fokus auf bestimmte Anlageklasse führt zu Konzentration von Risiken. Umgekehrt senkt breite Streuung des Vermögens das Klumpenrisiko. Das Klumpenrisiko von Mutterschaft wird durch Stärkung von Erwerbs- und Geldbiografie gesenkt

Kompensatorischer Konsum
Oft nicht wahrgenommene, ausgleichende Wirkungen von Konsum. Erfüllt (psychosoziale) Funktionen, die über das gekaufte Gut hinausreichen

Kompetenzmodell Finanzielle Grundbildung
Am Deutschen Institut für Erwachsenenbildung – Leibniz-Zentrum für Lebenslanges Lernen (DIE) entwickeltes Modell, das Kompetenzanforderungen im Umgang mit Geld beschreibt

Konsumkompetenz
Wissen und Fähigkeiten zur optimalen Nutzung des Produkt- und Dienstleistungsangebotes. Abwägen zwischen Wünschen, Bedürfnissen und finanziellen Ressourcen

Kreditkompetenz
Wissen und Fähigkeiten zur optimalen Nutzung des Kreditangebotes, Kenntnis von Überschuldungsfaktoren, vorausschauendes Eingehen finanzieller Verpflichtungen

Kreditscoring
Statistische Analyse zur Einschätzung der Kreditwürdigkeit (Bonität) potenzieller Kreditnehmer. Kreditscore nimmt Einfluss auf Kreditlinie und Kreditzins

Mentale Konten
Ausgabenpriorisierung und Selbstkontrolle des eigenen Ausgabeverhaltens mittels Buchführung im Kopf

Mental Load
Unsichtbare Arbeit und Belastung durch mentale Organisation der Alltagsaufgaben

Monetäre Kompetenz
Selbstreflexiver, budgetsensibler Umgang mit Geld

Monetäre Rushhour des Lebens
Zeitspanne mit enormen, zum Teil widerstrebenden finanziellen Belastungen in der mittleren Lebensphase

Ökonomische Gewalt
Finanzielle Unterdrückung bzw. finanzieller Machtmissbrauch durch Entzug von Ressourcen; schmaler Grat zur häuslichen Gewalt

Opportunitätskosten
Ökonomisches Konzept potenzieller Kosten oder entgangener Erträge einer Alternativentscheidung

Resilienz
Biografische Ressourcen für die Bewältigung von Krisen. Kompetenzen zur Selbstregulation

und Verwirklichung von Entwicklungsschritten in der Lebensführung

Risikobereitschaft

Individuelle Bereitschaft, ein (kalkuliertes) Risiko einzugehen. Sollte sich am Risiko orientieren, das realistischerweise getragen werden kann

Risikostreuung

Breite Streuung von Geld- und Vermögensanlagen nach Anlageklassen, Laufzeiten, Ländern, Branchen

Sharing Economy

Gemeinschaftliche Nutzung von Gütern sowie Vermittlung von Dienstleistungen

Selbstwirksamkeit

Subjektive Erwartung, gewünschte Handlungen aufgrund eigener Kompetenzen erfolgreich selbst ausführen zu können

Sozioökonomische Bildung

Bildungsansatz, der Wechselbeziehungen von Gesellschaft, Wirtschaft und Subjekt berücksichtigt. Gegengewicht zur vorwiegend neoklassisch geprägten ökonomischen Bildung

Strukturfallen

Gesellschaftliche, rechtliche und kulturelle Rahmenbedingungen, die wirtschaftliche Unabhängigkeit von Frauen unterminieren, z. B. durch negative Erwerbsanreize

Überschuldung

Einkommen und Vermögen reichen nicht mehr aus, um Lebenshaltungskosten und vorhandene Zahlungsverpflichtungen zu decken

Verlustaversion

Intention, Verluste zu vermeiden, da sie tendenziell höher gewichtet werden als Gewinne

Verwirklichungschancen

Umfassende Fähigkeiten und Freiheiten, das Leben entsprechend dem eigenen Lebensentwurf und Lebensplan zu führen

Empfehlungen und Links

Budgetplanung für Familien

Haushaltsbuch führen: Überblick über Ihre Finanzen. Tipps der Verbraucherzentralen:
https://www.verbraucherzentrale.de/wissen/geld-versicherungen/kredit-schulden-insolvenz/haushaltsbuch-fuehren-ueberblick-ueber-ihre-finanzen-52179

Kostenfreies **Haushaltsbuch** der Verbraucherzentralen zum Ausdrucken:
https://www.verbraucherzentrale-rlp.de/sites/default/files/2018-01/Haushaltsbuch_vzrlp_Auflage_2018.pdf

Kostenfreies **Haushaltsbuch** in vier Sprachen (deutsch, englisch, französisch, arabisch) zum Bestellen. Beratungsdienst Geld und Haushalt:
https://www.geldundhaushalt.de/mein-haushaltsbuch/

Haushaltsbuch: So blickst Du durch bei Deinen Finanzen. Verbraucherportal Finanztip:
https://www.finanztip.de/haushaltsbuch/

Haushaltsrechner: Verschaff Dir einen Überblick über Dein Geld. Finanztip:
https://www.finanztip.de/rechner/haushaltsrechner/

Budgetanalyse: Der Gesamtüberblick über die Finanzen. Beratungsdienst Geld und Haushalt:
https://www.geldundhaushalt.de/budgetanalyse/

Online-Haushaltsbuch: Web-Budgetplaner. Beratungsdienst Geld und Haushalt:
https://www.geldundhaushalt.de/web-budgetplaner/

App zur Budgetplanung: **Finanzchecker App**. Beratungsdienst Geld und Haushalt:
https://www.geldundhaushalt.de/app-finanzchecker/

Wie viel geben die anderen aus? »**Referenzbudgets**« der Deutschen Gesellschaft für Hauswirtschaft in Kooperation mit dem Beratungsdienst Geld und Haushalt:
www.referenzbudgets.de

Broschüren der Verbraucherzentrale Brandenburg »**Auskommen mit dem Einkommen**«:
https://www.verbraucherzentrale-brandenburg.de/wissen/geld-versicherungen/sparen-und-anlegen/auskommen-mit-dem-einkommen-10609

»**Clever Wirtschaften. Spartipps für Familien**«, Wissenswertes rund um Budgetplanung, Verträge und Versicherungen:
https://www.verbraucherzentrale-brandenburg.de/sites/default/files/2018-09/180911_Broschu%CC%88re_Clever-wirtschaften_final.pdf

»**Schlaue Spartipps für Familien**«, Broschüre in einfacher Sprache:
https://www.verbraucherzentrale-brandenburg.de/sites/default/files/2018-09/180911_Handbuch_in%20einfacher%20Sprache_ANSICHT.pdf

Finanzplaner Alleinerziehende. Geld und Recht: Das steht Ihnen zu. Autorin Christine Finke.
https://www.test.de/shop/geldanlage-banken/finanzplaner-alleinerziehende-sp0540/

Ratgeber Patchworkfamilie: Meins. Deins. Unser. So regeln Sie Geld- und Rechtsfragen. Autorin Maren Lohrer.
https://www.ratgeber-verbraucherzentrale.de/familie-kinder/patchworkfamilie-46009084

Brigitte **Workbook Finanzen**:
https://shop.brigitte.de/de_CH/einzelhefte/sonderausgaben/brigitte-workbook-01-2022/2093906.html

Energiesparen und Nachhaltigkeit

Stromspar-Check-Projekt: kostenfreie Energie- und Wassersparberatung von Caritas und Energieagenturen: https://www.stromspar-check.de/

So vermeidest du eine Stromsperre. Caritas Deutschland: https://www.caritas.de/hilfeundberatung/ratgeber/schulden/so-vermeidest-du-eine-stromsperre

Energiekrise: Informationen und Beratungsangebote der Verbraucherzentralen: https://www.verbraucherzentrale.de/energiepreiskrise-informationen-und-beratungsangebote-75016

Verbraucherportal **»Zu gut für die Tonne«** des Bundesministeriums für Ernährung und Landwirtschaft: https://www.zugutfuerdietonne.de/

Absicherung

Private Haftpflichtversicherung: Ein absolutes Muss für jeden! Verbraucherzentrale: https://www.verbraucherzentrale.de/wissen/geld-versicherungen/weitere-versicherungen/private-haftpflichtversicherung-ein-absolutes-muss-fuer-jeden-13891

Die wichtigsten Versicherungen – und überflüssige, die nur Geld kosten. Finanztip-Video: https://www.youtube.com/watch?v= _KJosUPn37I

Diese Versicherungen brauchen Familien mit Kindern. Stiftung Warentest: https://www.verbraucherzentrale-niedersachsen.de/sites/default/files/medien/166/dokumente/Kinder_richtig_versichern.pdf

Mustervordrucke zu **Vorsorgevollmacht, Patientenverfügung und Basiskonto** des Justizministeriums: https://www.bmj.de/DE/Service/Formulare/Formulare_node.htm

Selbstbestimmt – Patientenverfügung online erstellen und vorsorgen. Verbraucherzentrale:
https://www.verbraucherzentrale.de/patientenverfuegung-online

Partnerschaftsvertrag: Unverheiratet gebunden – das geht. Stiftung Warentest:
https://www.test.de/Partnerschaftsvertrag-Unverheiratet-gebunden-das-geht-5205214-0/

Ehevertrag: In guten Zeiten eine mögliche Trennung regeln. Finanztip:
https://www.finanztip.de/ehevertrag/

Schuldenprävention

Kredite ohne Zinsen? So gefährlich sind Null-Prozent-Finanzierungen. ZDF WISO Video:
https://www.youtube.com/watch?v=J7_2Zh47bGE

Kredit umschulden und Zinsen senken: So geht's! Finanztip-Video:
https://www.youtube.com/watch?v=tc63toxLJJY

Online-Schuldnerberatung der Caritas:
https://www.caritas.de/hilfeundberatung/onlineberatung/schuldnerberatung/start

Balance von Erwerbs-, Care- und Geldbiografie

Wie wirtschaftlich unabhängig bist du? Finde es mit dem Online-Test bei »Was verdient die Frau« heraus!
http://www.die-generalprobe.de/

Schließe dich mit gleichgesinnten Frauen zusammen. Vielleicht kommt für dich der Beitritt zu einem **Frauennetzwerk** infrage:
https://de.wikipedia.org/wiki/Liste_von_Frauennetzwerken_in_Deutschland

Beschäftige dich mit deiner **Carebiografie** und würdige deine Anstrengungen. Die Initiative »Wirtschaft ist Care« hat einen Fragebogen erstellt, mit dem du die Bedeutung von Care-Arbeit in deinem Leben besser verstehen kannst:
https://wirtschaft-ist-care.org/meine-care-biographie/

Das Lotsenportal »Perspektive Wiedereinstieg« des Bundesfamilienministeriums hilft bei der vorausschauenden Planung des **Wiedereinstiegs in den Beruf**, auch in Bezug auf die zu erzielenden späteren Rentenansprüche. Du kannst diese mit dem *Wiedereinstiegsrechner* im Voraus berechnen:
https://www.wiedereinstiegsrechner.de/

Mental Load Tests auf der Seite der Initiative Equal Care Day:
https://equalcareday.de/mental-load/

Mental Load @home Test von Jo Lücke sowie **Mental Load @work** Test von Almut Schnerring und Patricia Cammarata

CareRechner App von Johanna Fröhlich Zapata, Alltagsfeminismus®:
https://alltagsfeminismus.de/carerechner/

Who Cares App: Wie viel ist meine unbezahlte Care-Arbeit wert?
https://whocares-app.de/

Workbook zum Mental Load und zur gerechten Rollenverteilung von Laura Fröhlich:
https://www.penguinrandomhouse.de/Paperback/Dein-Workbook-Die-Frau-fuers-Leben-ist-nicht-das-Maedchen-fuer-alles/Laura-Froehlich/Koesel/e597388.rhd

Gehaltsratgeber für Frauen »Kenne deinen Wert!«
Autorin: Susan Moldenhauer
https://www.edenbooks.de/book/kenne-deinen-wert-der-gehaltsratgeber-fr-frauen-klappenbroschur-9783959913527/

Das »**Armut-Verhindern-Spiel**« des Frauenreferats Frankfurt zeigt die Wechselwirkungen von Erwerbs-, Sorge- und Finanzbiografien auf und wird mit Spielfiguren gespielt, die auf dem Weg zum Ziel an verschiedenen beruflichen und biografischen Chancen und Hürden vorbeikommen. Das Spielfeld kann kostenfrei heruntergeladen werden:
https://www.armut-ist-eine-frau.de/spiel.html

Steuerklassenwahl

Simuliere eure **Steuerklassenwahl** mit dem »Faktorrechner« des Bundesfinanzministeriums. Mit dem Faktorrechner können Ehegatten und Lebenspartner die Unterschiedsbeträge zwischen der voraussichtlichen Einkommensteuer und der Lohnsteuer ohne Berücksichtigung eines Faktors (Steuerklassenkombinationen III/V, V/III und IV/IV) und in der Steuerklassenkombination IV/IV mit Berücksichtigung des Faktors errechnen:
www.bmf-steuerrechner.de

Einen guten Überblick zum **Steuerklassenwechsel** bietet dieser Artikel von Stiftung Warentest: »Ein Riesenplus beim Elterngeld«.
https://www.test.de/Steuerklasse-wechseln-Ein-Riesenplus-beim-Elterngeld-4577976-0/

Lesetipp zur **Steuerklassenwahl: Eltern.de** »Faktorverfahren. Wird das Ehegattensplitting jetzt gerechter?«
https://www.eltern.de/beruf-und-geld/recht/faktorverfahren.html

Finanzblog Geldfrau Dani Parthum »Mehr Netto vom Brutto. Liebling, ich nehm' die Steuerklasse 4!«
https://www.geldfrau.de/steuerklasse-4-ehe-frau-mehr-netto-geld-verdienen/

Übersicht zu Familienleistungen

Das Portal »**Familienleistungen**« des Bundesfamilienministeriums bietet einen Überblick über finanzielle Leistungen für alle Familienformen:
https://www.bmfsfj.de/bmfsfj/themen/familie/familienleistungen

Das »**Starke Familien Checkheft**« gibt einen Überblick über staatliche Unterstützungsleistungen. Es ist in einfacher Sprache geschrieben und kann heruntergeladen, als Audiodatei angehört oder bestellt werden:
https://www.bmfsfj.de/resource/blob/136894/65cdfc2836aad0755d8253f8f17ca839/checkheft-starke-familien-gesetz-data.pdf

Der »**Kinderzuschlagslotse**« des Bundesfamilienministeriums informiert über den Kinderzuschlag als Leistung für Familien mit kleinem Einkommen:
https://familienportal.de/familienportal/rechner-antraege/kiz
sowie: https://www.arbeitsagentur.de/familie-und-kinder/kiz-lotse

Das »**Familienportal**« des Bundesfamilienministeriums bietet Infos rund um das Thema Familie, Familienleistungen und Geld:
https://familienportal.de/

Tools, Rechner und Anträge des Familienportals:
https://familienportal.de/familienportal/rechner-antraege

Das »**Infotool Familienleistungen**« des Bundesfamilienministeriums gibt einen Überblick über alle Familienleistungen und Hilfen für Familien:
https://www.infotool-familie.de/

Direkteinstieg ins Tool:
https://infotool-familie.de/zum-tool/

Mit dem »**Elterngeldrechner**« kann das erwartete Elterngeld berechnet werden:
https://familienportal.de/familienportal/rechner-antraege/elterngeldrechner

In einigen Bundesländern steht bereits das »**Elterngeld Digital**« zur Verfügung:
https://familienportal.de/familienportal/elterngeld-digital-127692

Die »**Familienpflegezeit**« unterstützt Angehörige bei der Vereinbarkeit von Pflege und Beruf. Der Familienpflegezeitrechner liefert eine Berechnungshilfe und auf die persönliche Lebens- und Einkommenssituation abgestimmte Orientierung:
https://familienportal.de/familienportal/rechner-antraege/familienpflegezeit-rechner

Vermögensaufbau und Schließen der Rentenlücke

Mit einem **Sparplanrechner**, zum Beispiel von Finanztip, kannst du den Zinseszinseffekt einer Anlage berechnen und den passenden Sparplan für deine Ziele zusammenstellen:
https://www.finanztip.de/rechner/sparplanrechner/

Informationen der Verbraucherzentralen:
Das kleine Einmaleins der Geldanlage:
https://www.verbraucherzentrale.de/wissen/geld-versicherungen/sparen-und-anlegen/bevor-sie-geld-anlegen-das-kleine-einmaleins-der-geldanlage-10622

Checkliste für die Geldanlageberatung:
https://www.verbraucherzentrale.nrw/sites/default/files/migration_files/media148961A.pdf

Private Altersvorsorge:
https://www.verbraucherzentrale.de/wissen/geld-versicherungen/altersvorsorge/private-altersvorsorge-13896

Geld anlegen mit Finanztest: **Das Pantoffel-Portfolio** – bequem und krisenfest investieren:
https://www.test.de/Anlagestrategie-Pantoffelportfolio-Einzahlphase-5179990-0/

»**Die Geldin**« Unabhängige Finanzbildung für Frauen. Instagram Kanal von ZDF WISO:
https://www.instagram.com/diegeldin/

Konto, Kreditkarte, ETF: Wie Ihr Euer Geld optimal organisiert. Finanztip Video:
https://www.youtube.com/watch?v=72VhbF5_DSA

Taschenguide: »Ihre Finanzen fest im Griff – Erfolgreiche Geldanlage und Vorsorge in der Nullzins-Welt«. Autor Hartmut Walz.
https://shop.haufe.de/prod/ihre-finanzen-fest-im-griff

Grüne Geldanlagen für Einsteigerinnen: »Grüne Finanzen. Von Altersvorsorge bis Geldanlage«. Autorin Jennifer Brockerhoff.
https://www.oekom.de/buch/gruene-finanzen-9783962382810

Zinseszinsrechner Finanztip:
https://www.finanztip.de/zinseszins/

»**Kontenklärung**« der Deutschen Rentenversicherung. Download Antragsformular:
https://www.deutsche-rentenversicherung.de/SharedDocs/Formulare/DE/_pdf/V0100.html

Persönliche **Beratungstermine** bei einem Ableger der Deutschen Rentenversicherung gibt es in vielen Städten. Beratungstermin vereinbaren:
https://www.deutsche-rentenversicherung.de/DRV/DE/Online-Dienste/beratungstermin_vereinbaren/beratungstermin_vereinbaren.html

Online-Rechner Deutsche Rentenversicherung:
https://www.deutsche-rentenversicherung.de/DRV/DE/Online-Dienste/Online-Rechner/online_rechner.html

Finanztip Auf Geldreise – Podcast #100: **Die Rentenlücke berechnen mit drei Fragen:**
https://www.finanztip.de/podcast/auf-geldreise/folge-100/

»**Betriebliche Altersvorsorge**« aufbauen.
Finanztip: Mit Hilfe des Chefs für die Rente sparen:
https://www.finanztip.de/betriebliche-altersvorsorge/

Finanzielles Bewusstsein von Kindern und Jugendlichen

Taschen- und Budgetgeldempfehlungen des Deutschen Jugendinstituts München (DJI):
https://www.dji.de/themen/jugend/taschengeld.html

»**Fahrplan Taschengeld.** Ratgeber rund ums Taschengeld für Eltern und Kinder« des Beratungsdienstes Geld und Haushalt. Die Drehscheibe »Mein Taschengeld« ist in einem Kooperationsprojekt zwischen dem Beratungsdienst Geld und Haushalt und dem Deutschen Jugendinstitut entstanden und gibt Richtwerte zum Taschen- und Budgetgeld:
https://www.geldundhaushalt.de/fahrplan-taschengeld/

Frauenberatungsstellen

Beratungszentren und Anlaufstellen für Frauen, die sich für **Gleichberechtigung und ein gewaltfreies Leben** einsetzen, finden sich in vielen Städten und Gemeinden, Vereinen, Initiativen und karitativen Einrichtungen, an Hochschulen sowie den Agenturen für Arbeit. Schau dich in deiner Nähe nach einem passenden Angebot um. Angebote der Ehe-, Familien- und Lebensberatung finden in der Regel auf Spendenbasis statt oder sind kostenfrei.

Umfangreiche Informationen für **alleinerziehende Frauen** finden sich beim Verband alleinerziehender Mütter und Väter, Bundesverband e.V. sowie bei »MIA – Mütterinitiative für Alleinerziehende e.V. i.G.«:
https://www.vamv.de/vamv-startseite
https://die-mias.de/

Speziell zum Thema **»Finanzielle Gewalt« sowie »Finanzielle Gewalt erkennen«** haben unter anderem das Frauenhaus Nürnberg und die Fraueninitiative »Frauen helfen Frauen e.V.« Oberhausen Informationen online gestellt:
https://frauenhaus-nbg.de/was-ist-gewalt/finanzielle-gewalt/
https://www.oberhausen.de/de/index/rathaus/verwaltung/familie-schule-integration-und-sport/kommunales_integrationszentrum/material_kommunales_integrationszentrum/221212_broschuere_finanz.pdf

Hilfetelefon und Onlineberatung zum Thema Gewalt gegen Frauen: 08000 116 016
https://www.hilfetelefon.de/

Haftung für Schulden des Ehegatten Finanztip:
https://www.finanztip.de/haftung-ehegatte/

Unterstützung bei Erschöpfungszuständen

Mutter-Kind-Kur: Neue Energie tanken. Website des Deutschen Müttergenesungswerks:
https://www.muettergenesungswerk.de/kur-fuer-mich/mutter-kind-kur

Beratungsstelle rund um Kurmaßnahmen suchen:
https://www.muettergenesungswerk.de/kur-fuer-mich/beratung

Infos zu **Mütterkuren** auf dem Familienportal des Bundesfamilienministeriums:
https://familienportal.de/familienportal/lebenslagen/kinder-jugendliche/gesundheit-erholung/was-sind-mutter-kind-kuren-oder-vater-kind-kuren--125558

Flyer zu **Mütterkuren** des Müttergenesungswerkes:
https://www.bmfsfj.de/bmfsfj/service/publikationen/zeit-fuer-mich--156550

Literatur

Allmendinger, Jutta (2011): Verschenkte Potenziale? Lebensverläufe nicht erwerbstätiger Frauen. Frankfurt am Main: Campus. Bonn: Lizenzausgabe Bundeszentrale für politische Bildung

Allmendinger, Jutta (2021): Es geht nur gemeinsam! Wie wir endlich Geschlechtergerechtigkeit erreichen. Berlin: Ullstein

Allmendinger, Jutta; Leuze, Kathrin (2008): Meine, deine, unsere Kasse: Das »eigene Geld« schafft nicht automatisch Gleichheit. In: WZB-Mitteilungen, Heft 119, S. 6–8

Apitzsch, Ursula (2010): Care, Migration, and the Gender Order. In: Apitzsch, Ursula; Schmidbaur, Marianne (Hrsg.): Care und Migration: Die Ent-Sorgung menschlicher Reproduktionsarbeit entlang von Geschlechter- und Armutsgrenzen. Opladen, S. 113–125

Barišić, Manuela; Consiglio, Valentina Sara (2020a): Frauen auf dem Arbeitsmarkt. Was es sie kostet, Mutter zu sein. Gütersloh: Bertelsmann Stiftung

Barišić, Manuela; Consiglio, Valentina Sara (2020b): Die große Kluft: Frauen verdienen im Leben nur halb so viel wie Männer. Gütersloh: Bertelsmann Stiftung

Blömer, Maximilian; Brandt, Przemyslaw; Peichl, Andreas (2021): Raus aus der Zweitverdienerinnenfalle. Reformvorschläge zum Abbau von Fehlanreizen im deutschen Steuer- und Sozialversicherungssystem. Ifo Institut im Auftrag der Bertelsmann Stiftung

BMAS (2013): Lebenslagen in Deutschland. Der Vierte Armuts- und Reichtumsbericht der Bundesregierung. Bonn

BMFSFJ (2011): Neue Wege – Gleiche Chancen. Gleichstellung von Frauen und Männern im Lebensverlauf. Erster Gleichstellungsbericht. Berlin

BMFSFJ (2012a): Zeit für Familie. Familienzeitpolitik als Chance einer nachhaltigen Familienpolitik. Achter Familienbericht. Berlin

BMFSFJ (2012b): Frauen im Minijob. Motive und (Fehl-)Anreize für die Aufnahme geringfügiger Beschäftigung im Lebenslauf. Autor: Carsten Wippermann. Berlin

BMFSFJ (2015): Transparenz für mehr Entgeltgleichheit. Einflüsse auf den Gender Pay Gap und Perspektiven der Bevölkerung für Lohngerechtigkeit zwischen Frauen und Männern. Autor: Carsten Wippermann. Berlin

BMFSFJ (2016): Mitten im Leben. Wünsche und Lebenswirklichkeiten von Frauen zwischen 30 und 50 Jahren. Autor: Carsten Wippermann. Berlin

BMFSFJ (2017): Zweiter Gleichstellungsbericht der Bundesregierung sowie Sachverständigengutachten »Erwerbs- und Sorgearbeit gemeinsam neu gestalten«. Berlin. Deutscher Bundestag. Drucksache 18/12840

BMFSFJ (2020a): Kinder, Haushalt, Pflege – wer kümmert sich? Ein Dossier zur gesellschaftlichen Dimension einer privaten Frage. Berlin

BMFSFJ (2020b): Was der Gender Care Gap über Geld, Gerechtigkeit und die Gesellschaft aussagt. Einflussfaktoren auf den Gender Care Gap und Instrumente für seine Reduzierung. Berlin

BMFSFJ (2020c): Familien mit kleinen Einkommen. Handreichung für Elternbegleiterinnen und Elternbegleiter. Berlin, 4. Auflage 2020

BMFSFJ (2021a): Familie heute. Daten. Fakten. Trends. Familienreport 2020. Berlin

BMFSFJ (2021b): Väterreport. Update 2021. Berlin

BMFSFJ (2021c): Eltern sein in Deutschland. Zusammenfassung des Gutachtens der Sachverständigenkommission für den neunten Familienbericht. Berlin

BMFSFJ (2021d): Lebenslagen in Deutschland. Der Sechste Armuts- und Reichtumsbericht der Bundesregierung. Kurzfassung. Berlin

Bönke, Timm; Glaubitz, Rick; Göbler, Konstantin; Harnack, Astrid; Pape, Astrid; Wetter, Miriam (2020): Wer gewinnt? Wer verliert? Die Entwicklung und Prognose von Lebenserwerbseinkommen in Deutschland. Gütersloh: Bertelsmann Stiftung

Bohnet, Iris (2017): What works: Wie Verhaltensdesign die Gleichstellung revolutionieren kann. München: C.H.Beck

Bredtmann, Julia; Vonnahme, Christina (2017): Less Alimony after Divorce – Spouses' Behavioral Response to the 2008 Alimony Reform in Germany. SOEP-Papers at DIW Berlin, S. 942–2017

Bucher-Koenen, Tabea; Knebel, Carolin (2021): Finanzwissen und Finanzbildung in Deutschland – Was wissen wir eigentlich? In: Vierteljahrsheft zur Wirtschaftsforschung 90, S. 11–32

Bucher-Koenen, Tabea; Alessie, Rob; Lusardi, Annamaria; Van Rooij, Maarten (2021): Fearless Woman: Financial Literacy and Stock Market Participation. ZEW Leibniz-Zentrum für Europäische Wirtschaftsforschung GmbH Mannheim, No. 21-015, 03/21

Bücker, Teresa (2022): Alle_Zeit. Eine Frage von Macht und Freiheit. Berlin: Ullstein Buchverlage

Cammarata, Patricia (2020): Raus aus der Mental Load-Falle: Wie gerechte Arbeitsteilung in der Familie gelingt. Weinheim: Beltz

comdirect / forsa (2009): Kunden-Motive 2009 – Tabuthema Geld: Einstellungen, Verhalten und Wissen der Deutschen. Quickborn

Criado-Perez, Caroline (2020): Unsichtbare Frauen. Wie eine von Daten beherrschte Welt die Hälfte der Bevölkerung ignoriert. München: btb Verlag

DAK-Gesundheit (2022): Psychreport 2022. Entwicklungen der psychischen Erkrankungen im Job: 2011–2021.

Deutsche Börse / Frankfurt School of Finance & Management (2019): Zum Rätsel der Aktienmarktteilnahme in Deutschland.

Deutsche Rentenversicherung: Wie wird meine Rente berechnet? https://www.deutsche-rentenversicherung.de/DRV/DE/Rente/Allgemeine-Informationen/Wie-wird-meine-Rente-berechnet/wie-wird-meine-rente-berechnet_node.html

Deutsche Rentenversicherung (2021): Rentenbeiträge bei Minijobs: Kleiner Beitrag, große Wirkung. https://www.deutsche-rentenversicherung.de/DRV/DE/Ueber-uns-und-Presse/Presse/Meldungen/2021/210309_rententipp_minijob.html

Deutsche Rentenversicherung (2022): Minijob – Midijob: Bausteine für die Rente. Deutsche Rentenversicherung Bund, 17. Auflage (1/2022)

Deutsches Institut für Erwachsenenbildung – Leibniz-Zentrum für Lebenslanges Lernen e. V. (DIE): Projekt CurVe. Finanzielle Grundbildung im Fokus. https://www.die-bonn.de/curve

Deutsches Institut für Erwachsenenbildung – Leibniz-Zentrum für Lebenslanges Lernen e. V. (DIE); Happel, Birgit (2019): Materialsets Curriculum Finanzielle Grundbildung. Marie und die Altersvorsorge/ Oma Matilde und die Rente. https://www.die-bonn.de/curve/altersvorsorge https://www.die-bonn.de/curve/rente

Deutschmann, Christoph (2002): Einleitung. In: Ders. (Hrsg.): Die gesellschaftliche Macht des Geldes. Leviathan SH 21/2002, Wiesbaden, S. 7–20

Dittmar, Vivian (2021): Echter Wohlstand. Warum sich die Investition in inneren Reichtum lohnt – Ein Plädoyer für neue Werte. München: Kailash

DIW Wochenbericht 35–2018: Mutterschaft geht häufig mit verringertem mentalem Wohlbefinden einher.

DIW Wochenbericht 26–2019: Die Angst vor Stigmatisierung hindert Menschen daran, Transferleistungen in Anspruch zu nehmen.

Duwe, Rona (2021): Mutterwut Muttermut: Fundamente und Anstoß für die Revolte der Mütter. Norderstedt: Books on Demand

Ehrenberg, Alain (2004): Das erschöpfte Selbst. Depression und Gesellschaft in der Gegenwart. Frankfurt/New York: Campus

Felber, Christian (2012): Gemeinwohl-Ökonomie. 6. Auflage. Wien: Deuticke

Finanztip Stiftung (2021): Finanzwissen in Deutschland. Eine repräsentative Studie der Finanztip Stiftung.

Finke, Christine (2019): Finanzplaner Alleinerziehende – Geld und Recht: Das steht Ihnen zu. Hrsg. von Stiftung Warentest

Friedrichs, Julia (2021): Working Class. Warum wir Arbeit brauchen, von der wir leben können. Berlin: Piper

Fröhlich, Laura (2020): Die Frau fürs Leben ist nicht das Mädchen für alles! Was Eltern gewinnen, wenn sie den Mental Load teilen. München: Kösel

Gallego Granados, Patricia; Olthaus, Rebecca; Wrohlich, Katharina (2019): Teilzeiterwerbstätigkeit: Überwiegend weiblich und im Durchschnitt schlechter bezahlt. DIW Wochenbericht 46, 2019

Gerhard, Ute (1999): Die soziale Unsicherheit weiblicher Lebenslagen. Perspektiven einer feministischen Sozialpolitikanalyse. In: Glatzer, W. (Hrsg.): Ansichten der Gesellschaft. Frankfurter Beiträge aus Soziologie und Politikwissenschaft. Opladen, S. 289–301

Größl, Ingrid; Happel, Birgit; Peters Sally (2020): Guter Umgang mit Geld. Finanzielle Kompetenz für alleinerziehende Frauen in prekären Lebenslagen. institut für finanzdienstleistungen (iff) Hamburg im Auftrag des Ministeriums für Soziales, Gesundheit, Integration und Verbraucherschutz des Landes Brandenburg

Größl, Ingrid; Happel, Birgit; Peters Sally (2022): Die Bedeutung von Finanzdienstleistungen für die Lebenslage von Familien in herausfordernden Finanzsituationen. institut für finanzdienstleistungen (iff) Hamburg im Auftrag des Ministeriums für Soziales, Gesundheit, Integration und Verbraucherschutz des Landes Brandenburg

Grohmann, Antonia; Menkhoff, Lukas (2015): Schule, Eltern und finanzielle Bildung bestimmen das Finanzverhalten. DIW Wochenbericht Nr. 28/2015, S. 655–661

Hartmann, Michael (2015): Deutsche Eliten: Die wahre Parallelgesellschaft? In:

Bundeszentrale für politische Bildung (Hrsg.): Oben – Mitte – Unten. Zur Vermessung der Gesellschaft. bpb Schriftenreihe Band 1576

Happel, Birgit (2017): Geld und Lebensgeschichte. Eine biografieanalytische Untersuchung. Frankfurt/ New York: Campus

Haubl, Rolf (2003): Neidisch sind immer nur die anderen. Über die Unfähigkeit, zufrieden zu sein, München: C.H. Beck

Haubl, Rolf (2004): Das Tabu brechen: Gemeinsam über Geld sprechen. In: Gruppendynamik und Organisationsberatung, 35/3. Wiesbaden, S. 291–306

Haubl, Rolf (2010): Geld regiert die Welt – die Außen- und die Innenwelt. In: Freie Assoziation. Zeitschrift für das Unbewusste in Organisation und Kultur 13/3, S. 43–57

Haubl, Rolf (2019): Geld – Traum und Albtraum. Rüstzeug für den selbstkritischen Gebrauch. Göttingen: Vandenhoeck & Ruprecht

Henry-Huthmacher, Christine (2008): Eltern unter Druck. Zusammenfassung der wichtigsten Ergebnisse der Studie. In: Henry-Huthmacher und Borchard (Hrsg.): Eltern unter Druck. Stuttgart: Lucius & Lucius, S. 1–24

Hipp, Lena (2016): Ungleichheiten und Diskriminierung auf dem Arbeitsmarkt. In: Aus Politik und Zeitgeschichte (APuZ). https://www.bpb.de/shop/zeitschriften/apuz/221588/ungleichheiten-und-diskriminierung-auf-dem-arbeitsmarkt/

Hipp, Lena (2018): Rabenmütter, tolle Väter. Frauen schaden kurze und lange Elternzeiten bei ihrer Karriere – Männern nicht. WZB Mitteilungen, Heft 161, S. 28–30

Hipp, Lena (2020): Do Hiring Practices Penalize Women and Benefit Men for Having Children? Experimental Evidence from Germany. In: European Sociological Review, Vol. 36, Issue 2, April 2020, Pages 250–264

Hochschild, Arlie Russell (2000): The Nanny Chain. In: The American Prospect, Volume 11, January 3, 2000, S. 357–360

Hochschild, Arlie Russell (2001): Globale Betreuungsketten und emotionaler Mehrwert. In: Hutton, Will; Giddens, Antony (Hrsg.): Die Zukunft des globalen Kapitalismus. Frankfurt/New York, S. 157–176

Hochschild, Arlie Russell (2010): The Back Stage of a Global Free Market – Nannies and Surrogates. In: Apitzsch, Ursula; Schmidbaur, Marianne (Hrsg.): Care und Migration: Die Ent-Sorgung menschlicher Reproduktionsarbeit entlang von Geschlechter- und Armutsgrenzen, Opladen, S. 23–39

Hochschild, Arlie; Machung, Anne (2012): The Second Shift. Working Families and the Revolution at Home. Penguin. Original 1989

Holst Elke; Friedrich, Martin (2016): Hohe Führungspositionen: In der Finanzbranche haben Frauen im Vergleich zu Männern besonders geringe Chancen. DIW Wochenbericht Nr. 37/2016, S. 655–661

Horvath, Lisa; Blackmore, Sabine (2021): Nicht mit ihnen und nicht ohne sie: Implizite Biases in der Wissenschaft. Bunsen-Magazin 5–2021, S. 246–252

Kaiser, Mareice (2021): Das Unwohlsein der modernen Mutter. Sonderausgabe für die Bundeszentrale für politische Bildung. Schriftenreihe Band 10759

Kitchener, Caroline (2020): Women academics seem to be submitting fewer papers during coronavirus.

›Never seen anything like it,‹ says one editor. The Lily 21.04.2020

Kleven, Henrik; Landais, Camille; Posch, Johanna; Steinhauer, Andreas; Zweimüller, Josef (2019): Child Penalties Across Countries: Evidence and Explanations. NBER Working Paper 25524

Kohlrausch, Bettina; Hövermann, Andreas (2022): Corona: Weniger Erwerbstätige fürchten um Job, aber hohes Belastungsgefühl, nur noch 31 % zufrieden mit Krisenmanagement. https://www.boeckler.de/pdf/pm_wsi_2022_02_16.pdf

Kubisch, Katharina (2016): Frauen sind zu selbstkritisch. IUBH – Internationale Hochschule Bad Honnef, Bonn. Informationsdienst Wissenschaft. https://idw-online.de/de/news656891

Langmeyer, Alexandra; Winklhofer, Ursula (2014): Taschengeld und Gelderziehung. Eine Expertise zum Thema Kinder und ihr Umgang mit Geld mit aktualisierten Empfehlungen zum Taschengeld. München: Deutsches Jugendinstitut

Langmeyer, Alexandra; Guglhör-Rudan, Angelika; Naab, Thorsten; Urlen, Marc; Winklhofer, Ursula (2020): Ergebnisbericht zur Situation von Kindern während des Lockdowns im Frühjahr 2020. München: Deutsches Jugendinstitut

Lask, Joachim E. und Kriechbaum, Ralph (2017): Gute Eltern sind bessere Mitarbeiter. Berlin, Heidelberg: Springer

Lott, Yvonne; Zucco, Aline (2021): Stand der Gleichstellung. Ein Jahr mit Corona. WSI Report Nr. 64

Lott, Yvonne; Hobler, Dietmar; Pfahl, Svenja; Unrau, Eugen (2022): Stand der Gleichstellung von Frauen und Männern in Deutschland. WSI Report Nr. 72

Mania, Ewelina; Tröster, Monika (2015): Finanzielle Grundbildung. Programme und Angebote planen. Reihe Perspektive Praxis, wbv Publikation. Bielefeld: Bertelsmann

Mania, Ewelina; Bowien-Jansen, Beate (2019): Curriculum Finanzielle Grundbildung. Deutsches Institut für Erwachsenenbildung. https://www.die-bonn.de/curve/curriculum

Meier-Gräwe, Uta (2020): Wirtschaft neu ausrichten. Wege in eine care-zentrierte Ökonomie. In: Aus Politik und Zeitgeschichte (APuZ): Care-Arbeit. Bundeszentrale für politische Bildung (bpb), S. 28–34

Meier-Magistretti, Claudia; Arnold, Claudia (2013): Wirkt Schuldenprävention? Empirische Grundlagen für die Praxis mit Jugendlichen und jungen Erwachsenen. Luzern: Fachhochschule Zentralschweiz. Schlussbericht

Merkle, Tanja; Wippermann, Carsten (2008): Eltern unter Druck. Selbstverständnisse, Befindlichkeiten und Bedürfnisse von Eltern in verschiedenen Lebenswelten. Hrsg. von Henry-Huthmacher, Christine; Borchard, Michael. Stuttgart: Lucius & Lucius

Mischel, Walter (2014): The Marshmallow Test. Understanding Self-control and How To Master It. London: Transworld Publishers

Mohr, Sören; Nicodemus, Johanna; Stoll, Evelyn; Weuthen, Ulrich; Juncke, David (2022): Diskriminierungserfahrungen von fürsorgenden Erwerbstätigen im Kontext von Schwangerschaft, Elternzeit und Pflege von Angehörigen. Abschlussbericht Prognos AG. Hrsg.: Antidiskriminierungsstelle des Bundes

Müller, Kai-Uwe; Neumann, Michael; Wrohlich, Katharina (2013): Familienarbeitszeit – Wirkungen und Kosten einer Lohnersatzleistung bei reduzierter Vollzeitbeschäftigung. DIW im Auftrag der Friedrich-Ebert-Stiftung.

OECD (2016): Dare to Share – Deutschlands Weg zur Partnerschaftlichkeit in Familie und Beruf. Paris: OECD Publishing

OECD (2019a): Pensions at a Glance 2019. How does Germany compare? https://www.oecd.org/germany/PAG2019-DEU.pdf

OECD (2019b): Renten auf einen Blick 2019: Alterssicherung für Selbstständige in Deutschland lückenhaft. https://www.oecd.org/berlin/presse/alterssicherung-fuer-selbststaendige-in-deutschland-lueckenhaft-27112019.htm

Oxfam (2020): Im Schatten der Profite. Wie die systematische Abwertung von Hausarbeit, Pflege und Fürsorge Ungleichheit schafft und vertieft. https://www.oxfam.de/system/files/2020_oxfam_ungleichheit_studie_deutsch_schatten-der-profite.pdf

Oxfam (2022): Gewaltige Ungleichheit. Warum unser Wirtschaftssystem von struktureller Gewalt geprägt ist und wie wir es gerechter gestalten können. Oxfam Deutschland e.V.

Postbank (2021): Geld ist tabu: Erfolg behält man besser für sich. Presseinformation 13.10.2021. https://www.postbank.de/unternehmen/medien/meldungen/2021/oktober/geld-ist-tabu-erfolg-behaelt-man-besser-fuer-sich.html

Praetorius, Ina (2015): Wirtschaft ist Care oder: Die Wiederentdeckung des Selbstverständlichen. Heinrich-Böll-Stiftung (Hrsg.): Schriftenreihe Wirtschaft und Soziales. Band 16

Praetorius, Ina (2020): Homo oeconomicus. Warum es wichtig ist, auf die Grundbedeutung des Begriffs Ökonomie zurückzukommen. Handelsblatt 11.09.2020

Runge, Sandra; Wenzel, Karline (2022): Glückwunsch zum Baby, Sie sind gefeuert! Diskriminierung von Eltern im Job: Fallgeschichten von Betroffenen und Lösungsansätze. Berlin: Eden Books

Schmidt, Renate; Sick, Helma (2015): Ein Mann ist keine Altersvorsorge. Warum finanzielle Unabhängigkeit für Frauen so wichtig ist. München: Kösel

Schnerring, Almut; Verlan, Sascha (2020): Equal Care – Über Fürsorge und Gesellschaft. Berlin: Verbrecher-Verlag

Schrenker, Annekatrin; Wrohlich, Katharina (2022): Gender Pay Gap ist in den letzten 30 Jahren fast nur bei Jüngeren gesunken. DIW Wochenbericht 9–2022

Schutzbach, Franziska (2021): Die Erschöpfung der Frauen. Wider die weibliche Verfügbarkeit. München: Droemer

Schwarzer, Jessica (2021): Wie wirklich jeder entspannt reich werden kann: 15 Ausreden, die nicht mehr zählen. München: FinanzBuch Verlag

Scott, Linda (2020): Das weibliche Kapital. München: Hanser

Sen, Amartya (1993): Capability and Well-Being. In: Nussbaum, Martha; Sen, Amartya (Hrsg.): The Quality of Life. New York, Oxford University Press, S. 30–53

Spangenberg, Ulrike; Färber, Gisela; Späth, Corinna (2020): Mittelbare Diskriminierung im Lohnsteuerverfahren. Auswirkungen der Lohnsteuerklassen auf Nettoeinkommen und Lohnersatzleistungen. Forschungsförderung Hans-Böckler-Stiftung

Statistisches Bundesamt (Destatis), Wirtschaft und Statistik (WISTA) (2016): Entwicklung der unbezahlten Arbeit privater Haushalte. Bewertung und Vergleich mit gesamtwirtschaftlichen Größen. Autoren: Schwarz, Norbert und Schwahn, Florian. Wiesbaden

Syrda, Joanna (2022): Gendered Housework: Spousal Relative Income, Parenthood and Traditional Gender Identity Norms. WES Work, employment and society. Sage Research Article

Taylor, Mark; Jenkins, Stephen; Sacker, Amanda (2011): Financial capability, income and psychological wellbeing. ISER Working Paper Series, No. 2011–18

Tröster, Monika; Bowien-Jansen, Beate (2019): Sensibel für Finanzielle Grundbildung. Studienmaterialien und Handlungsempfehlungen. Bielefeld: wbv Publikation

Ulrich, Peter (2000): Integrative Wirtschaftsethik: Grundlagenreflexion der ökonomischen Vernunft. In: Ethik und Sozialwissenschaften, Jg. 11 (2000), Heft 4, S. 555–567

UN Women (2018): Turning promises into action: Gender equality in the 2030 Agenda for Sustainable Development

Vinken, Barbara (2011): Erkenne Dich selbst: Frauen – Mütter – Emanzipation – Essay. In: Aus Politik und Zeitgeschichte (APuZ): Frauen in Europa. Bundeszentrale für politische Bildung (bpb), S. 38–43

Volkert, Jürgen (2005): Einführung: Armut, Reichtum und Capabilities – Zentrale Inhalte, Begriffe und die Beiträge dieses Bandes. In: Ders. (Hrsg.): Armut und Reichtum an Verwirklichungschancen. Amartya Sens Capability-Konzept als Grundlage der Armuts- und Reichtumsberichterstattung. Wiesbaden, 11–22

Von Bargen, Henning (2018): Schlaglichter auf die Geschichte des Feminismus: Was hat sich in Deutschland verändert seit Beginn der ersten Frauenbewegung? Magazin der Heinrich-Böll-Stiftung, Ausgabe 2, 2018, S. 6–14

Walz, Hartmut; Bosetti, Ulrich (2022): Beraten statt Verraten: So wehren Sie Manipulationen in der Finanzberatung souverän ab. Frankfurter Allgemeine Buch

Werding, Martin (2014): Familien in der gesetzlichen Rentenversicherung: Das Umlageverfahren auf dem Prüfstand. Gütersloh: Bertelsmann Stiftung

Wimbauer, Christine (2003): Geld und Liebe. Zur symbolischen Bedeutung von Geld in Paarbeziehungen. Frankfurt/ New York: Campus

Wobker, Inga; Kenning, Peter; Lehmann-Waffenschmidt, Marco; Gigerenzer, Gerd (2014): What do consumers know about the economy? Journal für Verbraucherschutz und Lebensmittelsicherheit 9(3), S. 231–242

World Economic Forum (WEF) (2022): Global Gender Gap Report 2022

Zimbardo, Philip G.; Gerrig, Richard J. (1999): Psychologie. Berlin / Heidelberg / New York: Springer

Zykunov, Alexandra (2022): »Wir sind doch alle längst gleichberechtigt!« Berlin: Ullstein

Anmerkungen

Alle Links wurden zuletzt am 11.11.2022 geprüft.

1 Bohnet 2017.

2 Den Begriff *Carebiografie* hat Gaby Belz für die Initiative »Wirtschaft ist Care« geprägt. Vgl. Wirtschaft ist Care: »Meine Care-Biographie«. https://wirtschaft-ist-care.org/meine-care-biographie/

3 Statistisches Bundesamt (Destatis): Arbeitszeit von Frauen. Pressemitteilung Nr. 179 vom 18. Mai 2015. https://www.destatis.de/DE/Presse/Pressemitteilungen/Frueher/PD15_179_63931.html

4 Happel 2017, S. 46.

5 Mohr et al. 2022, S. 126.

6 Zykunov 2022.

7 World Economic Forum 2022, S. 175 f.

8 Barišić und Consiglio 2020a, S. 7; Bönke et al. 2020.

9 Statista, 26.07.2022: Ranking der 20 Länder mit dem größten Bruttoinlandsprodukt (BIP) im Jahr 2020. https://de.statista.com/statistik/daten/studie/157841/umfrage/ranking-der-20-laender-mit-dem-groessten-bruttoinlandsprodukt/ (09.11.2022).

10 SHE works, 03.05.2022: Gütesiegel für das Gütesiegel: Fair Pay Zertifizierung erfüllt Anforderungen. https://www.she-works.de/sheworks/guetesiegel-fuer-das-guetesiegel-fair-pay-zertifizierung-erfuellt-anforderungen/2022/05/03/

11 Brigitte Studie (2021): »Mein Leben, mein Job und ich«. Brigitte Presseportal, 03.03.2021. https://www.presseportal.de/pm/6788/4853627

12 »Vor dem Hintergrund instabiler Partnerschaften und unzureichender Betreuungsangebote für Kinder bedeutet damit die Entscheidung für ein Kind ein ›biographisches Risiko‹ für Frauen.« BMFSFJ 2012a, S. 22.

13 Happel 2017, S. 255 f.

14 Statistisches Bundesamt (Destatis): Verbraucherpreisindex und Inflationsrate. https://www.destatis.de/DE/Themen/Wirtschaft/Preise/Verbraucherpreisindex/_inhalt.html

15 Finanztip Stiftung 2021, S. 24.

16 OECD 2016, S. 60.

17 Bundeszentrale für politische Bildung, 02.03.2020: Das Ende des Ernährermodells. https://www.bpb.de/themen/arbeit/arbeitsmarktpolitik/306053/das-ende-des-ernaehrermodells/

18 Der Gender Care Gap wurde von der Sachverständigenkommission im Zweiten Gleichstellungsbericht entwickelt und wird statistisch anhand von Zeitverwendungserhebungen ermittelt (BMFSFJ 2017).

19 BMFSFJ 2020a, S. 12ff; S. 15; S. 17.

20 BMFSFJ 2020b, S. 49.

21 Bücker 2022, S. 138 f.

22 Vgl. https://wirtschaft-ist-care.org/ sowie direkt via https://vimeo.com/354588099

23 Scott 2020, S. 29.

24 Criado-Perez 2020, S. 336.

25 Wie Oxfam in einer Studie kritisiert, bezieht das BIP »weder die Kosten für den Erhalt und den Schutz natürlicher Ressourcen noch den Wert der Pflege- und Fürsorgearbeit mit ein – obwohl beide unabdingbare Voraussetzungen für das menschliche Leben und gesellschaftliches Wohlergehen sind« (Oxfam 2020, S. 5).

26 Criado-Perez 2020, S. 322.

27 »Close Econ Data Gap«. https://www.closeecondatagap.de

28 Oxfam 2020, S. 2.

29 Meier-Gräwe 2020, S. 29.

30 Scott 2020, S. 16.

31 Haufe, 20.04.2022: Frauen in Wirtschaftswissenschaften weltweit unterrepräsentiert. https://www.haufe.de/personal/hr-management/studie-frauen-in-wirtschaftswissenschaften-unterrepraesentiert_80_565000.html

32 Gerhard 1999, S. 295 f.

33 Vgl. Deutscher Bundestag Petition 133680 vom 06.05.2022: Mutterschutzgesetz. Gleiche Rechte im Mutterschutz für selbstständige Schwangere. https://epetitionen.bundestag.de/content/petitionen/_2022/_05/_06/Petition_133680.html

34 United Nations Report 1980.

35 Rundfunk Berlin-Brandenburg (rbb24). 15.09.21: Gender Care Gap: Warum er so groß ist und welche Folgen das hat. Reihe »Jetzt mal konkret«.

36 Sie prägten maßgeblich die Welle der zweiten Frauenbewegung, die ihren Anfang in der Studentenbewegung der 1960er-Jahre nahm. Das International Feminist Collective initiierte die »International Wages for Housework Campaign« (IWFHC), die zu einer globalen Bewegung heranwuchs. https://www.thenation.com/article/archive/wages-for-houseworks-radical-vision/

37 Hochschild und Machung 2012.

38 Bayerischer Landesfrauenrat, 20.07.2022: Austausch der Politikerinnen mit den Beirätinnen des Projektes FRIDA im Bayerischen Landtag. https://www.lfr.bayern.de/aktuelles/52576/index.php

39 Vgl. Oxfam 2020, S. 5. Die Zahlen stützen sich u. a. auf Daten von OECD, IMF, Mindestlohnstatistiken sowie eine Untersuchung der internationalen Arbeitsorganisation ILO aus dem Jahr 2018. Demnach werden weltweit »täglich 12,5 Milliarden Stunden unbezahlte Pflege-, Fürsorge- und Hausarbeit [geleistet], ohne dass der Wert dieser Arbeit gesellschaftlich und ökonomisch anerkannt wird.«

40 Statistisches Bundesamt (Destatis) Wirtschaft und Statistik 2016 (Datengrundlage 2013).

41 Vorreiterinnen sind unter anderen der Verein »Wirtschaft ist Care«, die Initiativen »Equal Care Day«, »Care. Macht.Mehr« und »Close Econ Data Gap« sowie das Netzwerk »Care-Revolution«.

42 Vgl. https://wirtschaft-ist-care.org/ Praetorius führt die ursprüngliche Bedeutung des Aristotelischen Begriffs »Oikonomia« an, der sich von den griechischen Wörtern »Oikos« (Haus bzw. Haushalt) und »Nomos« (Gesetz bzw. Lehre) ableitet, was »Lehre vom Haushalten« oder »Gesetz des Hauses« bedeutet (Praetorius 2015, S. 9).

43 Ihr Anliegen ist es, das Verständnis von Ökonomie in seiner grundlegenden Bedeutung als »Theorie und Praxis des zweckmäßigen Haushaltens« wiederzuentdecken und die Zweiteilung von marktvermittelter und häuslicher Sphäre aufzuheben (Praetorius 2020).

44 Wirtschaft ist Care, Blogpost Nummer 37. https://inabea.wordpress.com/2020/10/24/inkompetenz-desinteresse-schweigen-verargerung-verunsicherung/

45 Nationaler Bildungsbericht »Bildung in Deutschland 2020«: Grundinformationen zu Bildung in Deutschland, S. 67 f. https://www.bildungsbericht.de/de

46 Die Zeit, 31.08.2022, Interview mit Helma Sick: »Es ist fahrlässig, sich jahrelang auf die Familie zu konzentrieren«.

47 Vgl. u. a. Bundesverband deutscher Banken 2011: Finanzwissen und Finanzplanungskompetenz der Deutschen; Bundesverband deutscher Banken 2021: Jugendstudie 2021. Wirtschaftsverständnis und Finanzkultur bei Jugendlichen und jungen Erwachsenen; Wobker et al. 2014; Finanztip Stiftung 2021.

48 OECD PISA financial literacy assessment of students. https://www.oecd.org/finance/financial-education/oecdpisafinancialliteracyassessment.htm

49 OECD 2005: Recommendation on Principles and Good Practices for Financial Education and Awareness. Recommendation of the Council. Vgl. auch Präventionsnetzwerk Finanzkompetenz e. V. Präambel. https://pnfk.de/ueber-uns/satzung/

50 Institut für Demoskopie Allensbach 2018. Allensbacher Archiv; lfd. Umfrage 11088.

51 Verbraucherzentrale Bundesverband 2019: Keine Angst vor finanzieller Bildung. https://www.verbraucherbildung.de/meldung/keine-angst-vor-finanzieller-bildung

52 Meier, Magistretti und Arnold 2013.

53 Sachverständigenkommission zum Zweiten Gleichstellungsbericht der Bundesregierung 2017: »Die Sachverständigenkommission tritt für eine allgemeine Verbesserung der finanziellen Allgemeinbildung (»financial literacy«) ein – am besten bereits in Schule und Ausbildung.« BMFSFJ 2017, S. 134.

54 Bundesstiftung Gleichstellung. https://www.bmfsfj.de/bmfsfj/themen/gleichstellung/bundesstiftung-gleichstellung.

55 Bucher-Koenen et al. 2021, S. 27.

56 DIW Wochenbericht Nr. 46, 2016, S. 1089. https://www.diw.de/documents/publikationen/73/diw_01.c.547246.de/16-46-1.pdf

57 Größl, Happel, Peters 2020, S. 85.

58 Größl, Happel, Peters 2022.

59 Duwe 2021, S. 11.

60 AllBright Bericht Mai 2022, S. 4. Stillstand: Familienunternehmen holen keine Frauen in die Führung.

61 Zykunov 2022, S. 269.

62 FAZ 25.10.2015 Küssen mit Kalkül. https://www.faz.net/aktuell/finanzen/meine-finanzen/partnerschaften-sind-erfolgreicher-wenn-die-gehaelter-passen-13874393-p2.html

63 Hipp 2018, S. 30.

64 BMFSFJ 2021b, S. 11.

65 Bündnis Sorgearbeit fair teilen. Pressemitteilung 10. Nov. 2022. https://www.sorgearbeit-fair-teilen.de/pressemitteilung/drei-viertel-der-deutschen-finden-gleichmaessige-verteilung-von-erwerbs-und-sorgearbeit-zwischen-frauen-und-maennern-wichtig/

66 BMFSFJ 2015, S. 13.

67 Happel 2017, S. 197.

68 Syrda 2022, S. 17.

69 Bundeszentrale für politische Bildung 27.06.2018: Gleichberechtigung wird Gesetz. https://www.bpb.de/kurz-knapp/hintergrund-aktuell/271712/gleichberechtigung-wird-gesetz/

70 Happel 2017, Anhang Interviewtext Yvonne Silber

71 Bundeszentrale für politische Bildung 27.06.2018: Gleichberechtigung wird Gesetz.

72 BMFSFJ 2021a, S. 127.

73 @wasverdientdiefrau_ Instagram 12.08.2022. https://www.instagram.com/p/ChKLAc6jpuQ/

74 Wimbauer 2003.

75 Seit 2015 ermittelt das Bundeskriminalamt die Zahlen zu Partnerschaftsgewalt in Deutschland: Jede dritte Frau in Deutschland wird in ihrem Leben Opfer physischer oder sexualisierter Gewalt. Jeden dritten Tag wird in Deutschland eine Frau durch ihren Partner oder Ex-Partner getötet (BKA 2021, S. 5. Partnerschaftsgewalt. Kriminalstatistische Auswertung Berichtsjahr 2020 sowie BMFSFJ 22.12.2021 Hintergrundinformation: Formen der Gewalt erkennen. https://www.bmfsfj.de/bmfsfj/themen/gleichstellung/frauen-vor-gewalt-schuetzen/haeusliche-gewalt/formen-der-gewalt-erkennen-80642).

76 Frauenbefragung »annajetzt – Frauen in der Schweiz« von annabelle und Sotomo. https://www.annabelle.ch/leben/die-studie-so-geht-es-den-schweizer-frauen/

77 Henry-Huthmacher 2008, S. 6; Merkle und Wippermann 2008.

78 Merkle und Wippermann 2008, S. 27.

79 KKH 09.12.2019: Eltern unter Strom: Wenn der Alltag an der Seele nagt. https://www.kkh.de/presse/pressemeldungen/eltern-unter-strom--wenn-der-alltag-an-der-seele-nagt

80 BMFSFJ 2021c, S. 23.

81 DIW 2018, S. 737 sowie S. 743.

82 Schutzbach 2021, S. 182.

83 Vgl. Cammarata 2020; Fröhlich 2020; 2022.

84 @mentalload_expertin Instagram 27.01.2022. https://www.instagram.com/p/CZPq6jFltvA/

85 Krautreporter 2017: Comic von Emma: Du hättest doch bloß fragen müssen! https://krautreporter.de/1983-du-hattest-doch-bloss-fragen-mussen

86 Statistisches Bundesamt (Destatis) Bau- und Immobilienpreisindex. https://www.destatis.de/DE/Themen/Wirtschaft/Preise/Baupreise-Immobilienpreisindex/_inhalt.html

87 Rupp, Nicole: Geldbeziehung® https://geldbeziehung.com/

88 Eine Fidelity-Studie zu den Finanzstrategien von Frauen bestätigte das erneut: Während 68 Prozent der Frauen sicher darin sind, ihr Haushaltsbudget zu managen, fühlen sich nur 29 Prozent sicher, für kurz- oder mittelfristige Ziele zu investieren. Aus: Fidelity Investments® 2021: Women and Investing Study. https://www.fidelity.com/bin-public/060_www_fidelity_com/documents/about-fidelity/FidelityInvestmentsWomen&InvestingStudy2021.pdf

89 Initiative Chefsache Jahreskonferenz 2022. https://initiative-chefsache.de/chefsache-jahreskonferenz-2022/

90 Vgl. Antwort der Bundesregierung auf die Kleine Anfrage der Abgeordneten Lisa Paus, Ulle Schauws, Katja Dörner, weiterer Abgeordneter und der Fraktion BÜNDNIS 90/DIE GRÜNEN: »Tatsächlich scheint das seit 2010 mögliche Faktorverfahren in der Bevölkerung jedoch kaum bekannt zu sein.« Deutscher Bundestag Drucksache 18/7170, 28.12.2015. https://dserver.bundestag.de/btd/18/071/1807170.pdf

91 »Das gegenwärtige Lohnsteuerverfahren, konkret die Steuerklassenkombination III/V, verstößt gegen das Verbot mittelbarer Diskriminierung in Art. 3 Abs. 2 GG. Die finanziellen Nachteile der Steuerklasse V treffen überwiegend verheiratete Frauen.« Spangenberg et al. 2020, S. 195.

92 BMFSFJ 2012, S. 14 f.

93 Süddeutsche Zeitung 05. Juli 2022:

Bertelsmann-Studie: 100 000 Kitakräfte fehlen. https://www.sueddeutsche.de/politik/bertelsmann-studie-100-000-kitakraefte-fehlen-1.5615362

94 Vinken 2011, S. 42.

95 Brigitte Studie Presseportal 27.09.2017: »Mein Leben, mein Job und ich«. https://www.presseportal.de/pm/6788/3746274

96 finanz-heldinnen / Commerzbank 2022, S. 3. Frauen und Geldanlage – zwischen Wunsch und Wirklichkeit.

97 BMFSFJ 2016, S. 12.

98 Bönke et al. 2020, S. 9.

99 Barišić und Consiglio 2020a, S. 6.

100 Ebd. S. 7.

101 Kleven at al. 2019, S. 4 f.

102 Wirtschaftswoche 16.08.2019: Eine Tasse Kaffee mit Wiebke Ankersen und Christian Berg von der AllBright Stiftung: In Schweden bringt man sich selbst mit zur Arbeit.

103 Mohr et al. 2022.

104 Ebd. S. 126.

105 Ebd., S. 131.

106 Hipp 2018, S. 28; vgl. ebenso Hipp 2016; 2020.

107 Kubisch 2016.

108 Mohr et al. 2022, S. 130.

109 Lott et al. 2022, S. 9.

110 Das Konzept der »Verwirklichungschancen« des Nobelpreisträgers Amartya Sen liefert ein Maß für soziale Gerechtigkeit. Verwirklichungschancen beziehen sich auf das Verhältnis von Möglichkeitsstrukturen und individuellen Möglichkeiten, soziale Teilhabe zu sichern und individuelle »Freiheitsgrade« zu verwirklichen. Hierzu dient der »Befähigungsansatz« (Capability Approach). Er wird in der Armuts- und Reichtumsberichterfassung zur Messung der individuellen und gesellschaftlichen Wohlfahrt angewendet und kam u. a. im Gutachten zum zweiten Gleichstellungsbericht zum Tragen (Sen 1993; Volkert 2005; BMFSFJ 2017).

111 Happel 2017, S. 129.

112 SWR Beitrag »Mit Kindern an die Spitze« 11.05.2022. https://www.ardmediathek.de/video/kids-trouble/mit-kindern-an-die-spitze/swr/Y3JpZDovL3N3ci5kZS9hZXgvbzE2NTkxMjM

113 Vgl.: »Wir fordern die Aufnahme des Diskriminierungsmerkmals »Elternschaft« in § 1 des Allgemeinen Gleichbehandlungsgesetzes (AGG) bzw. eine Ergänzung des AGG – z. B. nach dem österreichischen Vorbild, wonach in der Arbeitswelt niemand »Auf Grund des Geschlechtes, insbesondere unter Bezugnahme auf den Familienstand oder den Umstand, ob jemand Kinder hat, unmittelbar oder mittelbar diskriminiert werden darf.« (§ 4 GlBG).« https://proparentsinitiative.de/#forderungen

114 Runge und Wenzel 2022.

115 Hartmann 2015, S. 34.

116 DIW Berlin. Blog Marcel Fratzscher vom 20. Dezember 2021: Die unterschätzte soziale Polarisierung. https://www.diw.de/de/diw_01.c.832136.de/nachrichten/die_unterschaetzte_soziale_polarisierung.html

117 @Mama_arbeitet Twitter 11.10.2021. https://twitter.com/Mama_arbeitet/status/1447642201702469633

118 Ein Armutsrisiko liegt vor, »wenn das Einkommen von betroffenen Personen deutlich unter dem mittleren Einkommen in einer Gesellschaft liegt« (BMFSFJ 2021a, S. 105).

119 Bertelsmann Stiftung Pressemeldung 15.07.2021: Trotz Arbeit abgehängt: Armutsrisiko von Alleinerziehenden verharrt auf hohem Niveau.

120 Statistisches Bundesamt (Destatis)

12. April 2022: Lange Reihe für Familien und Familienformen.

121 ZDF WISO 24.08.2020: Arm in Deutschland. Deswegen reicht das Geld für diese Mutter nicht. https://www.zdf.de/verbraucher/wiso/armut-durch-kinder-100.html

122 Edition F: Sheryl Sandberg: »Mir war nicht bewusst, was es heißt, alleinerziehend zu sein«. https://editionf.com/sheryl-sandberg-lean-in-feminismus-interview/

123 Vgl. Bertelsmann Stiftung 22.07.2020: Pressemitteilung Kinderarmut: Eine unbearbeitete Großbaustelle. Gemäß der Bertelsmann Stiftung betrifft Kinderarmut 21,3 Prozent der Kinder und Jugendlichen (Bertelsmann Stiftung 21.07.2020: Factsheet Kinderarmut in Deutschland, S. 2). Laut dem Familienreport 2020 der Bundesregierung liegt das Armutsrisiko von Kindern »je nach Datenquelle zwischen 14,5 und 20,7 Prozent« (BMFSFJ 2021a, S. 10).

124 Statista 2022 Scheidungsquote in Deutschland von 1960 bis 2021. https://de.statista.com/statistik/daten/studie/76211/umfrage/scheidungsquote-von-1960-bis-2008/

125 Größl, Happel, Peters 2022, S. 11.

126 Größl, Happel, Peters 2020, S. 74.

127 Süddeutsche Zeitung 29.04.2022 Interview mit Stephanie Land: »Ich habe ständig Angst, dass ich alles wieder verliere«. https://www.sueddeutsche.de/wirtschaft/maid-buch-serie-1.5574296?reduced=true

128 Statistisches Bundesamt (Destatis) Gender Pay Gap 2021. Pressemitteilung Nr. 088 vom 7. März 2022. https://www.destatis.de/DE/Presse/Pressemitteilungen/2022/03/PD22_088_621.html

129 AllBright-Bericht März 2017: Ein ewiger Thomas-Kreislauf? Wie deutsche Börsenunternehmen ihre Vorstände rekrutieren.

130 Die ZEIT 8.10.2018: Die Hans-Bremse. https://www.zeit.de/politik/deutschland/2018-09/gleichberechtigung-frauen-diskriminierung-fuehrungspositionen-ministerien

131 Lott et al. 2022, S. 7.

132 Equal Pay Day. https://www.equalpayday.de/

133 Terre des Femmes Gender Pay Gap Experiment. https://www.frauenrechte.de/unsere-arbeit/aktionen/gender-pay-gap-expertiment

134 Vgl. Fair Pay Innovation Lab. https://www.fpi-lab.org/

135 Schrenker und Wrohlich 2022, S. 151.

136 Ebd., S. 150f sowie S. 154.

137 DIW Pressemitteilung 13. November 2019: Teilzeiterwerbstätigkeit. Überwiegend weiblich und im Durchschnitt schlechter bezahlt.

138 Die Zeit 31.08.2022 Interview mit Helma Sick: »Es ist fahrlässig, sich jahrelang auf die Familie zu konzentrieren«.

139 BMFSFJ 2011, S. 117.

140 Statistisches Bundesamt (Destatis) Pressemitteilung Nr. N 012 vom 7. März 2022.

141 Gallego Granados et al. 2019, S. 1.

142 BMFSFJ 2012b.

143 BMFSFJ 2021a, S. 111.

144 Süddeutsche Zeitung, 04.02.2022. https://www.sueddeutsche.de/wirtschaft/minijob-midijob-hubertus-heil-teilzeitfalle-1.5522221

145 WSI Gender Daten Portal Erwerbsarbeit: Minijobs als einzige Erwerbstätigkeit 2004–2020. https://www.wsi.de/de/erwerbsarbeit-14617-minijobs-als-einzige-erwerbstaetigkeit-2004-2017-14869.htm

146 Deutsche Rentenversicherung 2021.
147 Deutsche Rentenversicherung Minijobs. https://www.deutsche-rentenversicherung.de/DRV/DE/Rente/Allgemeine-Informationen/Wissenswertes-zur-Rente/FAQs/Minijobs/Minijobs.html#56b21ce5-e50b-4df9-8dea-04cd648d9694
148 Statista, 04.07.2022: Geringfügig Beschäftigte in Deutschland von 2003 bis 2021 nach Geschlecht.
149 Blömer et al. 2021, S. 10.
150 Statistisches Bundesamt (Destatis): Sterbefälle und Lebenserwartung. https://www.destatis.de/DE/Themen/Gesellschaft-Umwelt/Bevoelkerung/Sterbefaelle-Lebenserwartung/_inhalt.html
151 finanz-heldinnen/ Commerzbank 2022, S. 10. Frauen und Geldanlage – zwischen Wunsch und Wirklichkeit. https://www.commerzbank.de/de/hauptnavigation/presse/pressemitteilungen/archiv1/2022/1__quartal_2/presse_archiv_detail_22_01_100426.html
152 Deutsche Rentenversicherung. https://www.deutsche-rentenversicherung.de/DRV/DE/Ueber-uns-und-Presse/Presse/Meldungen/2022/220322_rentenanpassung_2022.html
153 Statistisches Bundesamt (Destatis): Pressemitteilung Nr. 327 vom 4. August 2022. https://www.destatis.de/DE/Presse/Pressemitteilungen/2022/08/PD22_327_634.html
154 BMFSFJ 2021a, S. 103.
155 Statistisches Bundesamt (Destatis): Pressemitteilung Nr. 327 vom 4. August 2022.
156 Allmendinger 2011, S. 58.
157 OECD 2019a.
158 Eurostat »Closing the gender pension gap?«, 03.02.2021. https://ec.europa.eu/eurostat/de/web/products-eurostat-news/-/ddn-20210203-1
159 Statistik der Deutschen Rentenversicherung Aktuelle Daten 2023. Stand 2. Dezember 2022.
160 Lott et al. 2022, S. 22.
161 Ebd., S. 24.
162 Werding 2014, S. 18 sowie S. 27.
163 BMFSFJ 2016, S. 20 f.
164 Ebd., S. 12.
165 BMFSFJ 2012a, S. 14.
166 Blömer et al. 2021.
167 Ebd., S. 9.
168 Deutscher Gewerkschaftsbund »Was verdient die Frau«: Die Generalprobe – Wie wirtschaftlich unabhängig bist du? Mache den Test und finde es raus! http://www.die-generalprobe.de/
169 OECD 2016, S. 63 f.
170 Müller, Neumann, Wrohlich 2013.
171 Deutsche Rentenversicherung: Renten für Hinterbliebene. https://www.deutsche-rentenversicherung.de/DRV/DE/Rente/Allgemeine-Informationen/Rentenarten-und-Leistungen/Renten-an-Hinterbliebene/renten-an-hinterbliebene_node.html
172 Stiftung Warentest 30.05.2022: Dispozinsen. Alle Banken im Test – Durchschnittszins bei 9,43 Prozent. https://www.test.de/Girokonten-Dispozinsen-4586765-0/
173 DIW Wochenbericht 37 / 2022, S. 472–481.
174 Größl, Happel, Peters 2022.
175 BMEL Lebensmittelabfälle in Deutschland. https://www.bmel.de/DE/themen/ernaehrung/lebensmittelverschwendung/studie-lebensmittelabfaelle-deutschland.html
176 Schmidt und Sick 2015, S. 130.
177 Bredtmann und Vonnahme 2017.
178 DIW Wochenbericht 26/2019; Größl, Happel, Peters 2022, S. 15.
179 Deutsches Kinderhilfswerk: Das Bildungs- und Teilhabepaket. https://www.dkhw.de/schwerpunkte/kinderarmut-

in-deutschland/rat-und-rechtliche-hinweise/bildungs-und-teilhabepaket/

180 Süddeutsche Zeitung, 07. April 2017: Sorglos in die Schuldenspirale. https://www.sueddeutsche.de/wirtschaft/schuldnerberatung-sorglos-in-die-schuldenspirale-1.3452857

181 Vgl. institut für finanzdienstleistungen (iff): Überschuldung in Deutschland 2021 sowie 2022.

182 Vgl. Frauenhaus Oberhausen 2022: Freiheit beginnt, wo Kontrolle endet. Finanzielle Gewalt erkennen.

183 Happel 2017, S. 199f

184 Initiative bürgschaftsgeschädigter Frauen. www.buerginnen.de

185 Vgl. Verbraucherzentrale: Versicherung gegen Kinderinvalidität. https://www.verbraucherzentrale.de/wissen/geld-versicherungen/weitere-versicherungen/versicherung-gegen-kinderinvaliditaet-10619.

186 Vgl.: »Low financial capability exacerbates the psychological costs associated with being divorced or unemployed and of having low income.« Taylor et al. 2011, S. 23.

187 Meier-Magistretti und Arnold 2013, S. 8.

188 https://www.aphorismen.de/zitat/192963

189 Sören Kierkegaard 1923: Die Tagebücher 1834 – 1848 / 1849 – 1855, S. 203. Hrsg. von Haecker, T., Innsbruck.

190 Zuletzt räumten in einer Studie der Postbank 70 Prozent der Befragten ein, dass Finanzgespräche für sie tabu sind (Postbank 2021, Presseinformation). Vgl. auch Postbank 2015; comdirect/ forsa 2009.

191 Institut für Demoskopie Allensbach: Allensbacher Berichte 2009, Nr. 3, S. 4.

192 comdirect / forsa 2009, S. 7.

193 Neue Narrative Ausgabe 13, 2021: Wir müssen über Geld sprechen, S. 36.

194 Deutschmann 2002, S. 10.

195 Größl, Happel, Peters 2020.

196 Happel 2017, S. 123; S. 133.

197 Vgl. u. a. Haubl 2003; 2004; 2010; 2019.

198 Haubl 2019, S. 12.

199 Haubl 2004, S. 293. In seinem psychoanalytisch fundierten Modell beschreibt Haubl »sechs selbstwerterhöhende, lebensgeschichtlich erworbene psychische Ressourcen (Vitalität, Sicherheit, Liebe, Selbstständigkeit, Erfolg und Macht), die komplementär mit selbstwertbedrohenden Ängsten (Leblosigkeit, Hilflosigkeit, Gleichgültigkeit, Abhängigkeit, Versagen und Unterwerfung) korrespondieren« (vgl. u. a. Haubl 2004; Happel 2017, S. 42f).

200 Happel 2017, S. 183.

201 institut für finanzdienstleistungen (iff): Überschuldung in Deutschland 2022, S. 6.

202 Happel 2017, S. 202.

203 Deutsches Aktieninstitut 2021, S. 9. Deutschland und die Aktie. Eine neue Liebesgeschichte? Aktionärszahlen 2020. https://www.dai.de/aktionaerszahlen/#/aktionaerszahlen/dokumenttitel/aktionaerszahlen-2020-deutsche-begeistern-sich-mehr-und-mehr-fuer-aktien

204 finanz-heldinnen / Commerzbank 2022, S. 10. Frauen und Geldanlage – zwischen Wunsch und Wirklichkeit. https://www.commerzbank.de/de/hauptnavigation/presse/pressemitteilungen/archiv1/2022/1__quartal_2/presse_archiv_detail_22_01_100426.html

205 Deutsche Börse / Frankfurt School 2019, S. 16.

206 Deutsche Börse 02.12.2019: Aktienphobie: Neue Studie der Frankfurt School erklärt Anlageverhalten der

Deutschen. https://deutsche-boerse.com/dbg-de/media/pressemitteilungen/Aktienphobie-Neue-Studie-der-Frankfurt-School-erkl-rt-Anlageverhalten-der-Deutschen--1688992

207 Deutsches Aktieninstitut 2022, S. 3. Deutschland und die Aktie. Weiter auf hohem Niveau. Aktionärszahlen 2021. https://www.dai.de/aktionaerszahlen/#/aktionaerszahlen/dokumenttitel/aktionaerszahlen-2021-weiter-auf-hohem-niveau

208 Die Aussage des Wirtschaftswissenschaftlers Milton Friedman lautet im Original: »There ain't no such thing as a free lunch.«

209 ZEW Pressemitteilung 22.05.2018: Anlageverhalten am Kapitalmarkt. https://www.zew.de/das-zew/aktuelles/anlageverhalten-am-kapitalmarkt-bei-aehnlicher-risikobereitschaft-macht-das-geschlecht-kaum-unterschiede

210 finanz-heldinnen/Commerzbank 2022, S. 10. Frauen und Geldanlage – zwischen Wunsch und Wirklichkeit. https://www.commerzbank.de/de/hauptnavigation/presse/pressemitteilungen/archiv1/2022/1__quartal_2/presse_archiv_detail_22_01_100426.html

211 Finanztip Stiftung 2021, S. 13.

212 Deutsches Aktieninstitut: Die Chancen der Aktie auf einen Blick. https://www.dai.de/rendite-dreiecke/

213 Deutsche Börse / Frankfurt School 2019, S. 6.

214 DGB »Was verdient die Frau« Gastbeitrag Alexandra Zykunov »Willkommen im Privilegienland. Oder: Warum viele Frauenfinanztipps an so vielen Frauen total vorbeischießen«. https://www.was-verdient-die-frau.de/++co++2f5df790-de25-11ea-9cb3-5254008f5c8c

215 Vgl. Pinkstinks. https://pinkstinks.de/

216 Vgl. Monika Müller FCM Finanz Coaching. https://www.fcm-coaching.de/

217 Vgl. Finanzwende. https://finanzwende.de/

218 Walz und Bosetti 2022, S. 16.

219 Ebd.

220 https://www.aphorismen.de/zitat/584

221 Initiative Equal Care Day: Unterstützerinnen, Elke Hannack. https://equalcareday.de/unterstuetzer_innen/elke-hannack/?portfolioCats=119

222 Dittmar 2021.

223 Ehrenberg 2004, S. 277.

224 DAK-Gesundheit Psychreport 2021, S. 3. Entwicklungen der psychischen Erkrankungen im Job: 2010–2020. https://www.dak.de/dak/download/report-2429408.pdf

225 Vgl. Deutsche Rentenversicherung 30.11.2021. https://www.deutsche-rentenversicherung.de/Bund/DE/Presse/Pressemitteilungen/pressemitteilungen_archive/2021/2021_11_30_psych_erkrankungen_erwerbsminderung.html

226 Wirtschaftswoche 16.08.2019: Eine Tasse Kaffee mit Wiebke Ankersen und Christian Berg von der AllBright Stiftung: In Schweden bringt man sich selbst mit zur Arbeit.

227 Schutzbach 2021, S. 217.

228 Auf der Praxisseite von Anja Link ist ihre beeindruckende Biografie nachzulesen. https://www.praxislink.de/

229 Vgl. Initiative Equal Care Day, Equal Care Manifest. https://equalcareday.de/manifest-kurzfassung/ sowie https://equalcareday.de/wp-content/uploads/2020/05/Equal-Care-Manifest-2020.pdf

230 Deutsches Jugendinstitut: Die zentralen Ideen und Ziele des Optionszeitenmodells. https://www.dji.de/themen/familie/optionszeiten.html

231 Schnerring und Verlan 2020, S. 116.

232 Lask und Kriechbaum 2017.

233 Die Zeit, 31.08.2022, Interview mit

Helma Sick: »Es ist fahrlässig, sich jahrelang auf die Familie zu konzentrieren«.

234 Schutzbach 2021, S. 186.

235 Anselm Grün: Herzensruhe. Im Einklang mit sich selbst sein. Herder: Freiburg im Breisgau 2014.

236 @lauramalinaseiler Instagram 15.06.2019. https://www.instagram.com/p/Byvg-zLI5Bi/

237 »Never doubt that a small group of thoughtful, committed citizens can change the world. Indeed, it's the only thing that ever has.« https://americanhistory.si.edu/collections/search/object/nmah_1285394

Hinweis:
Die dargestellten Informationen und Ratschläge stellen keine Anlageberatung oder Empfehlung zum Kauf oder Verkauf von Wertpapieren oder sonstigen Finanzinstrumenten dar. Sie wurden von der Verfasserin und vom Verlag sorgfältig erarbeitet und geprüft, dienen der Information und ersetzen keine professionelle persönliche Anlageberatung. Auch stellen die Inhalte keine Steuer- oder Rechtsberatung dar. Die Haftung der Verfasserin und des Verlags und seiner Beauftragten für die Vollständigkeit, Aktualität und Richtigkeit sowie Personen-, Sach- und Vermögensschäden sind ausgeschlossen.

Sollte diese Publikation Links auf Webseiten Dritter enthalten, so übernehmen wir für deren Inhalte keine Haftung, da wir uns diese nicht zu eigen machen, sondern lediglich auf deren Stand zum Zeitpunkt der Erstveröffentlichung verweisen.

MIX
Papier | Fördert gute Waldnutzung
FSC www.fsc.org FSC® C083411

Klimaneutral*
Druckprodukt
ClimatePartner.com/14044-1912-1001

Penguin Random House Verlagsgruppe FSC® N001967

Copyright © 2023 Kösel-Verlag, München,
in der Penguin Random House Verlagsgruppe GmbH,
Neumarkter Str. 28, 81673 München
Lektorat: Dr. Daniela Gasteiger
Umschlaggestaltung: FAVORITBUERO, München
Umschlagmotiv: Fast_Cyclone / Shutterstock.com
Druck und Bindung: CPI books GmbH, Leck
Printed in Germany
ISBN 978-3-466-31193-4
www.koesel.de

Selbstbewusst, sichtbar, selbstbestimmt!

Das Buch der meinungsstarken Journalistin und Autorin Anne Dittmann bietet Halt, Trost und Empathie sowie Orientierung und Ermutigung in einer neuen Lebensphase.

KÖSEL
www.koesel.de